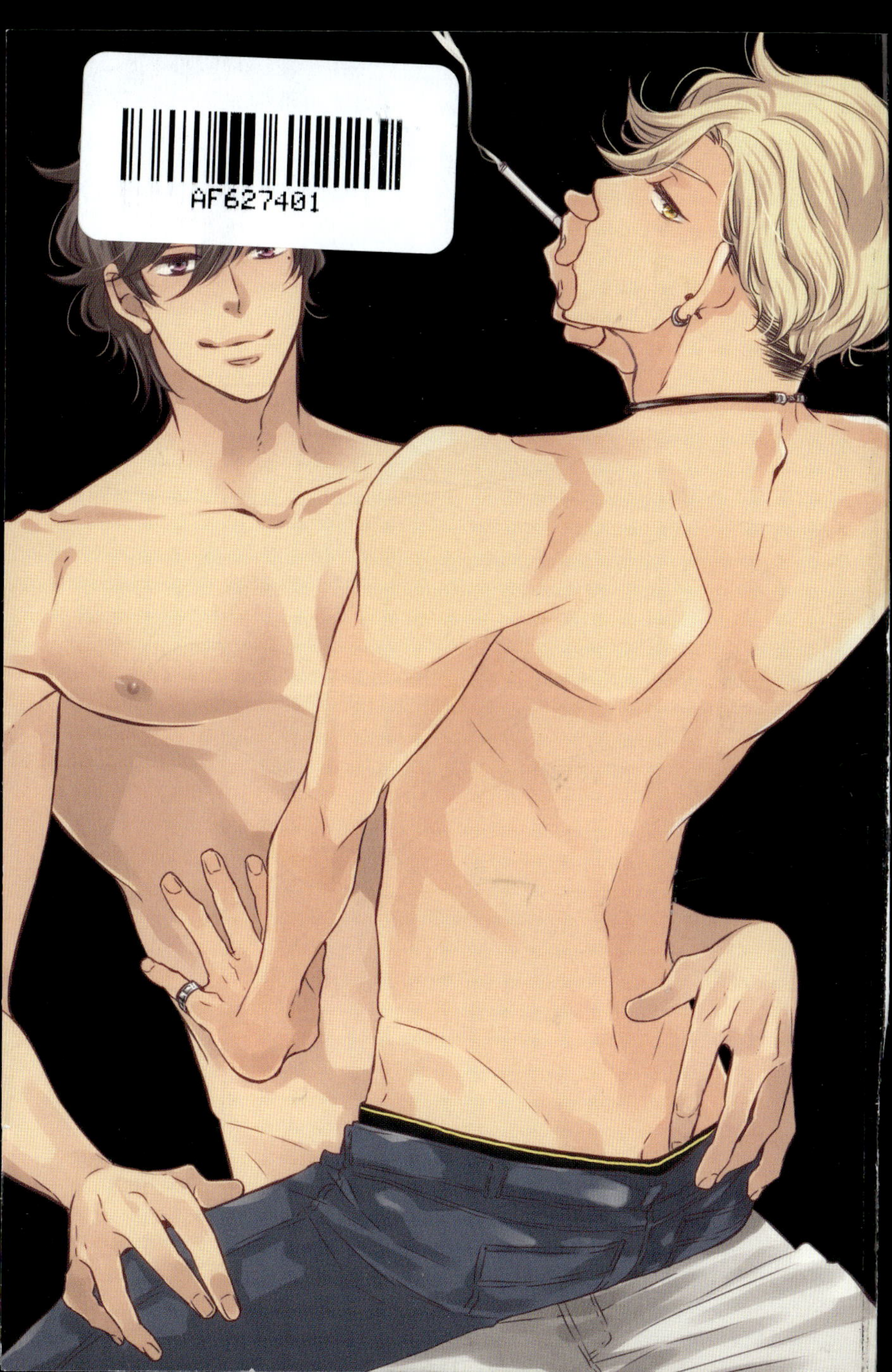

MIDNIGHT

Jealousy Sex

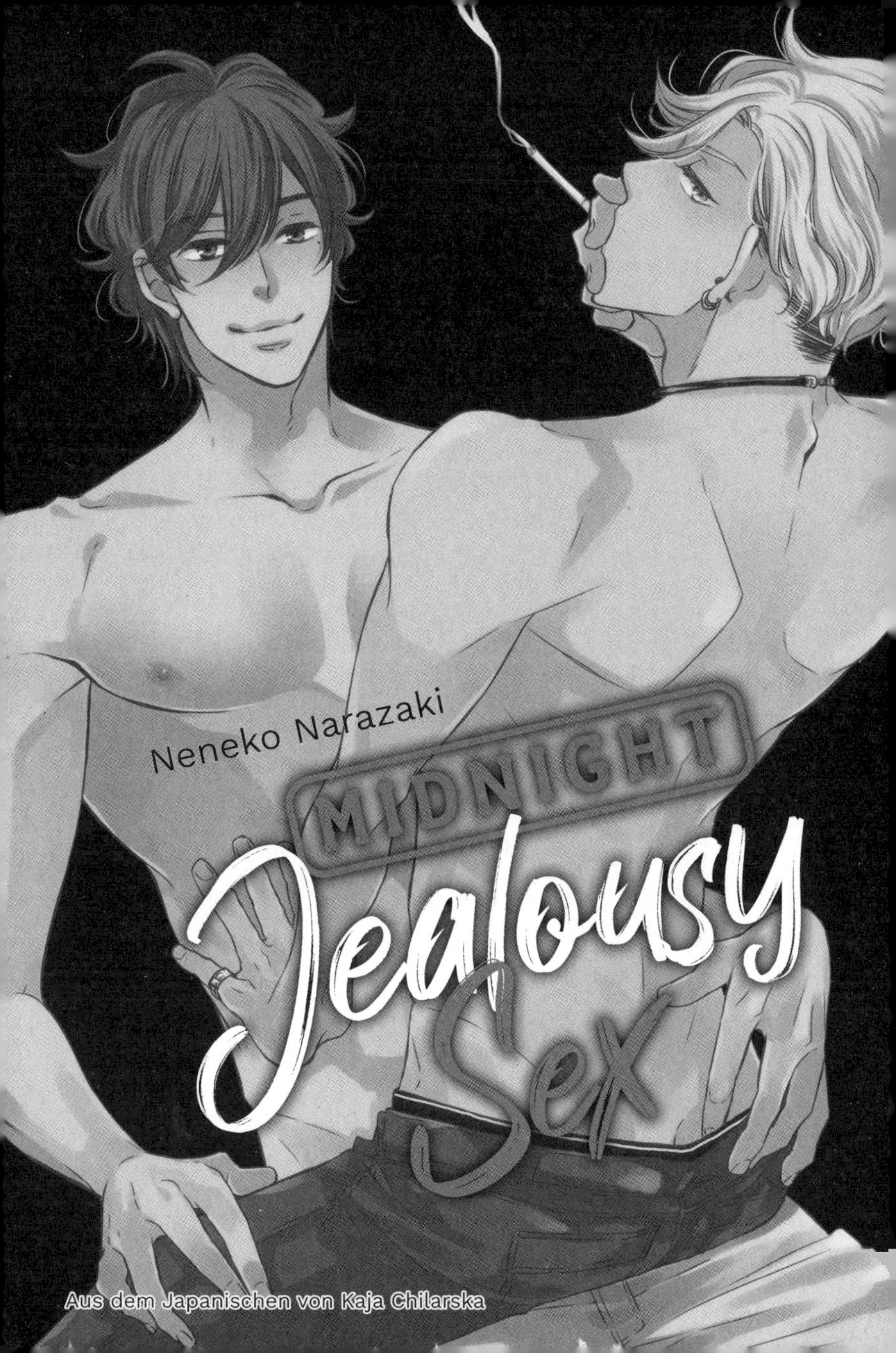

Neneko Narazaki

MIDNIGHT Jealousy Sex

Aus dem Japanischen von Kaja Chilarska

Inhalt

1. Nacht 005

2. Nacht 037

3. Nacht 069

4. Nacht 101

5. Nacht 133

Bonus: Midnight Melty Sex 167

MIDNIGHT
Jealousy
Sex

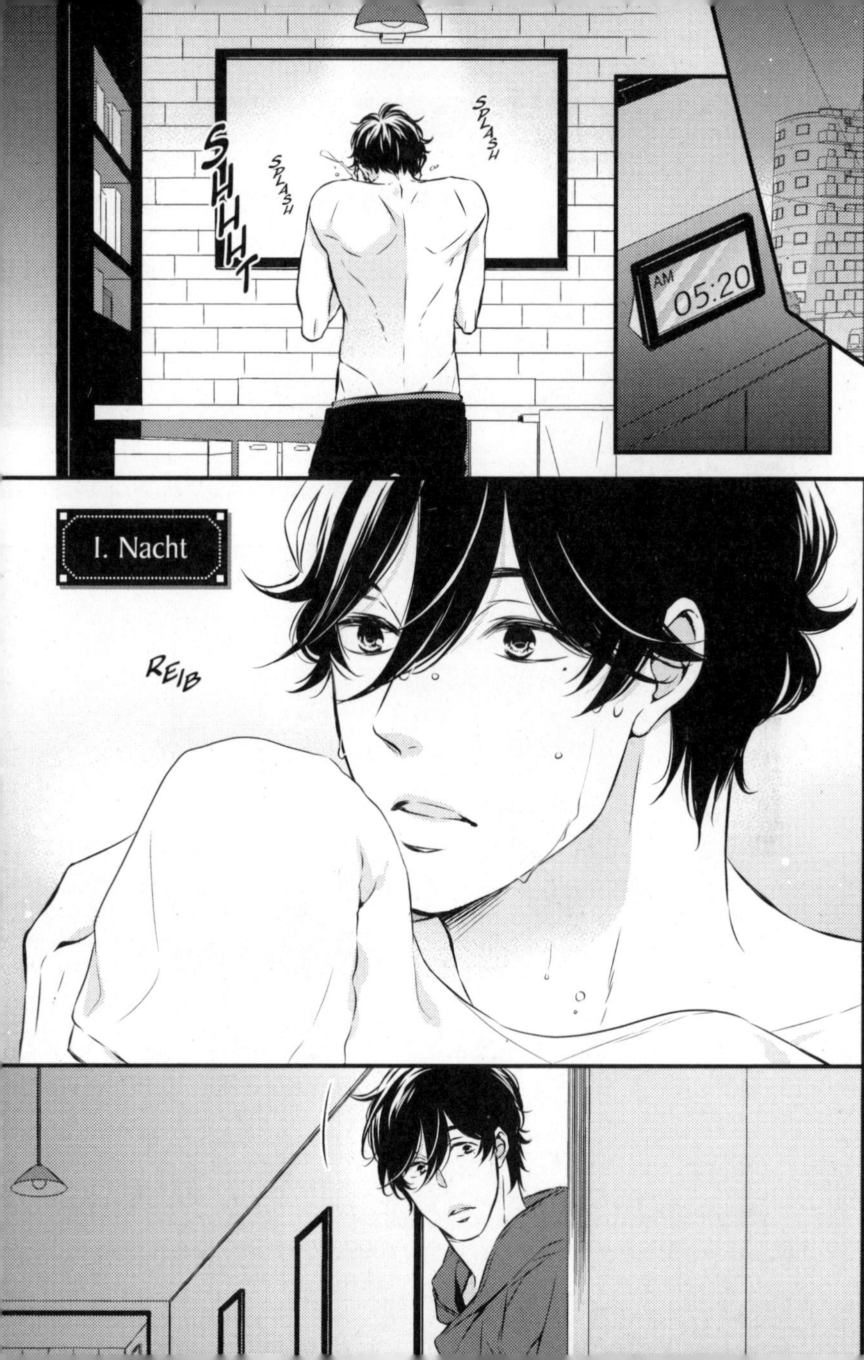
SHHHT
SPLASH
SPLASH
AM
05:20
I. Nacht
REIB

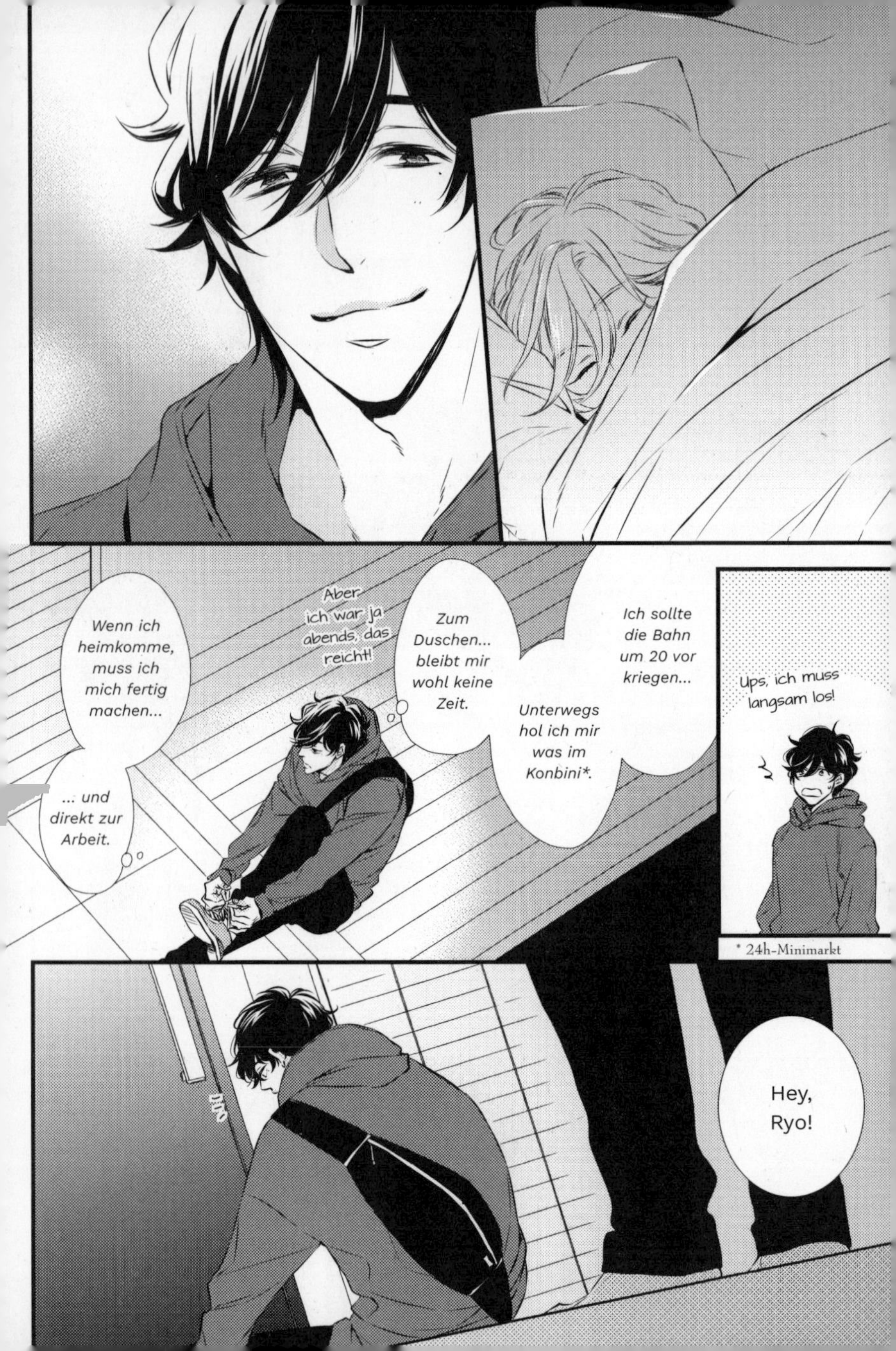

* 24h-Minimarkt

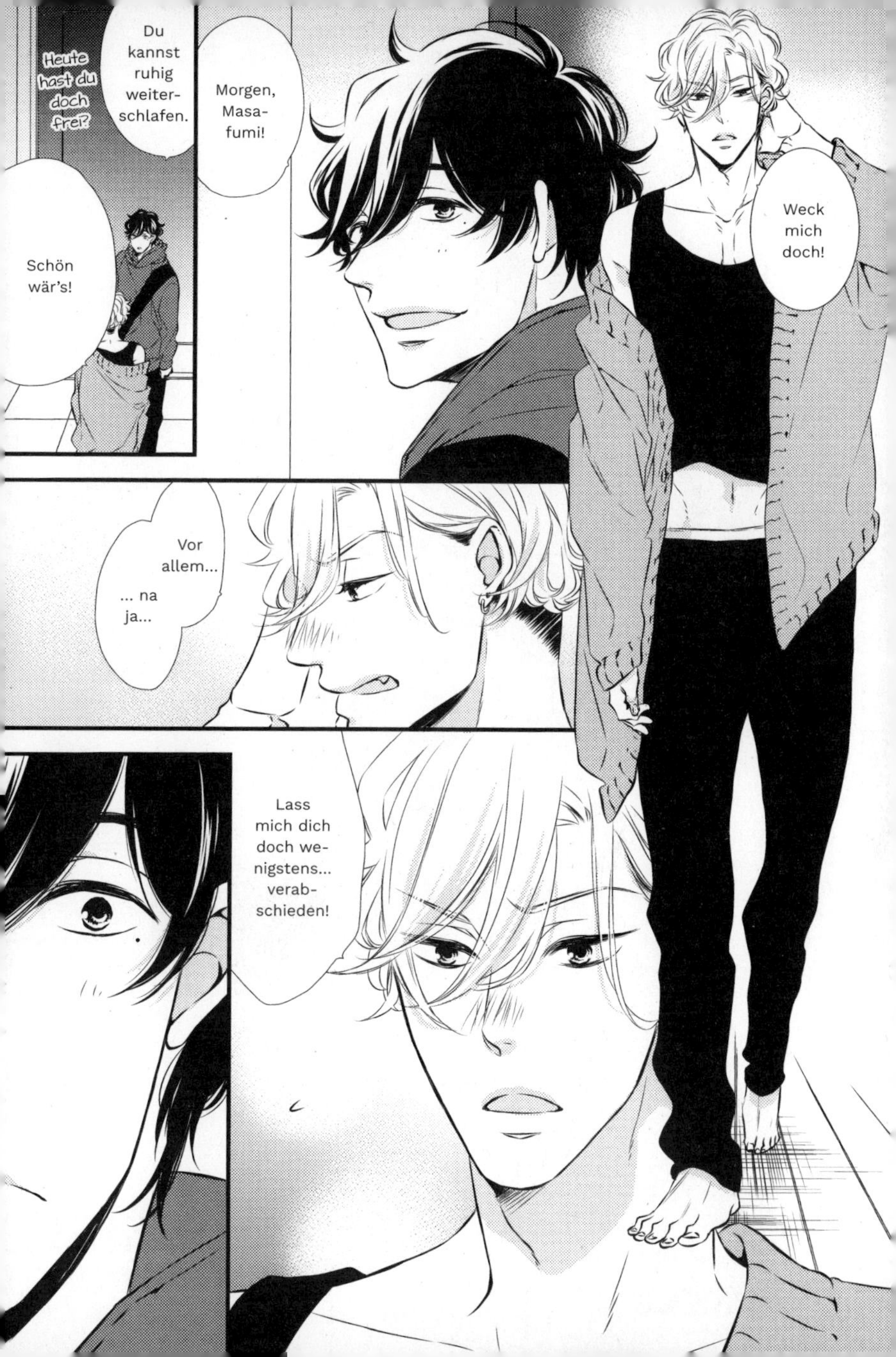
Weck mich doch!
Morgen, Masa-fumi!
Du kannst ruhig weiter-schlafen.
Heute hast du doch frei?
Schön wär's!
Vor allem...
... na ja...
Lass mich dich doch we-nigstens... verab-schieden!

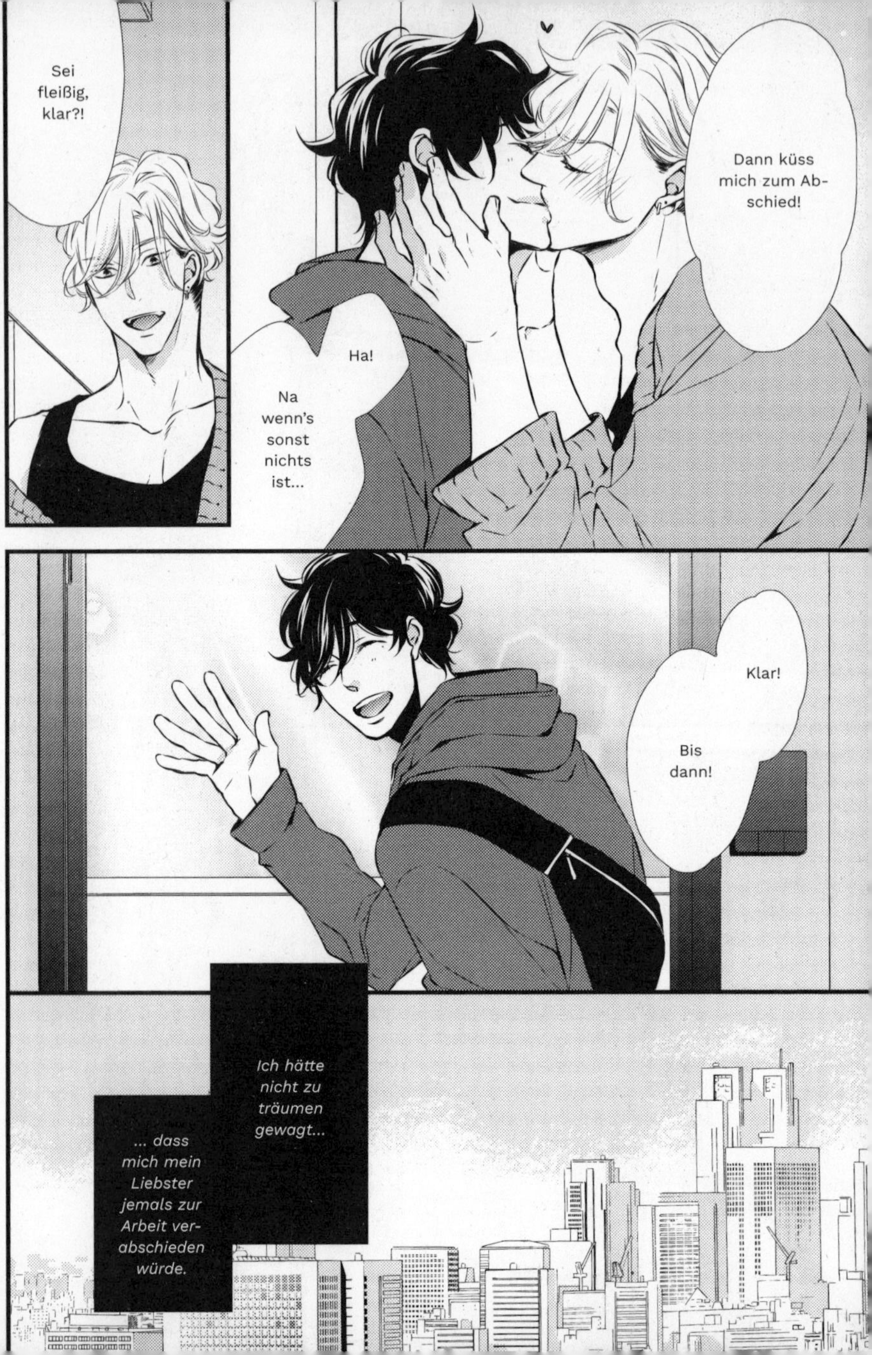
Dann küss mich zum Abschied!
Ha!
Na wenn's sonst nichts ist...
Sei fleißig, klar?!
Klar!
Bis dann!
Ich hätte nicht zu träumen gewagt...
... dass mich mein Liebster jemals zur Arbeit verabschieden würde.

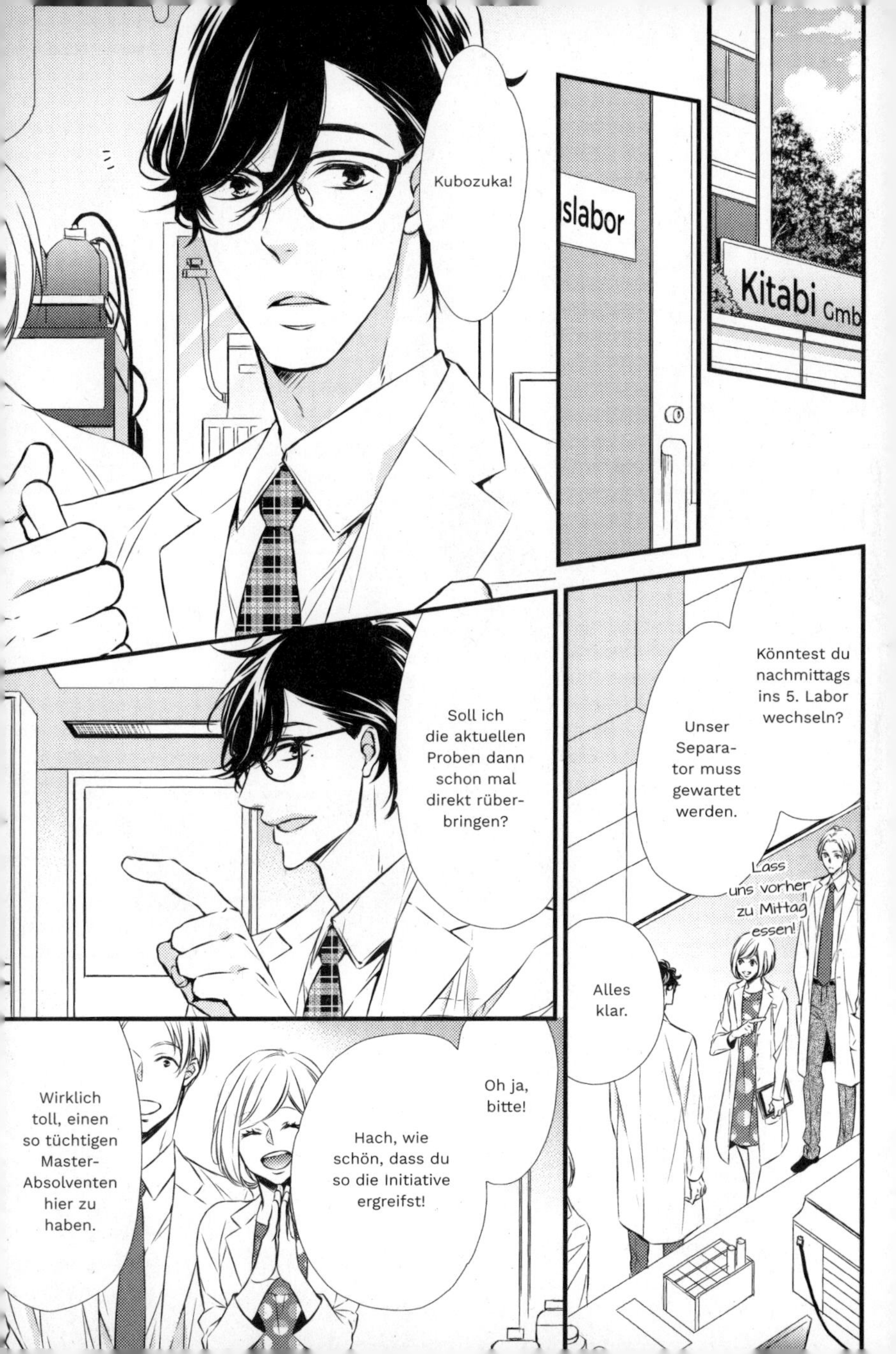

Kitabi Gmb
slabor
Kubozuka!
Könntest du nachmittags ins 5. Labor wechseln?
Unser Separator muss gewartet werden.
Soll ich die aktuellen Proben dann schon mal direkt rüberbringen?
Oh ja, bitte!
Hach, wie schön, dass du so die Initiative ergreifst!
Wirklich toll, einen so tüchtigen Master-Absolventen hier zu haben.
Lass uns vorher zu Mittag essen!
Alles klar.

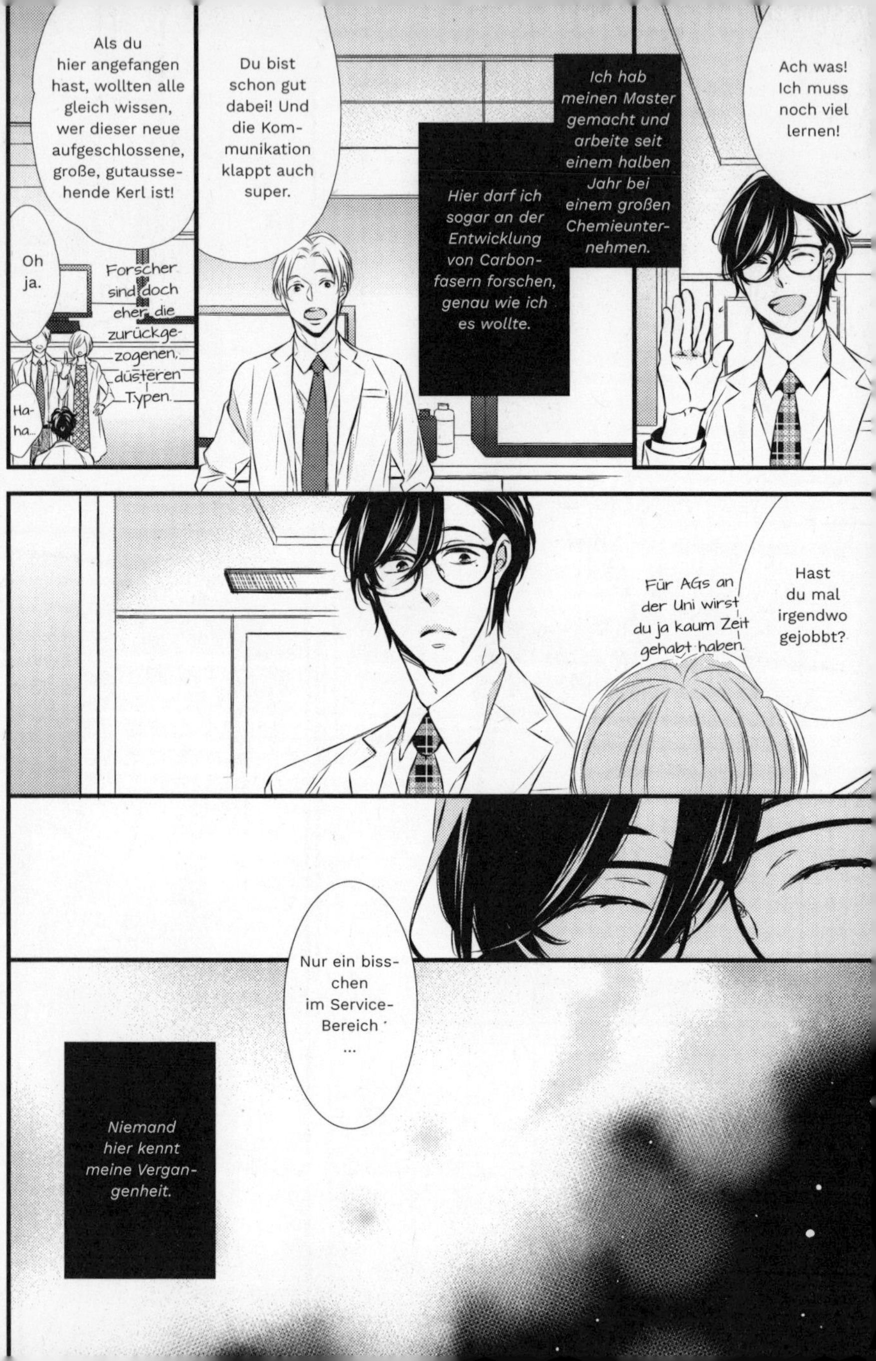
Ach was! Ich muss noch viel lernen!
Ich hab meinen Master gemacht und arbeite seit einem halben Jahr bei einem großen Chemieunternehmen.
Hier darf ich sogar an der Entwicklung von Carbonfasern forschen, genau wie ich es wollte.
Du bist schon gut dabei! Und die Kommunikation klappt auch super.
Als du hier angefangen hast, wollten alle gleich wissen, wer dieser neue aufgeschlossene, große, gutaussehende Kerl ist!
Forscher sind doch eher die zurückgezogenen, düsteren Typen.
Oh ja.
Haha...
Hast du mal irgendwo gejobbt?
Für AGs an der Uni wirst du ja kaum Zeit gehabt haben.
Nur ein bisschen im Service-Bereich ...
Niemand hier kennt meine Vergangenheit.

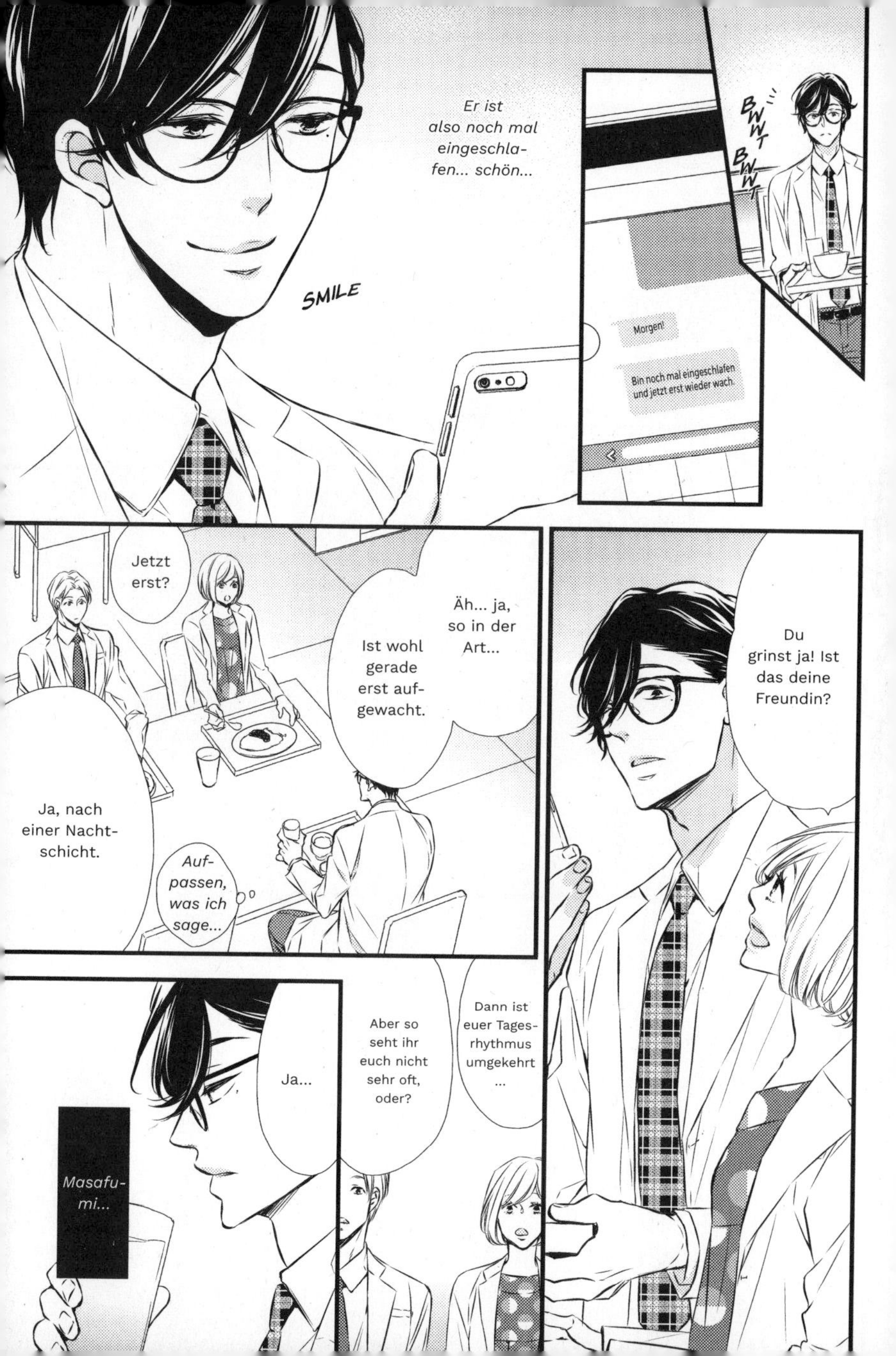
BWWT
BWWT
Morgen!
Bin noch mal eingeschlafen und jetzt erst wieder wach.
Er ist also noch mal eingeschla-fen... schön...
SMILE
Du grinst ja! Ist das deine Freundin?
Äh... ja, so in der Art...
Ist wohl gerade erst auf-gewacht.
Jetzt erst?
Ja, nach einer Nacht-schicht.
Auf-passen, was ich sage...
Dann ist euer Tages-rhythmus umgekehrt ...
Aber so seht ihr euch nicht sehr oft, oder?
Ja...
Masafu-mi...

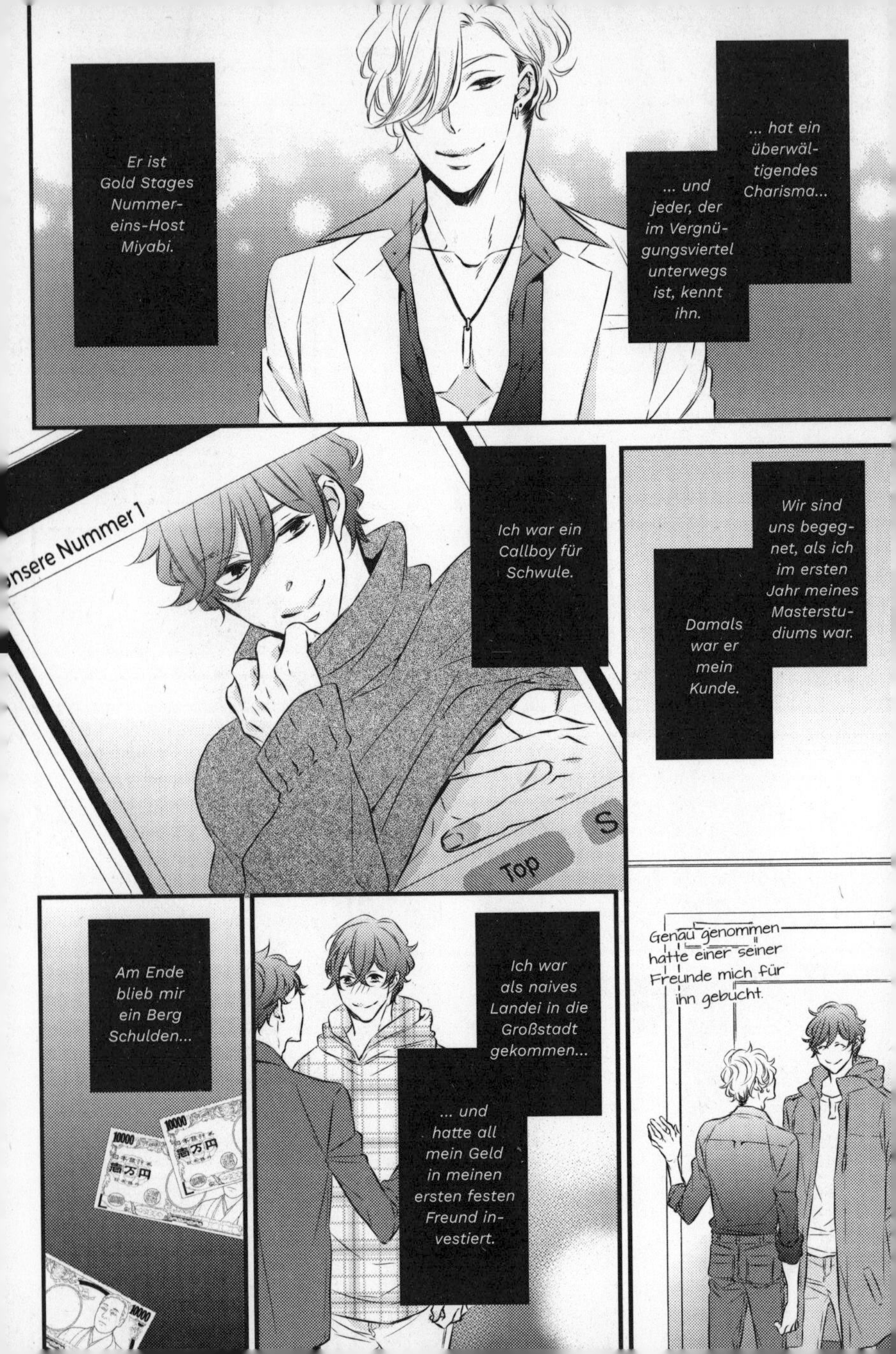
... hat ein überwäl-tigendes Charisma...
... und jeder, der im Vergnü-gungsviertel unterwegs ist, kennt ihn.
Er ist Gold Stages Nummer-eins-Host Miyabi.
Wir sind uns begeg-net, als ich im ersten Jahr meines Masterstu-diums war.
Damals war er mein Kunde.
Ich war ein Callboy für Schwule.
nsere Nummer 1
Top
Genau genommen hatte einer seiner Freunde mich für ihn gebucht.
Ich war als naives Landei in die Großstadt gekommen...
... und hatte all mein Geld in meinen ersten festen Freund in-vestiert.
Am Ende blieb mir ein Berg Schulden...

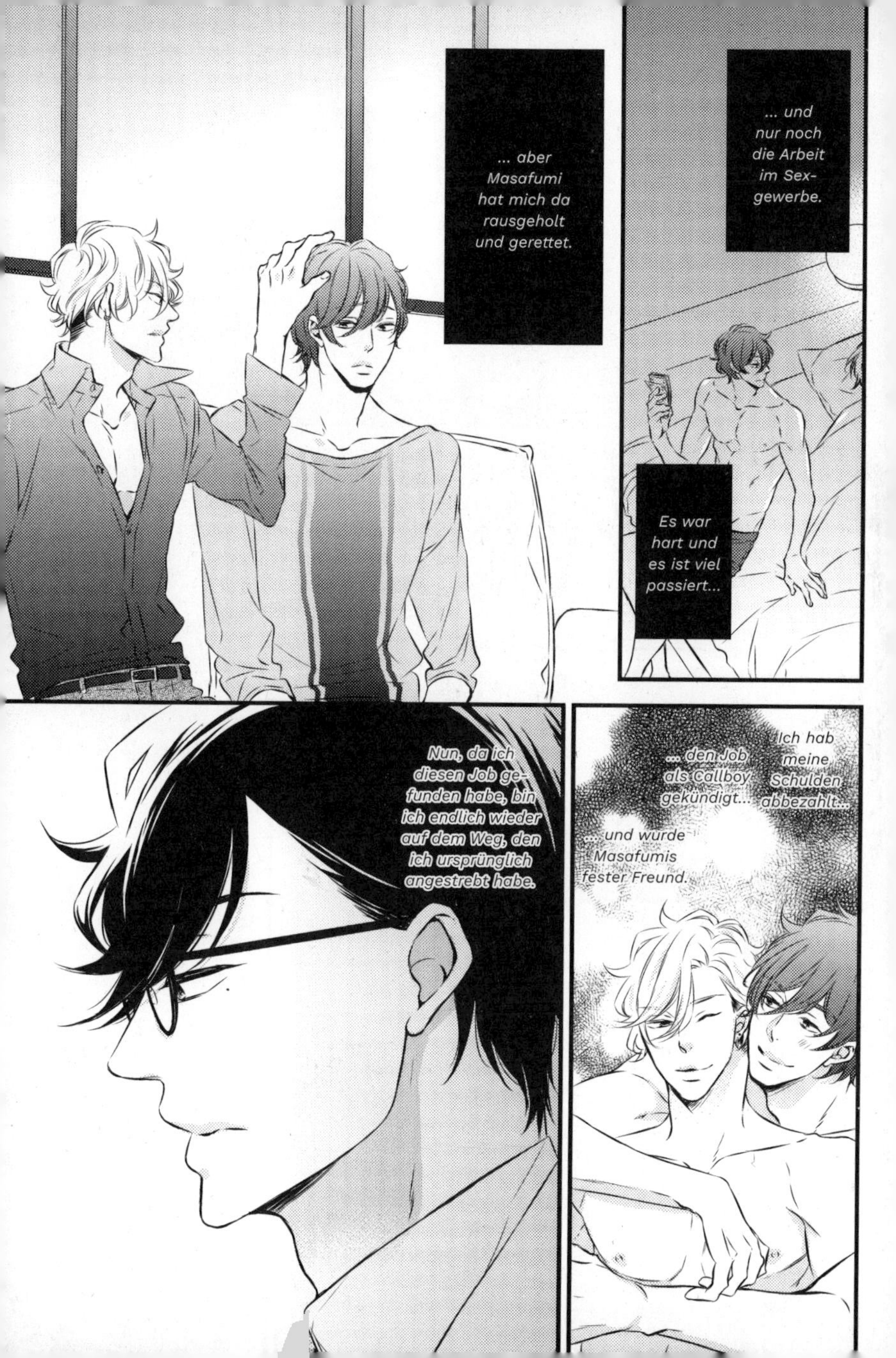
... und nur noch die Arbeit im Sexgewerbe.
Es war hart und es ist viel passiert...
... aber Masafumi hat mich da rausgeholt und gerettet.
Ich hab meine Schulden abbezahlt...
... den Job als Callboy gekündigt...
... und wurde Masafumis fester Freund.
Nun, da ich diesen Job gefunden habe, bin ich endlich wieder auf dem Weg, den ich ursprünglich angestrebt habe.

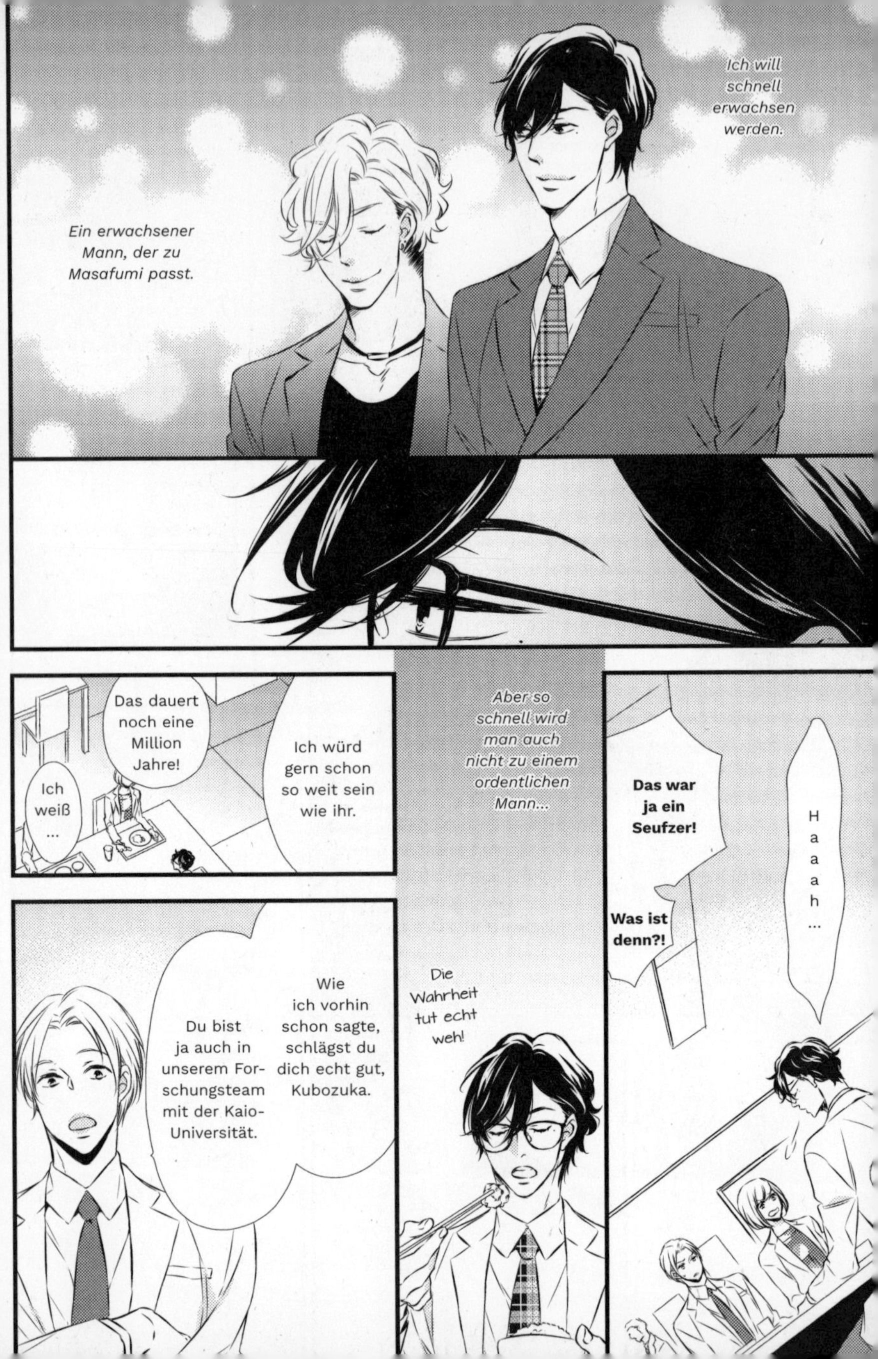
Ich will schnell erwachsen werden.
Ein erwachsener Mann, der zu Masafumi passt.
Aber so schnell wird man auch nicht zu einem ordentlichen Mann…
Haaah …
Das war ja ein Seufzer!
Was ist denn?!
Ich würd gern schon so weit sein wie ihr.
Das dauert noch eine Million Jahre!
Ich weiß …
Die Wahrheit tut echt weh!
Wie ich vorhin schon sagte, schlägst du dich echt gut, Kubozuka.
Du bist ja auch in unserem Forschungsteam mit der Kaio-Universität.

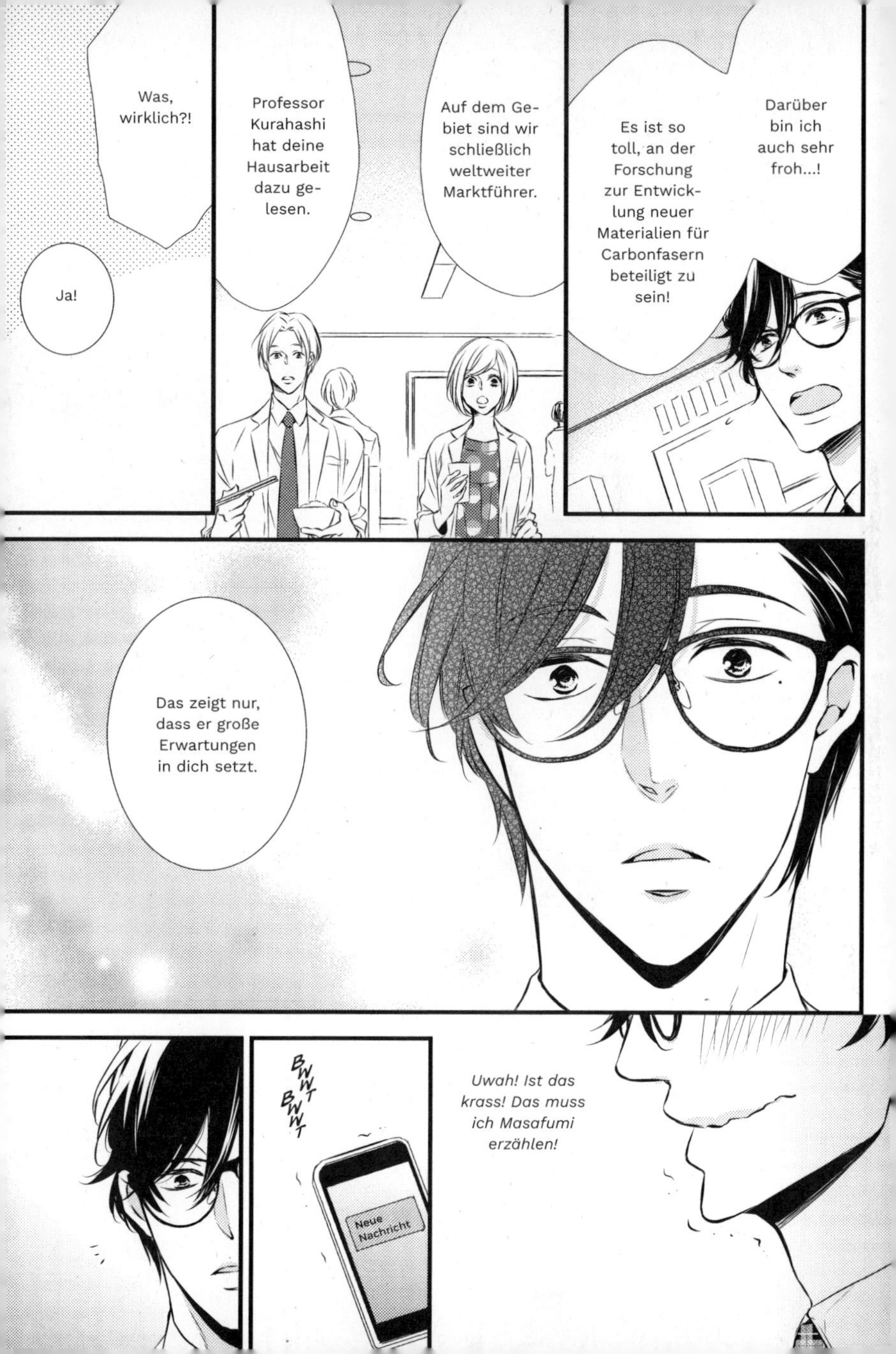
Darüber bin ich auch sehr froh...!
Es ist so toll, an der Forschung zur Entwicklung neuer Materialien für Carbonfasern beteiligt zu sein!
Auf dem Gebiet sind wir schließlich weltweiter Marktführer.
Professor Kurahashi hat deine Hausarbeit dazu gelesen.
Was, wirklich?!
Ja!
Das zeigt nur, dass er große Erwartungen in dich setzt.
Uwah! Ist das krass! Das muss ich Masafumi erzählen!
BWWT BWWT
Neue Nachricht

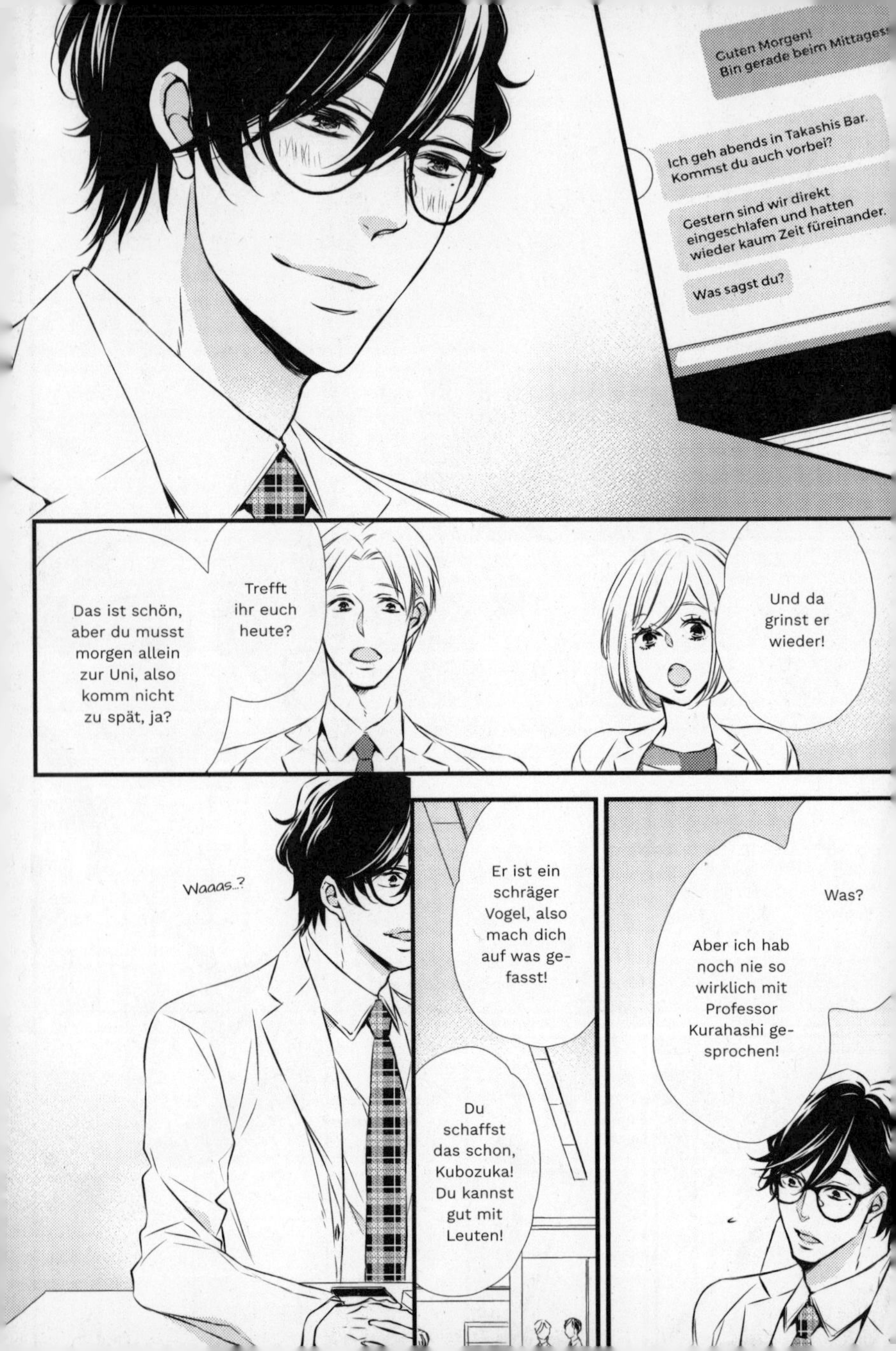
Guten Morgen!
Bin gerade beim Mittagess
Ich geh abends in Takashis Bar. Kommst du auch vorbei?
Gestern sind wir direkt eingeschlafen und hatten wieder kaum Zeit füreinander.
Was sagst du?
Und da grinst er wieder!
Trefft ihr euch heute?
Das ist schön, aber du musst morgen allein zur Uni, also komm nicht zu spät, ja?
Was?
Aber ich hab noch nie so wirklich mit Professor Kurahashi gesprochen!
Er ist ein schräger Vogel, also mach dich auf was gefasst!
Du schaffst das schon, Kubozuka! Du kannst gut mit Leuten!
Waaas..?

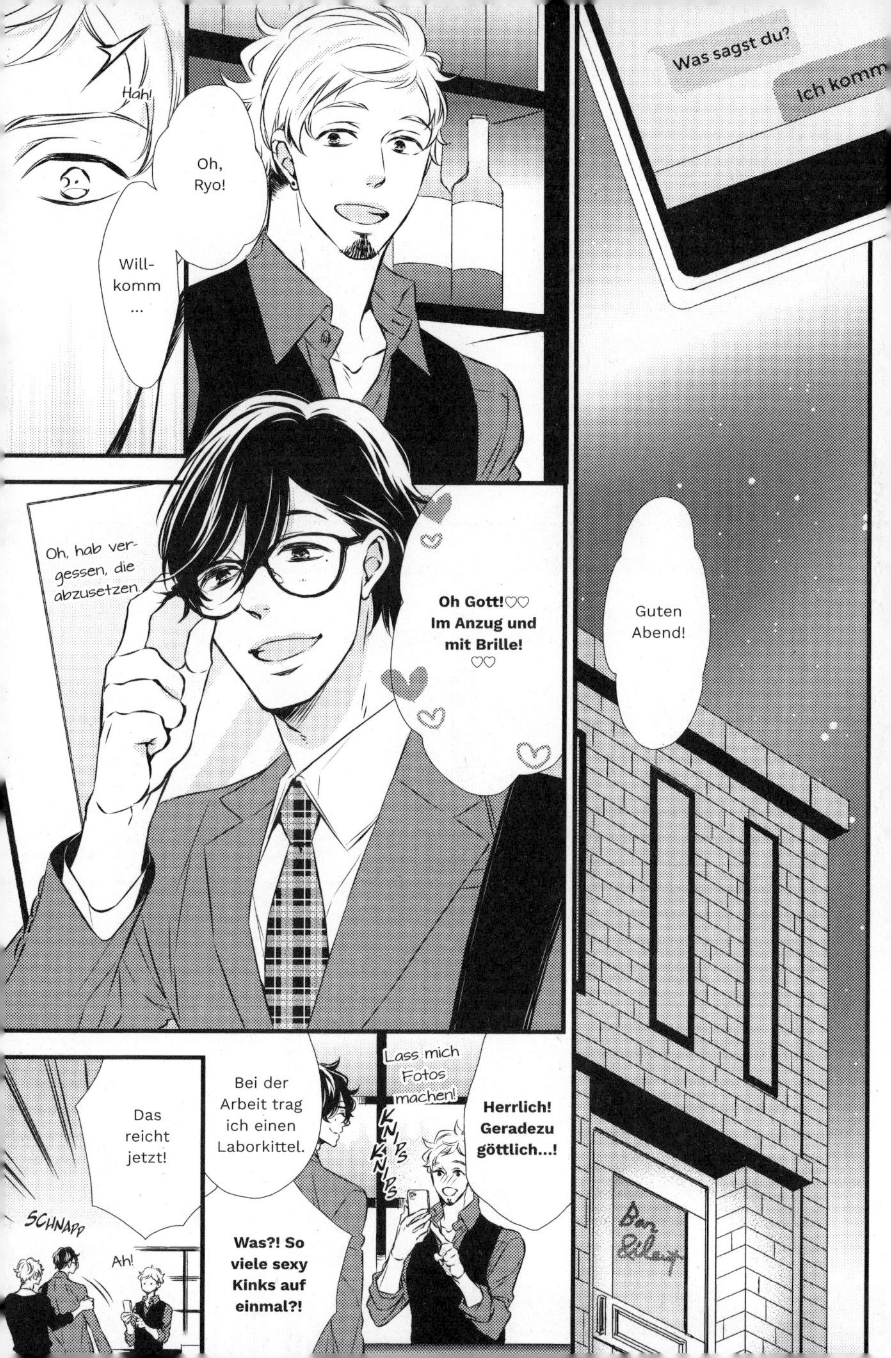
Was sagst du?
Ich komm
Guten Abend!
Hah!
Oh, Ryo!
Will-komm …
Oh Gott!♡♡ Im Anzug und mit Brille! ♡♡
Oh, hab vergessen, die abzusetzen.
Herrlich! Geradezu göttlich…!
Lass mich Fotos machen!
KNIPS KNIPS
Bei der Arbeit trag ich einen Laborkittel.
Was?! So viele sexy Kinks auf einmal?!
Das reicht jetzt!
SCHNAPP
Ah!

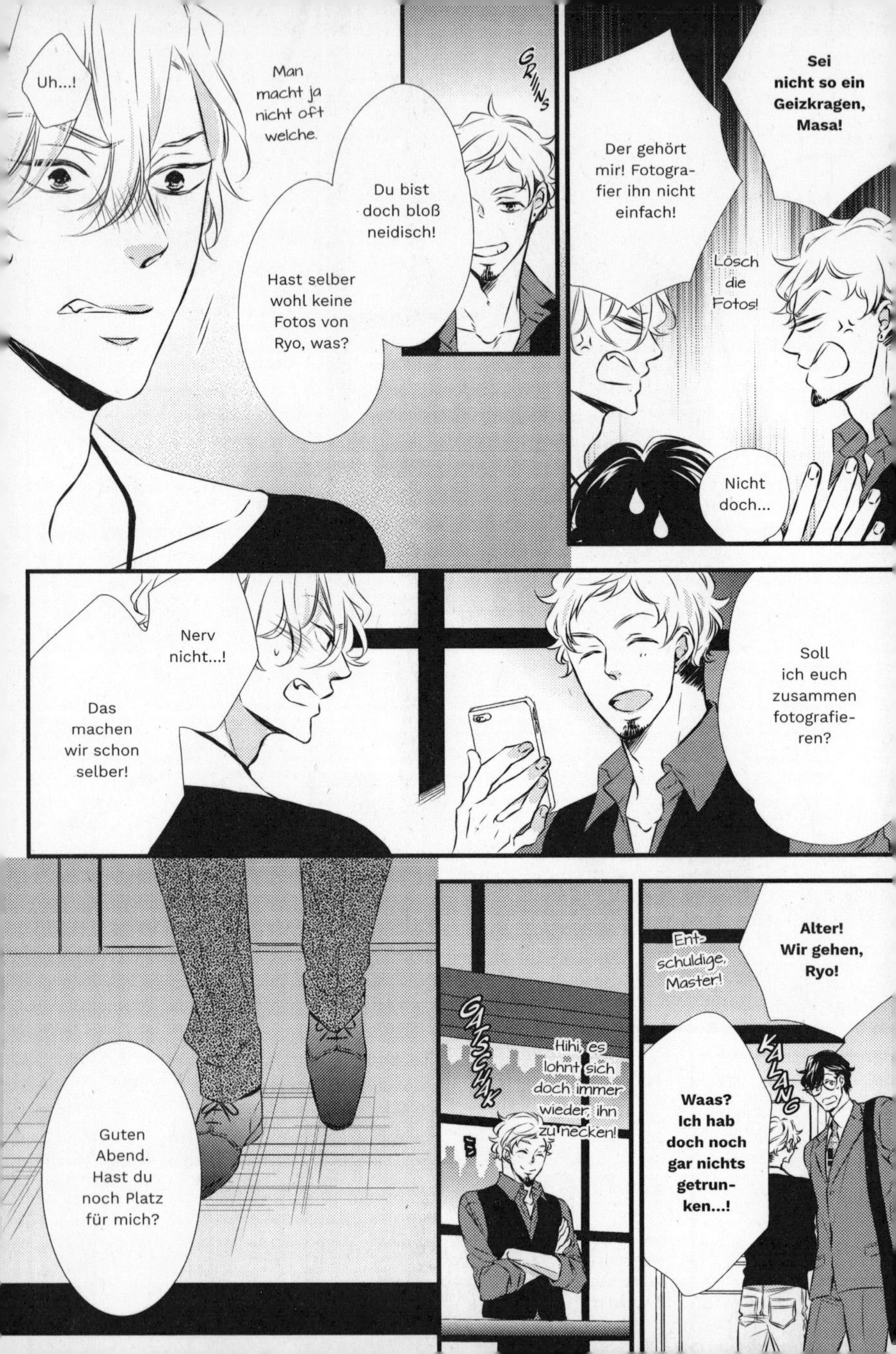
Sei nicht so ein Geizkragen, Masa!
Der gehört mir! Fotografier ihn nicht einfach!
Lösch die Fotos!
Nicht doch...
GRIINS
Du bist doch bloß neidisch!
Hast selber wohl keine Fotos von Ryo, was?
Man macht ja nicht oft welche.
Uh...!
Soll ich euch zusammen fotografieren?
Nerv nicht...!
Das machen wir schon selber!
Alter! Wir gehen, Ryo!
Entschuldige, Master!
KALANG
Waas? Ich hab doch noch gar nichts getrunken...!
GATSCHAK
Hihi, es lohnt sich doch immer wieder, ihn zu necken!
Guten Abend. Hast du noch Platz für mich?

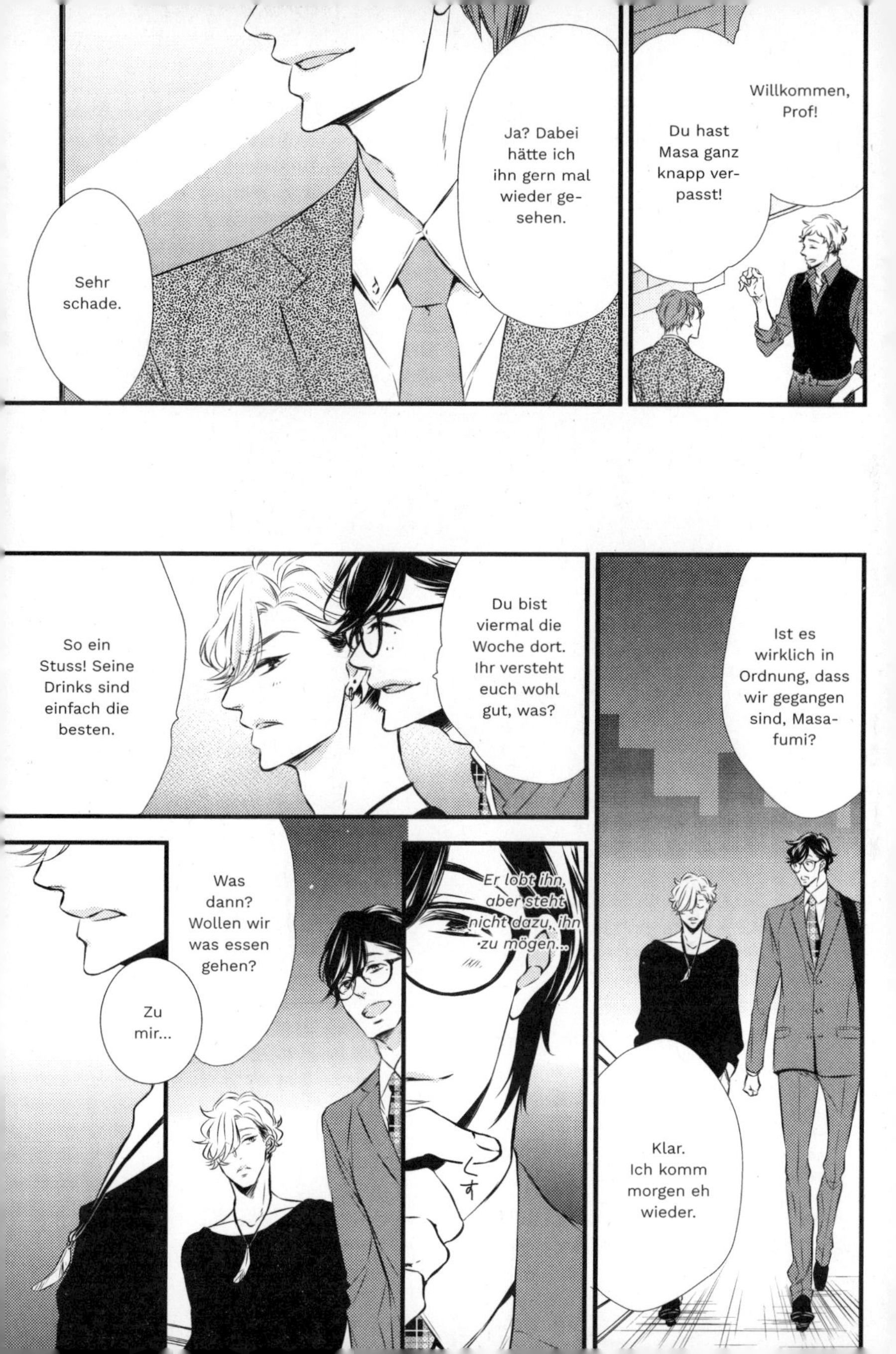
Willkommen, Prof!
Du hast Masa ganz knapp verpasst!
Ja? Dabei hätte ich ihn gern mal wieder gesehen.
Sehr schade.
Ist es wirklich in Ordnung, dass wir gegangen sind, Masafumi?
Klar. Ich komm morgen eh wieder.
Du bist viermal die Woche dort. Ihr versteht euch wohl gut, was?
So ein Stuss! Seine Drinks sind einfach die besten.
Er lobt ihn, aber steht nicht dazu, ihn zu mögen...
Was dann? Wollen wir was essen gehen?
Zu mir...

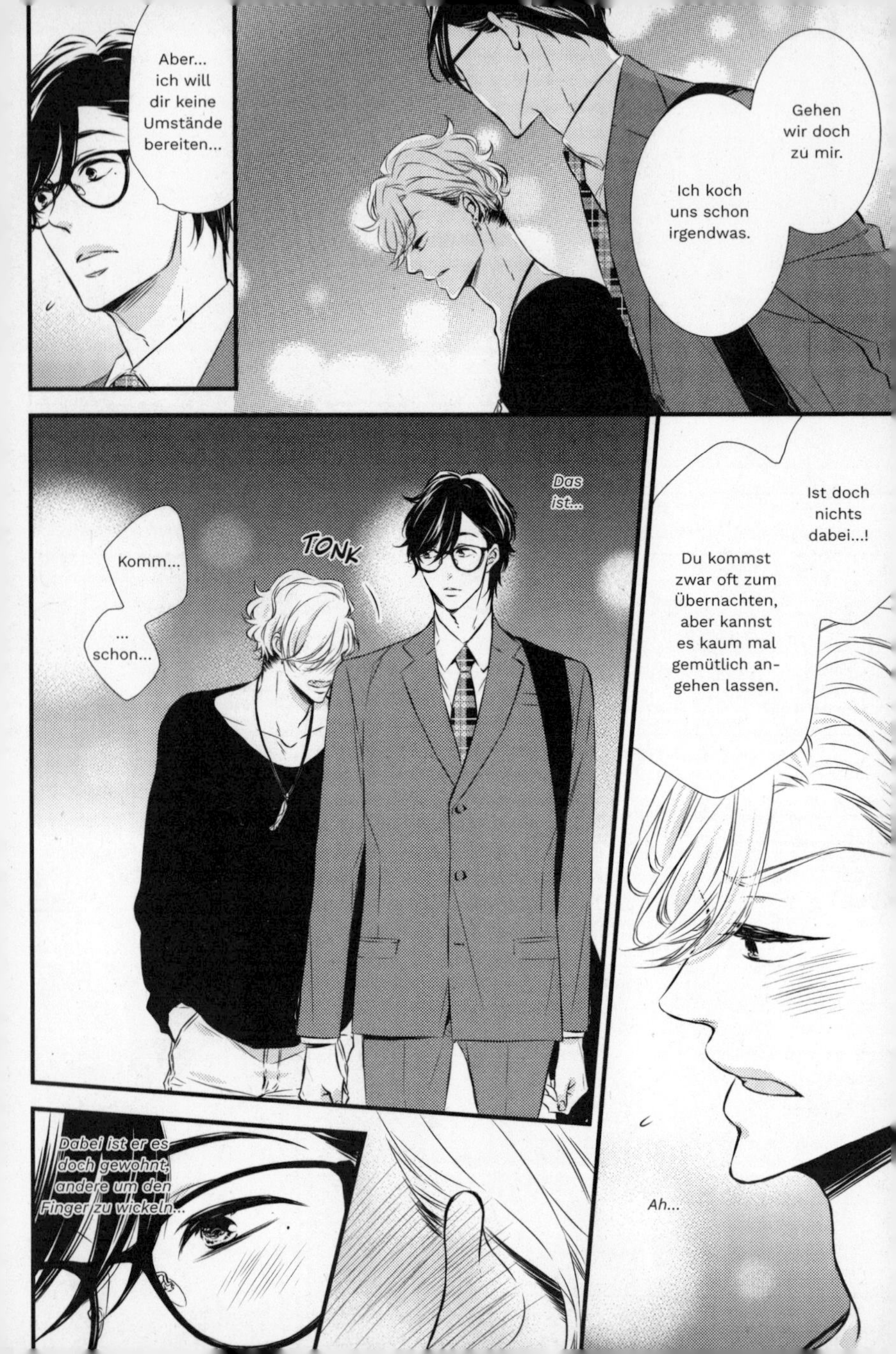
Gehen wir doch zu mir.
Ich koch uns schon irgendwas.
Aber... ich will dir keine Umstände bereiten...
Ist doch nichts dabei...!
Du kommst zwar oft zum Übernachten, aber kannst es kaum mal gemütlich angehen lassen.
Das ist...
TONK
Komm...
... schon...
Ah...
Dabei ist er es doch gewohnt, andere um den Finger zu wickeln...

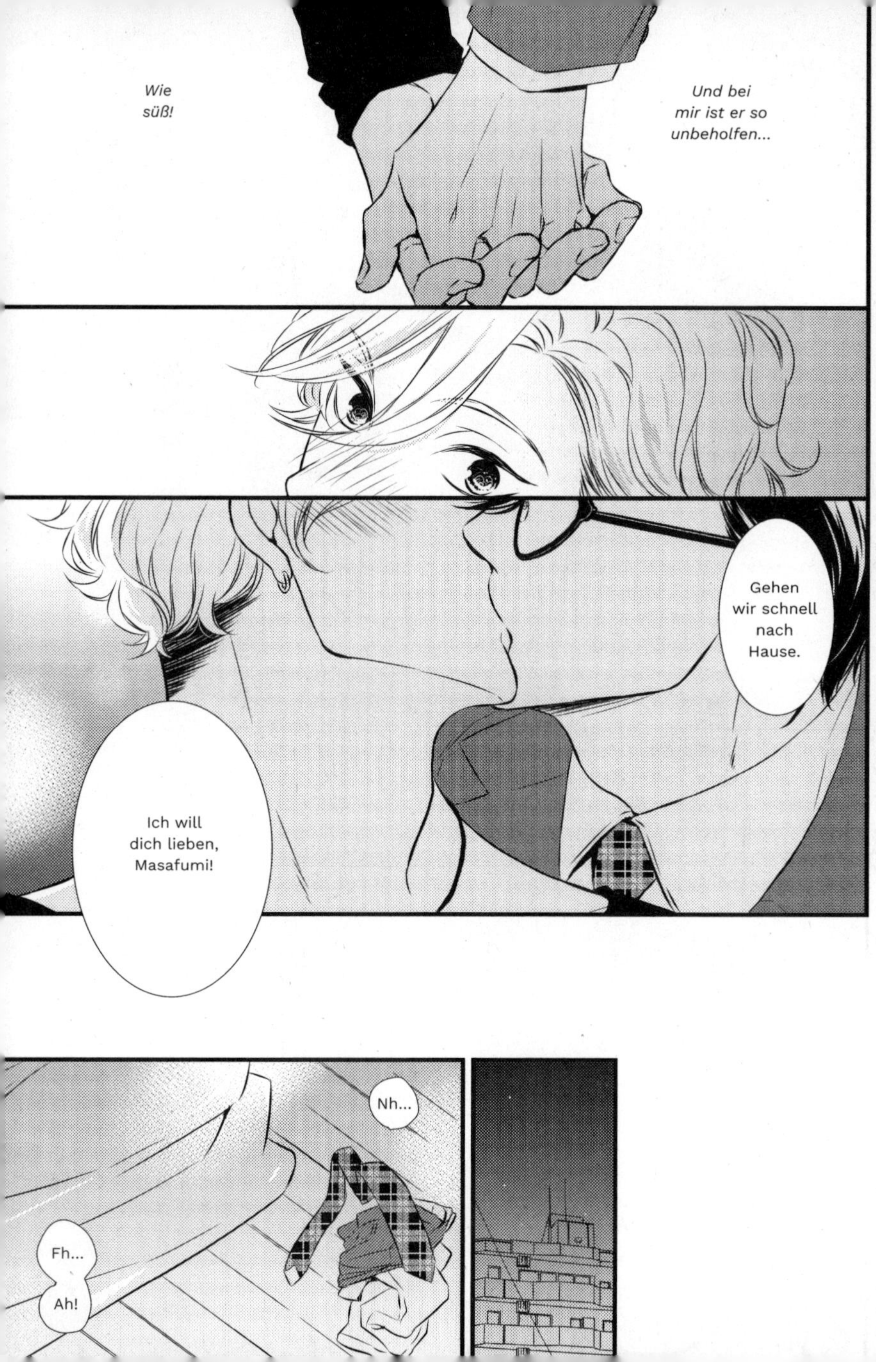
Und bei mir ist er so unbeholfen...
Wie süß!
Gehen wir schnell nach Hause.
Ich will dich lieben, Masafumi!
Nh...
Fh...
Ah!

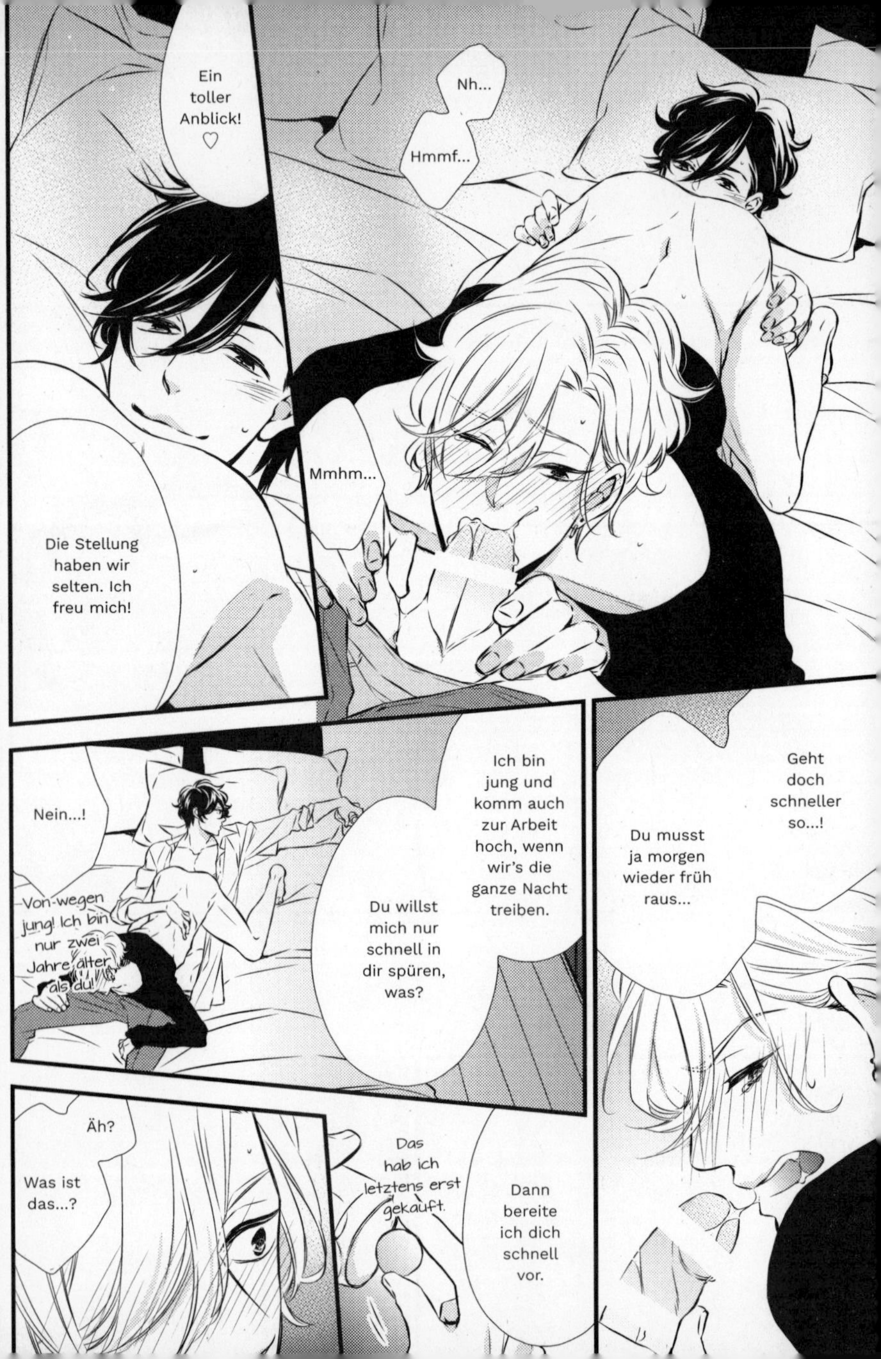

Nh...
Hmmf...
Ein toller Anblick! ♡
Mmhm...
Die Stellung haben wir selten. Ich freu mich!
Geht doch schneller so...!
Du musst ja morgen wieder früh raus...
Ich bin jung und komm auch zur Arbeit hoch, wenn wir's die ganze Nacht treiben.
Du willst mich nur schnell in dir spüren, was?
Nein...!
Von wegen jung! Ich bin nur zwei Jahre älter als du!
Dann bereite ich dich schnell vor.
Das hab ich letztens erst gekauft.
Äh?
Was ist das...?

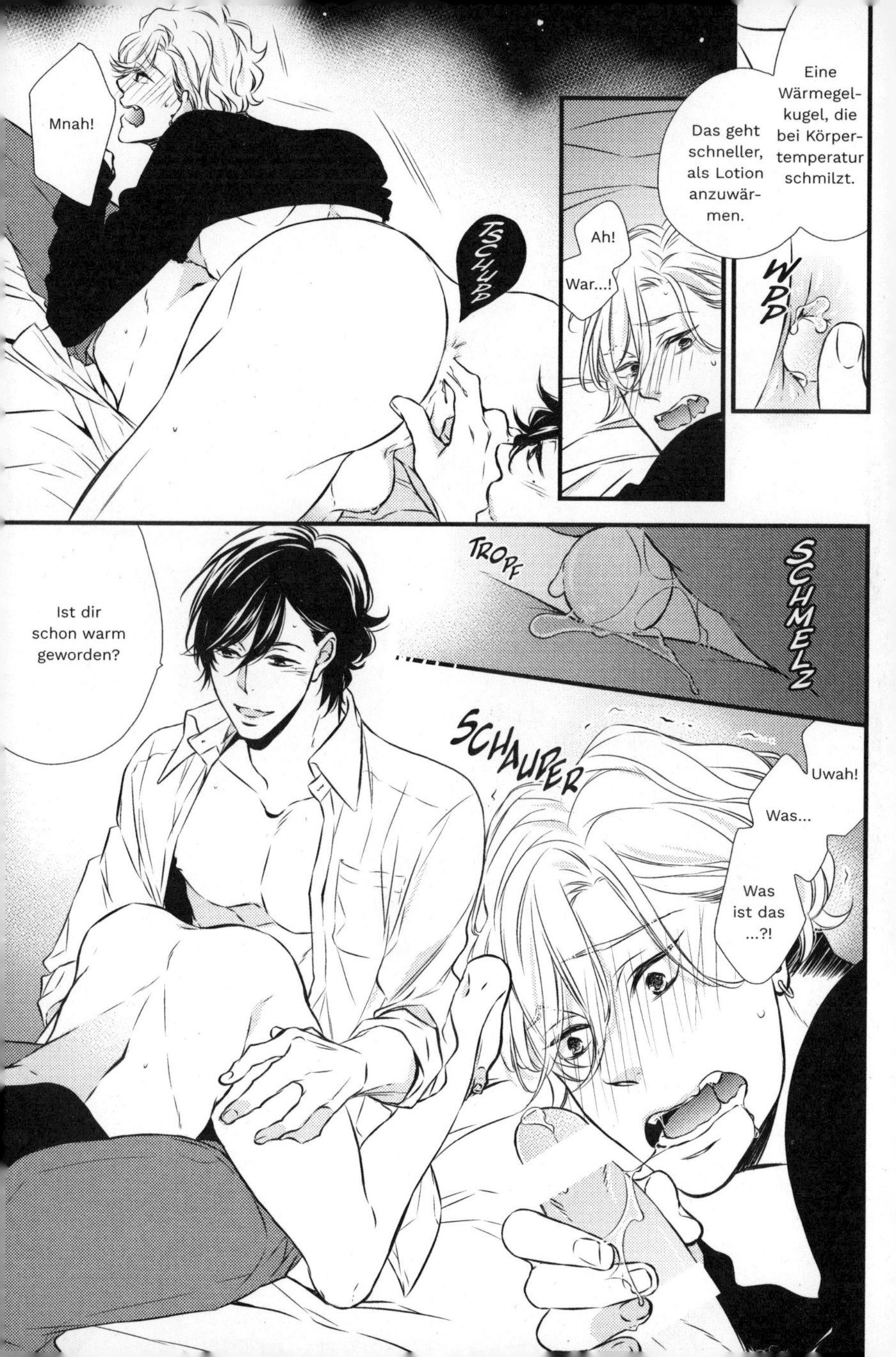

Eine Wärmegel-kugel, die bei Körper-temperatur schmilzt.
Das geht schneller, als Lotion anzuwär-men.
WPP
Ah!
War...!
TSCHUPP
Mnah!
SCHMELZ
TROPF
Uwah!
Was...
Was ist das ...?!
SCHAUDER
Ist dir schon warm geworden?

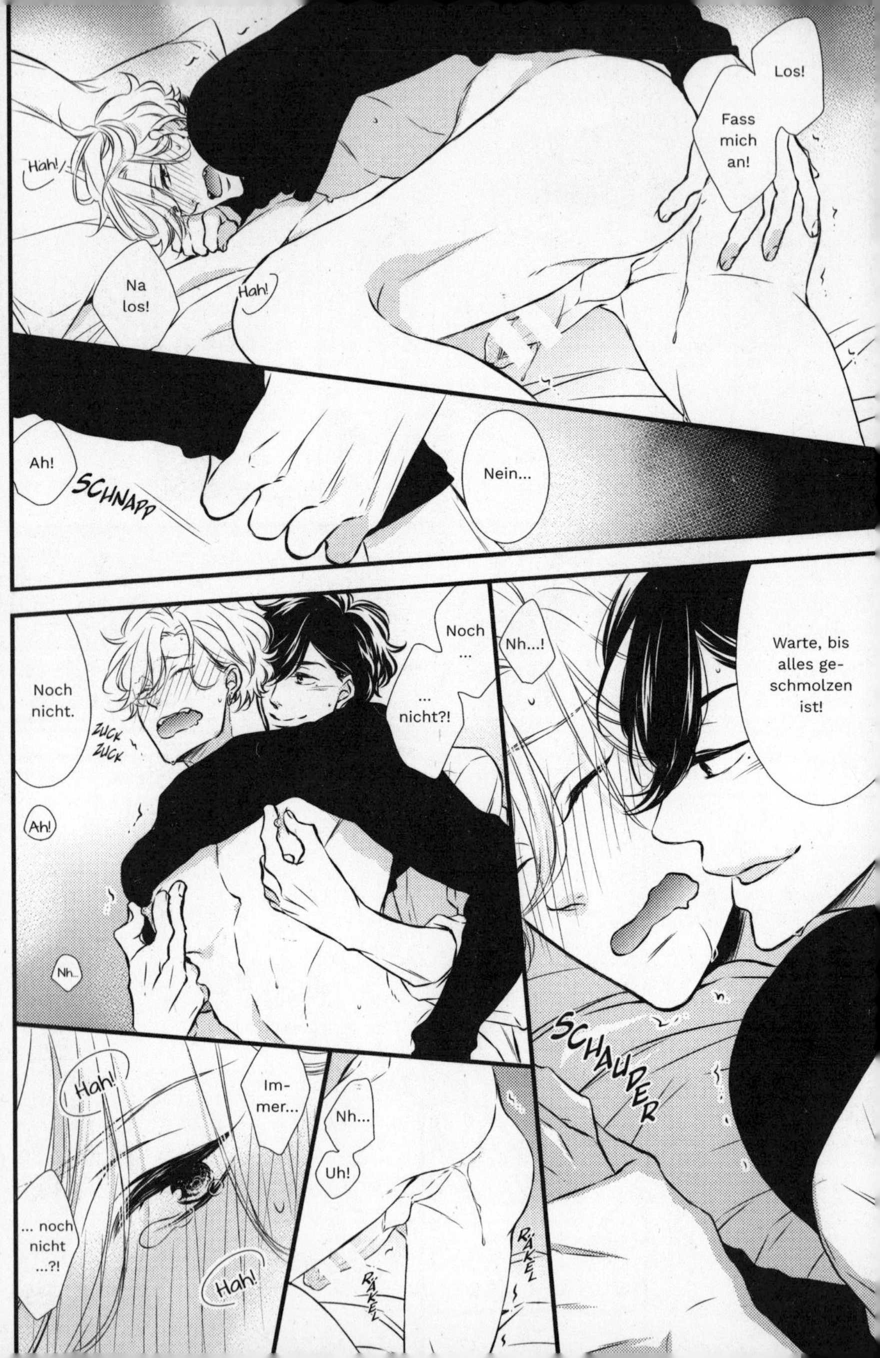
Los!
Fass mich an!
Hah!
Na los!
Hah!
Nein...
SCHNAPP
Ah!
Warte, bis alles geschmolzen ist!
Nh...!
Noch ...
... nicht?!
Noch nicht.
ZUCK ZUCK
Ah!
Nh...
SCHAUDER
Nh...
Uh!
RÄKEL
RÄKEL
Immer...
Hah!
... noch nicht ...?!
Hah!

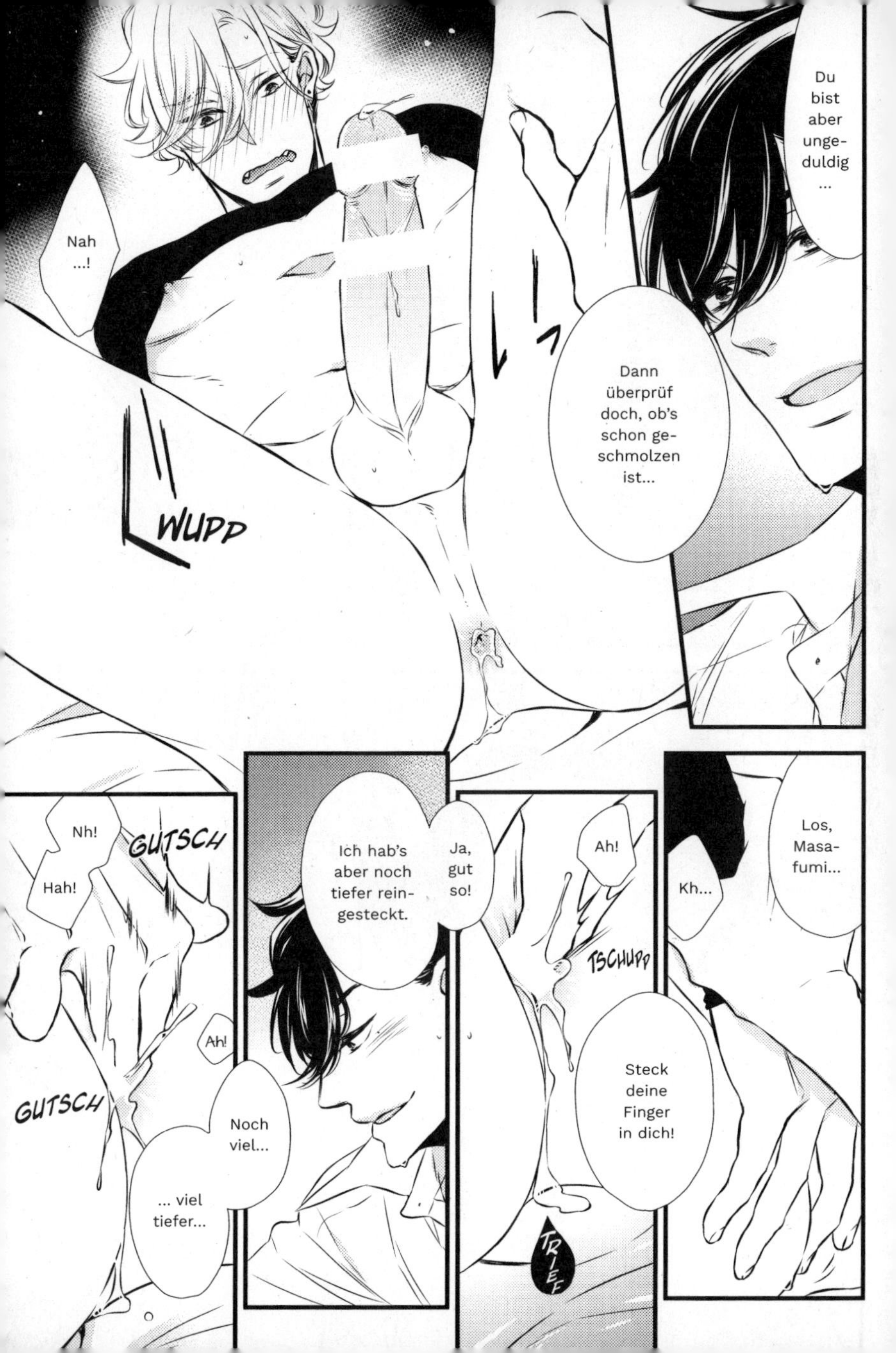
Du bist aber ungeduldig ...
Dann überprüf doch, ob's schon geschmolzen ist...
Nah ...!
WUPP
Los, Masafumi...
Kh...
Ah!
TSCHUPP
Steck deine Finger in dich!
TRIEF
Ja, gut so!
Ich hab's aber noch tiefer reingesteckt.
Nh!
Hah!
GUTSCH
Ah!
GUTSCH
Noch viel...
... viel tiefer...

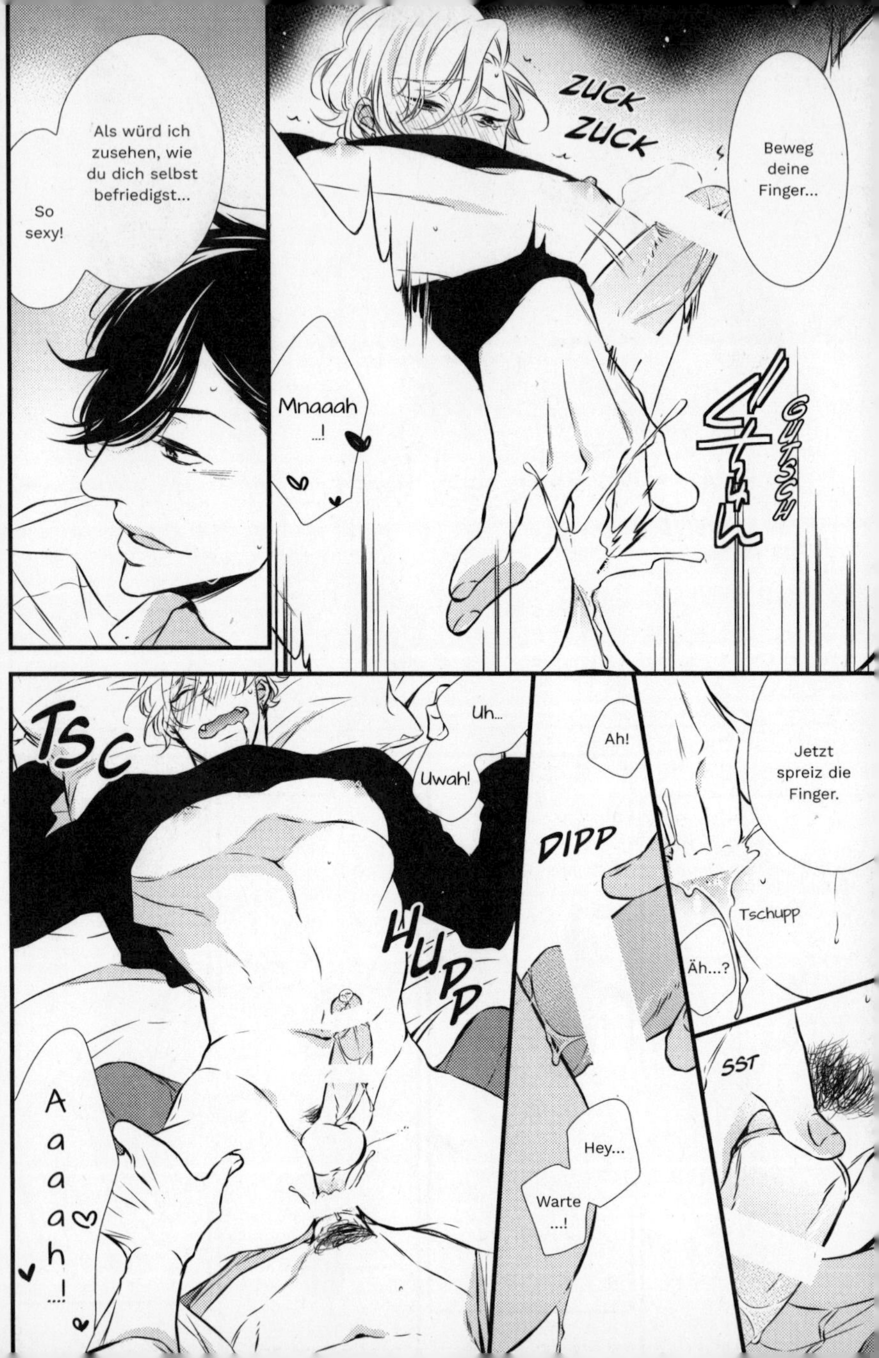
ZUCK ZUCK
Beweg deine Finger...
GUTSCH
Mnaaah ...!
Als würd ich zusehen, wie du dich selbst befriedigst...
So sexy!
Jetzt spreiz die Finger.
Tschupp
Äh...?
SST
Ah!
DIPP
Hey...
Warte ...!
TSC
Uh...
Uwah!
HUPP
Aaaaah ...!

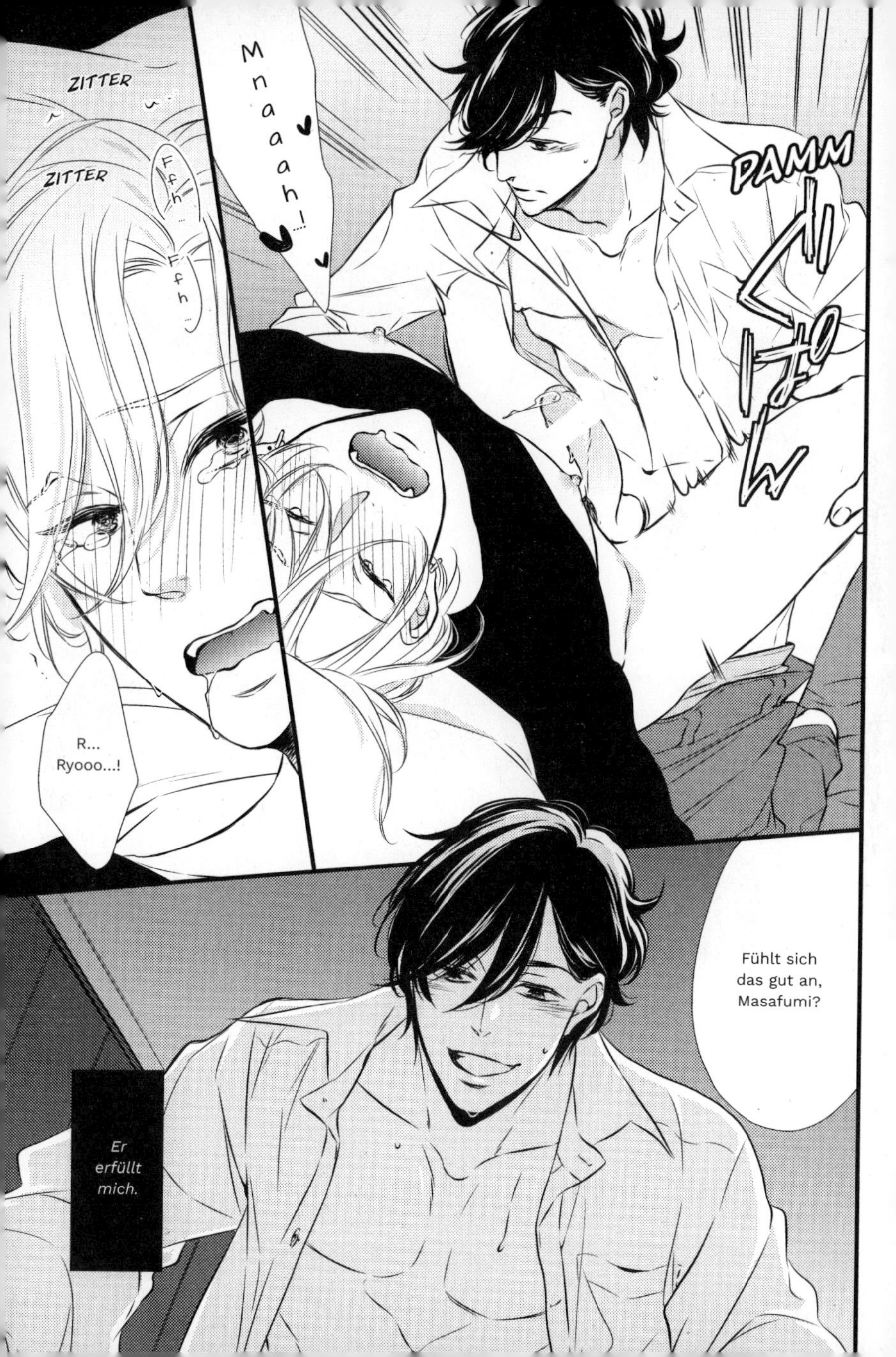
PAMM
Mnaaaah...!
ZITTER
ZITTER
Ffh...
Ffh...
R... Ryooo...!
Fühlt sich das gut an, Masafumi?
Er erfüllt mich.

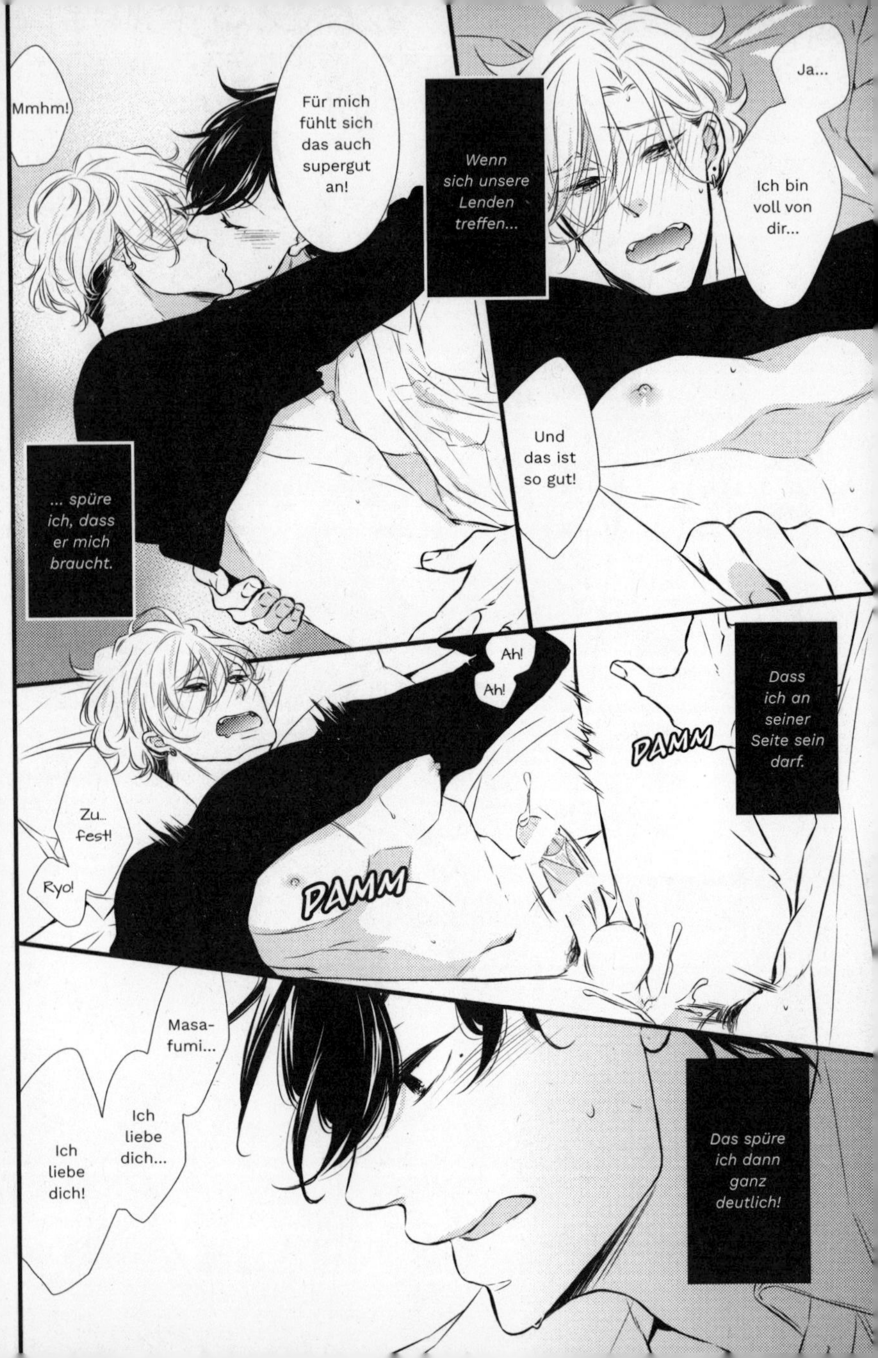

Ja...
Ich bin voll von dir...
Wenn sich unsere Lenden treffen...
Für mich fühlt sich das auch supergut an!
Mmhm!
Und das ist so gut!
... spüre ich, dass er mich braucht.
Dass ich an seiner Seite sein darf.
PAMM
Ah!
Ah!
PAMM
Zu... fest!
Ryo!
Das spüre ich dann ganz deutlich!
Masa-fumi...
Ich liebe dich...
Ich liebe dich!

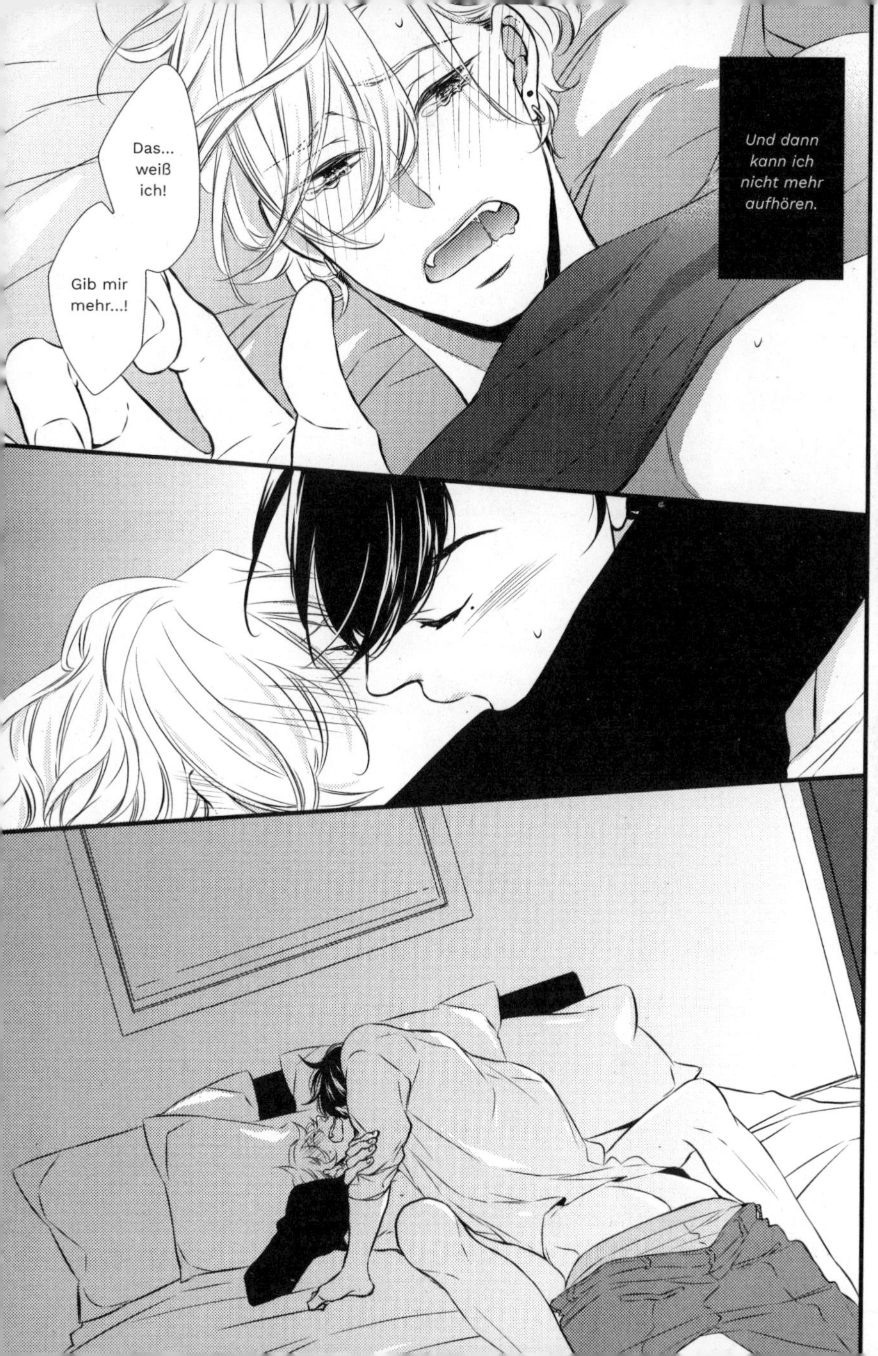
Und dann kann ich nicht mehr aufhören.
Das... weiß ich!
Gib mir mehr...!

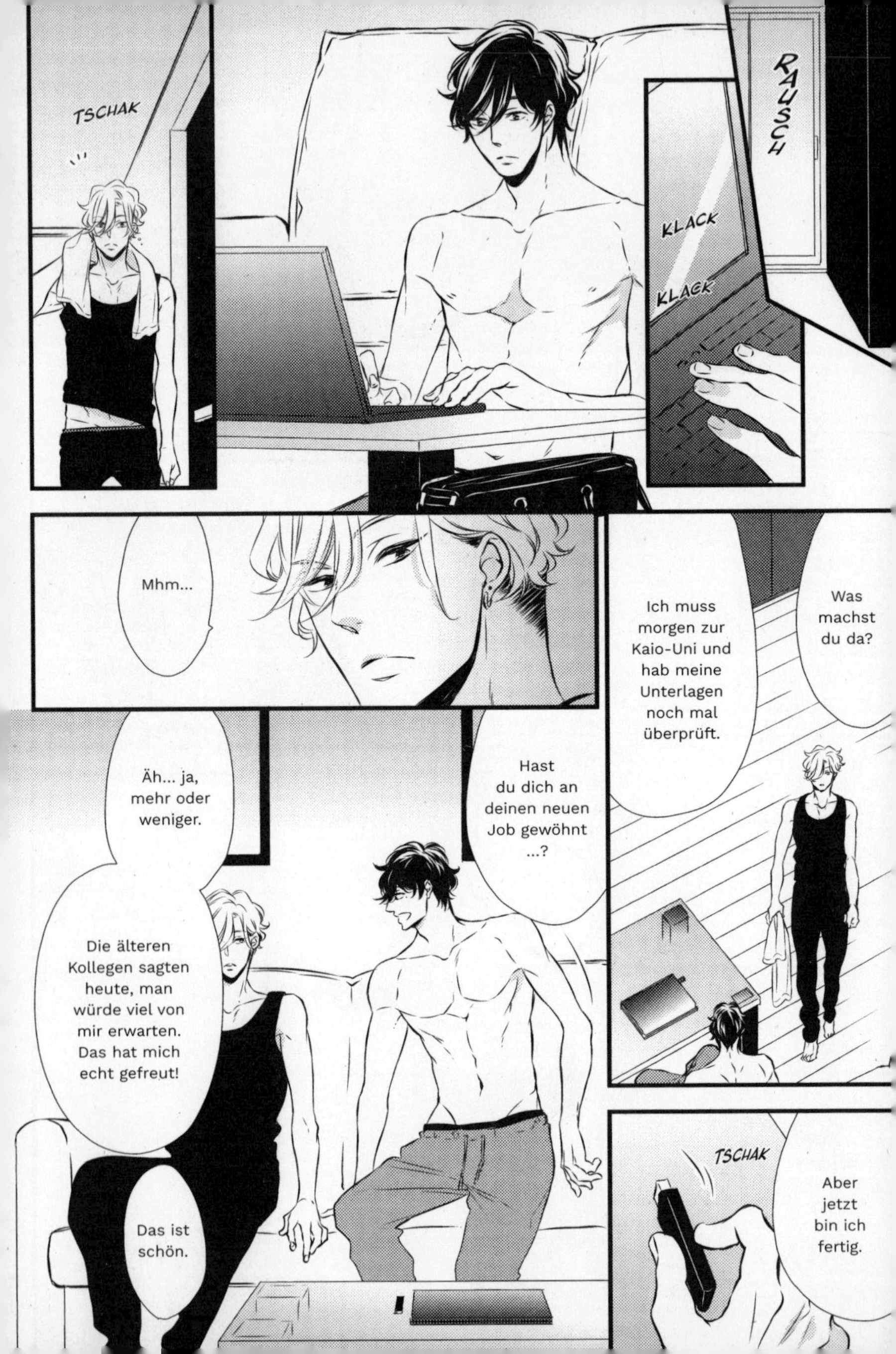
RAUSCH
KLACK
KLACK
TSCHAK
Was machst du da?
Ich muss morgen zur Kaio-Uni und hab meine Unterlagen noch mal überprüft.
Mhm...
TSCHAK
Aber jetzt bin ich fertig.
Hast du dich an deinen neuen Job gewöhnt ...?
Äh... ja, mehr oder weniger.
Die älteren Kollegen sagten heute, man würde viel von mir erwarten. Das hat mich echt gefreut!
Das ist schön.

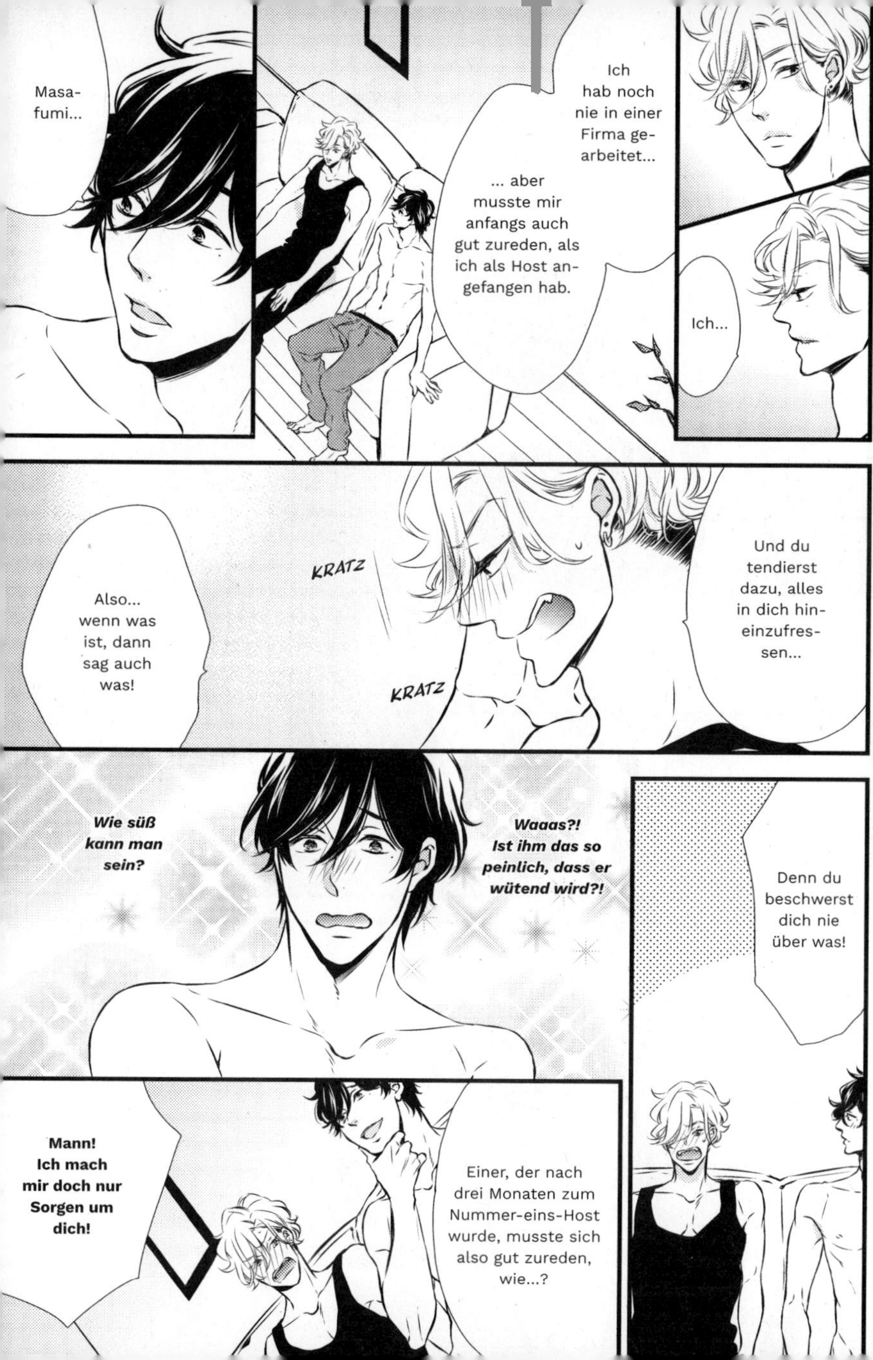
Ich...
Ich hab noch nie in einer Firma gearbeitet...
... aber musste mir anfangs auch gut zureden, als ich als Host angefangen hab.
Masa-fumi...
Und du tendierst dazu, alles in dich hineinzufressen...
KRATZ
KRATZ
Also... wenn was ist, dann sag auch was!
Denn du beschwerst dich nie über was!
Waaas?! Ist ihm das so peinlich, dass er wütend wird?!
Wie süß kann man sein?
Einer, der nach drei Monaten zum Nummer-eins-Host wurde, musste sich also gut zureden, wie...?
Mann! Ich mach mir doch nur Sorgen um dich!

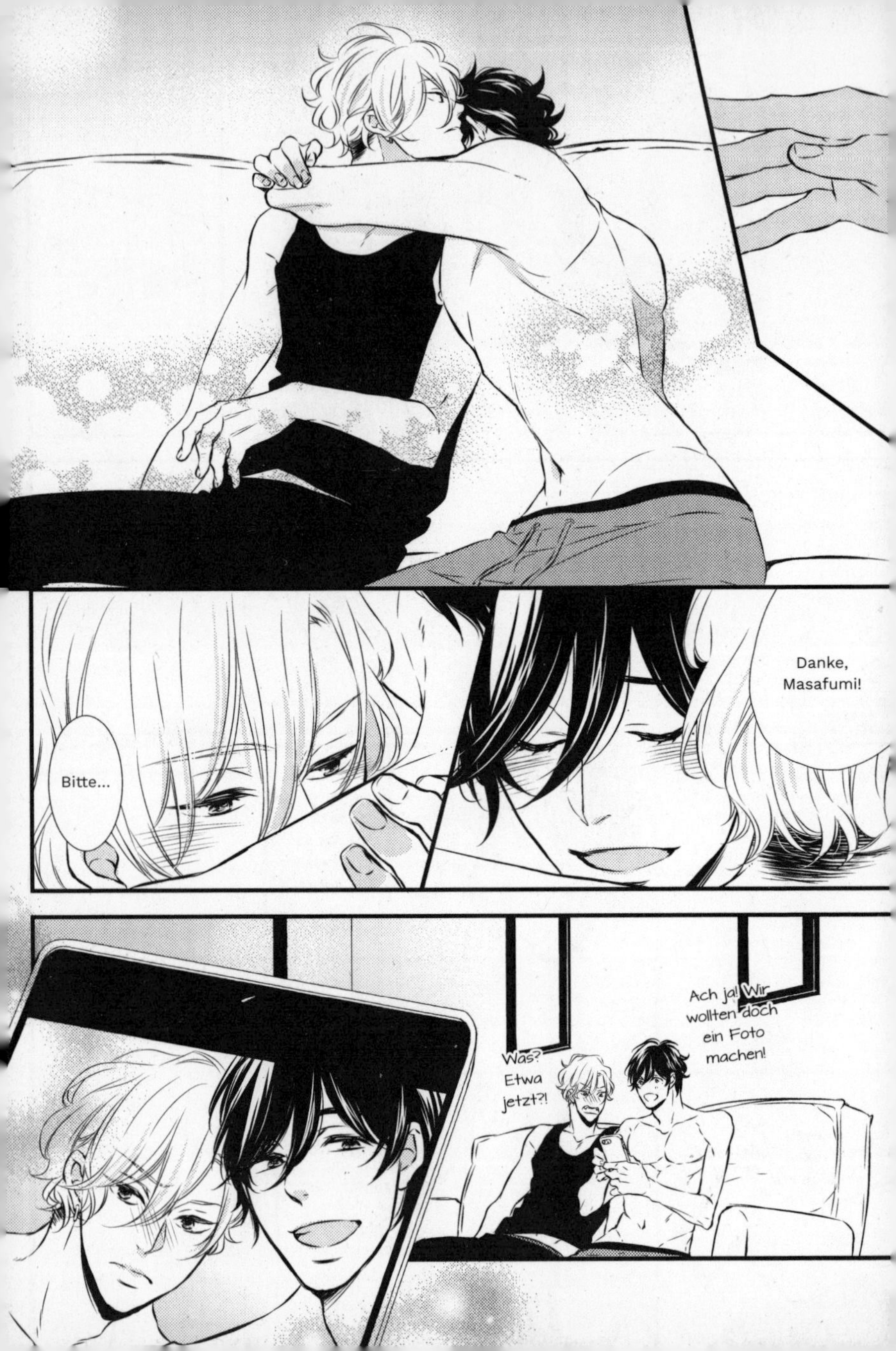
Danke, Masafumi!
Bitte...
Ach ja! Wir wollten doch ein Foto machen!
Was? Etwa jetzt?!

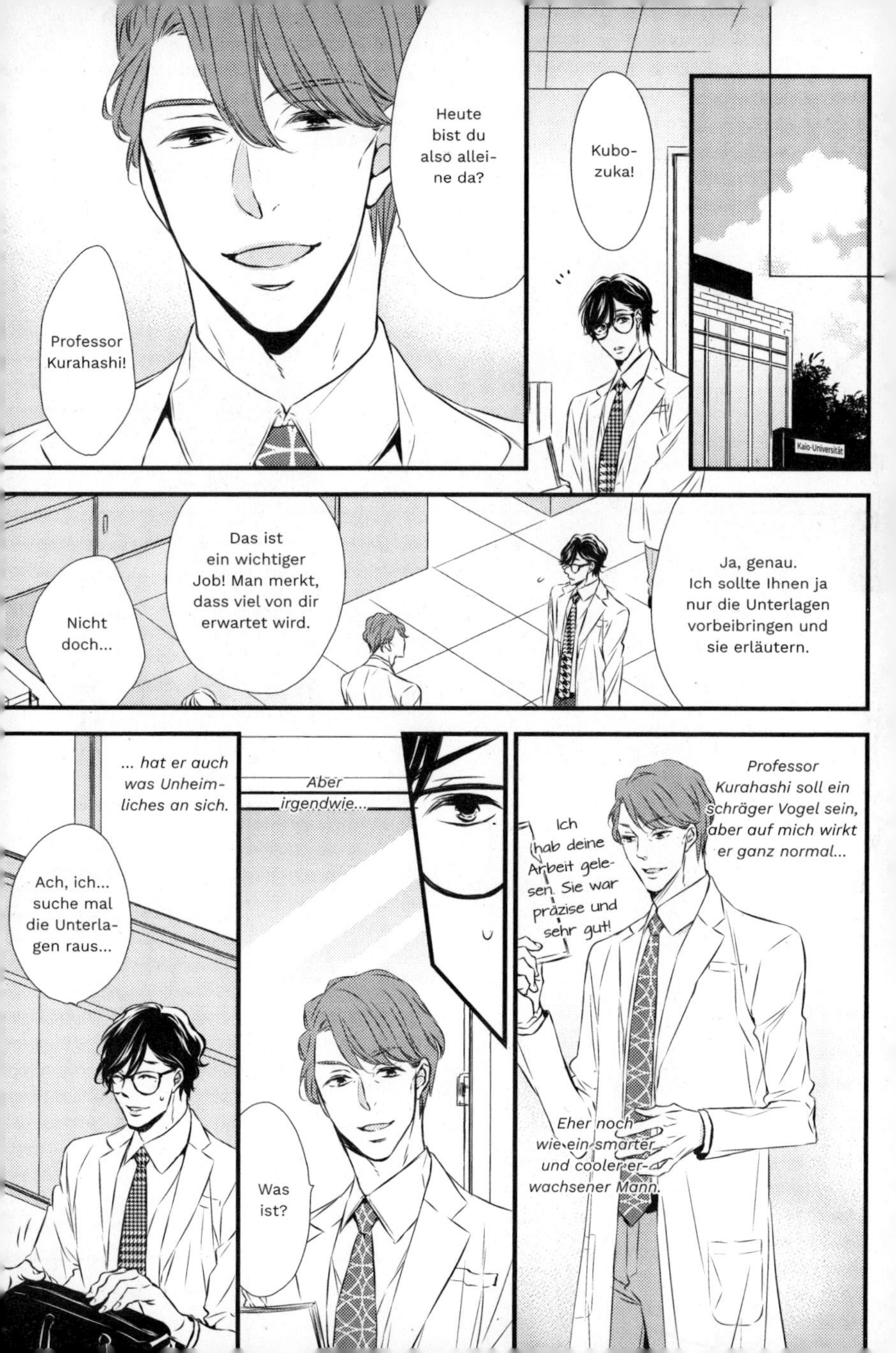
Kubo-zuka!
Kaio-Universität
Heute bist du also alleine da?
Professor Kurahashi!
Ja, genau. Ich sollte Ihnen ja nur die Unterlagen vorbeibringen und sie erläutern.
Das ist ein wichtiger Job! Man merkt, dass viel von dir erwartet wird.
Nicht doch...
Professor Kurahashi soll ein schräger Vogel sein, aber auf mich wirkt er ganz normal...
Ich hab deine Arbeit gelesen. Sie war präzise und sehr gut!
Eher noch wie ein smarter und cooler erwachsener Mann.
Aber irgendwie...
Was ist?
... hat er auch was Unheimliches an sich.
Ach, ich... suche mal die Unterlagen raus...

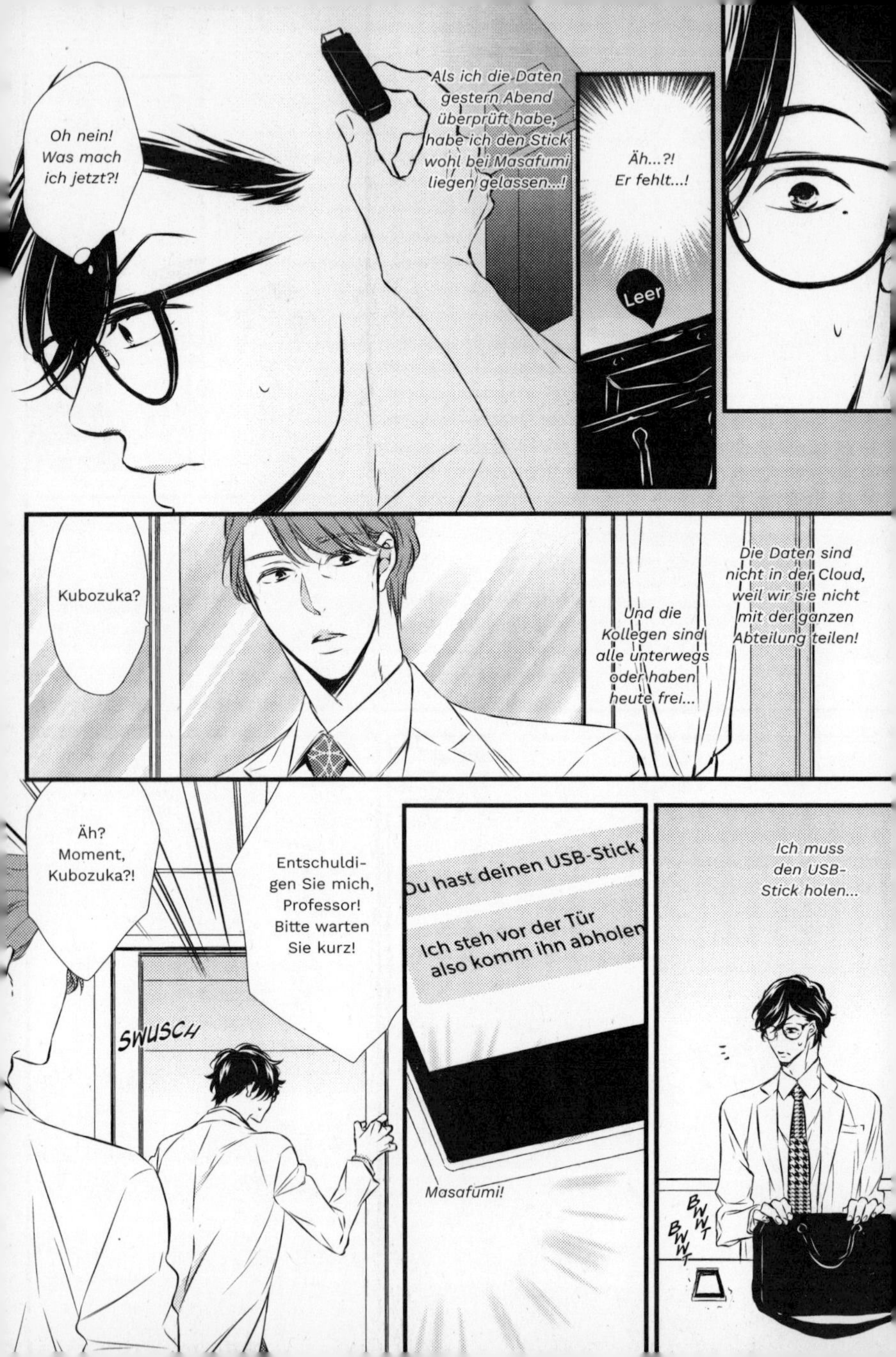
Äh...?!
Er fehlt...!
Leer
Als ich die Daten gestern Abend überprüft habe, habe ich den Stick wohl bei Masafumi liegen gelassen...!
Oh nein! Was mach ich jetzt?!
Die Daten sind nicht in der Cloud, weil wir sie nicht mit der ganzen Abteilung teilen!
Und die Kollegen sind alle unterwegs oder haben heute frei...
Kubozuka?
Ich muss den USB-Stick holen...
BWWT
BWWT
Du hast deinen USB-Stick
Ich steh vor der Tür also komm ihn abholen
Masafumi!
Entschuldigen Sie mich, Professor! Bitte warten Sie kurz!
SWUSCH
Äh? Moment, Kubozuka?!

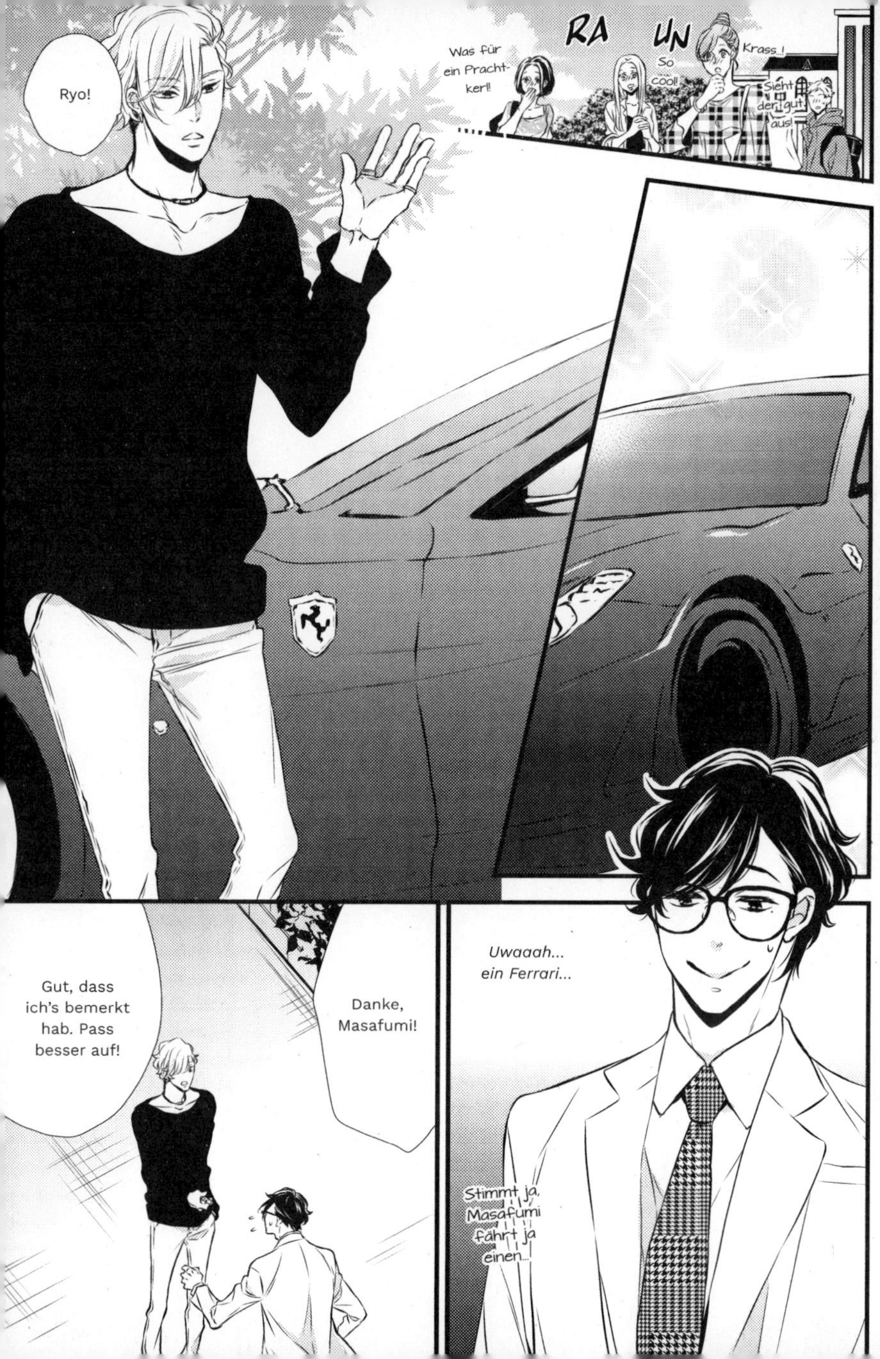
RA UN
Sieht der gut aus!
Krass..!
So cool!
Was für ein Prachtkerl!
Ryo!
Uwaaah... ein Ferrari...
Stimmt ja, Masafumi fährt ja einen...
Danke, Masafumi!
Gut, dass ich's bemerkt hab. Pass besser auf!

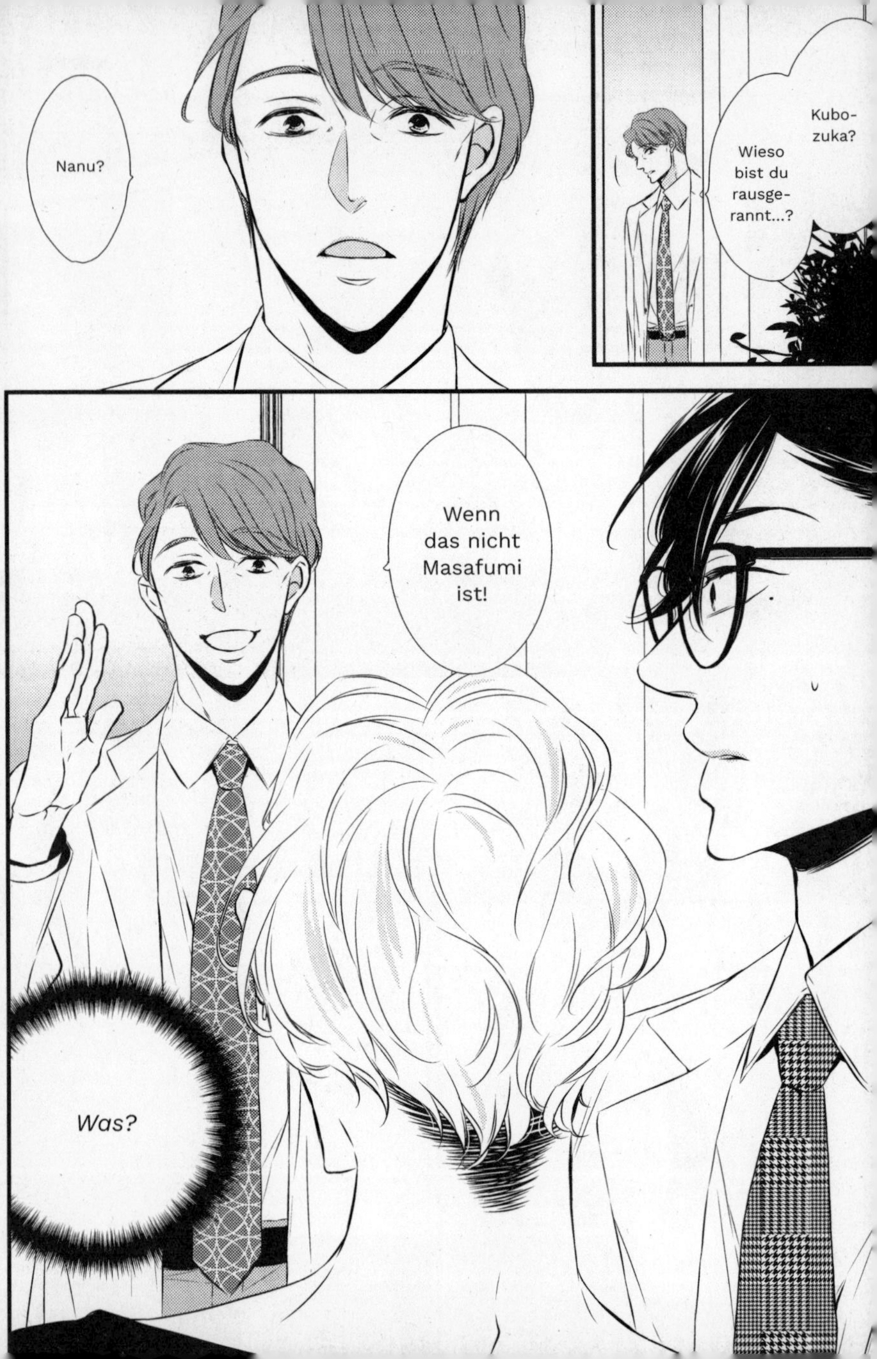
Kubozuka?
Wieso bist du rausgerannt...?
Nanu?
Wenn das nicht Masafumi ist!
Was?

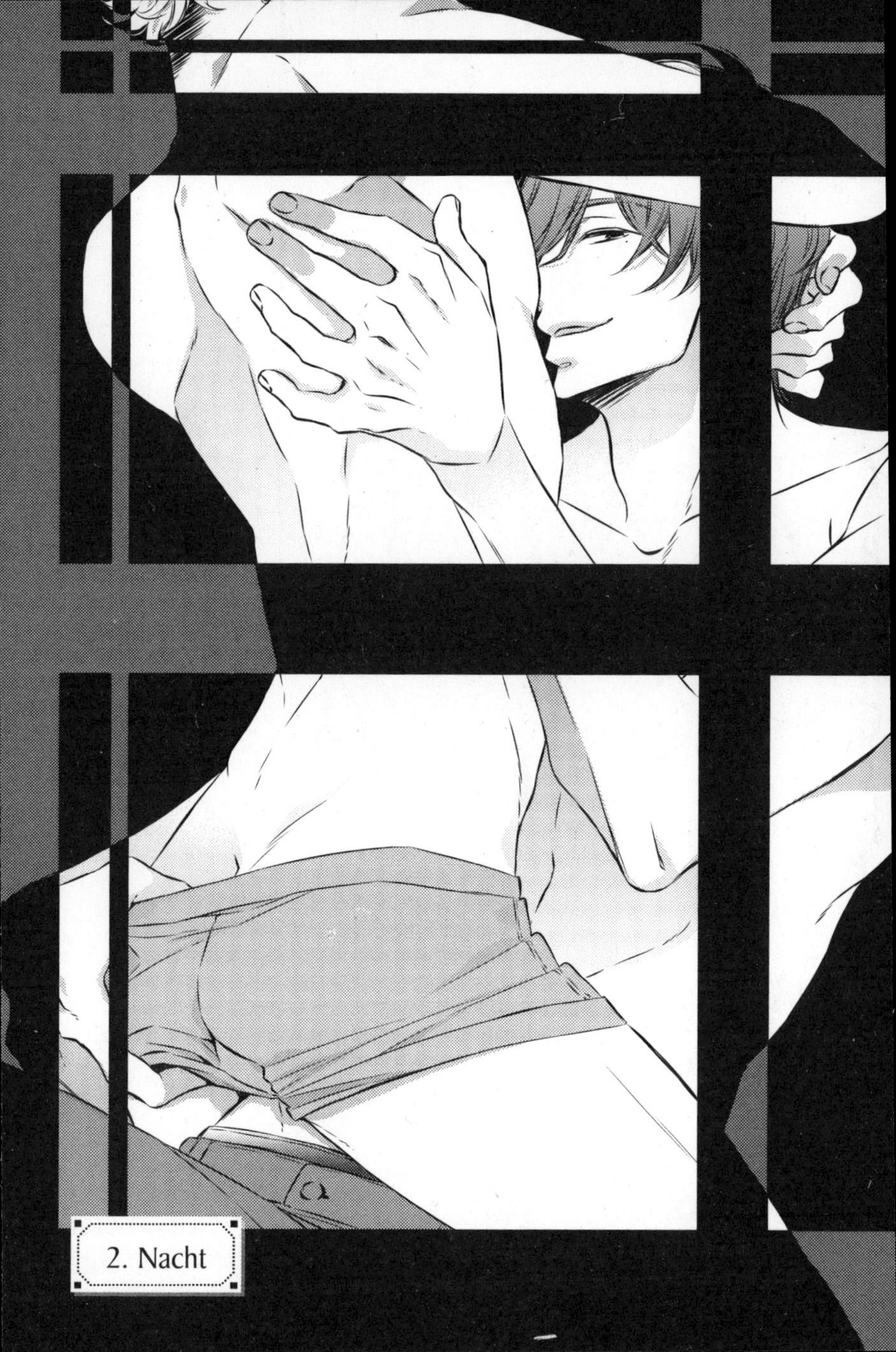

2. Nacht

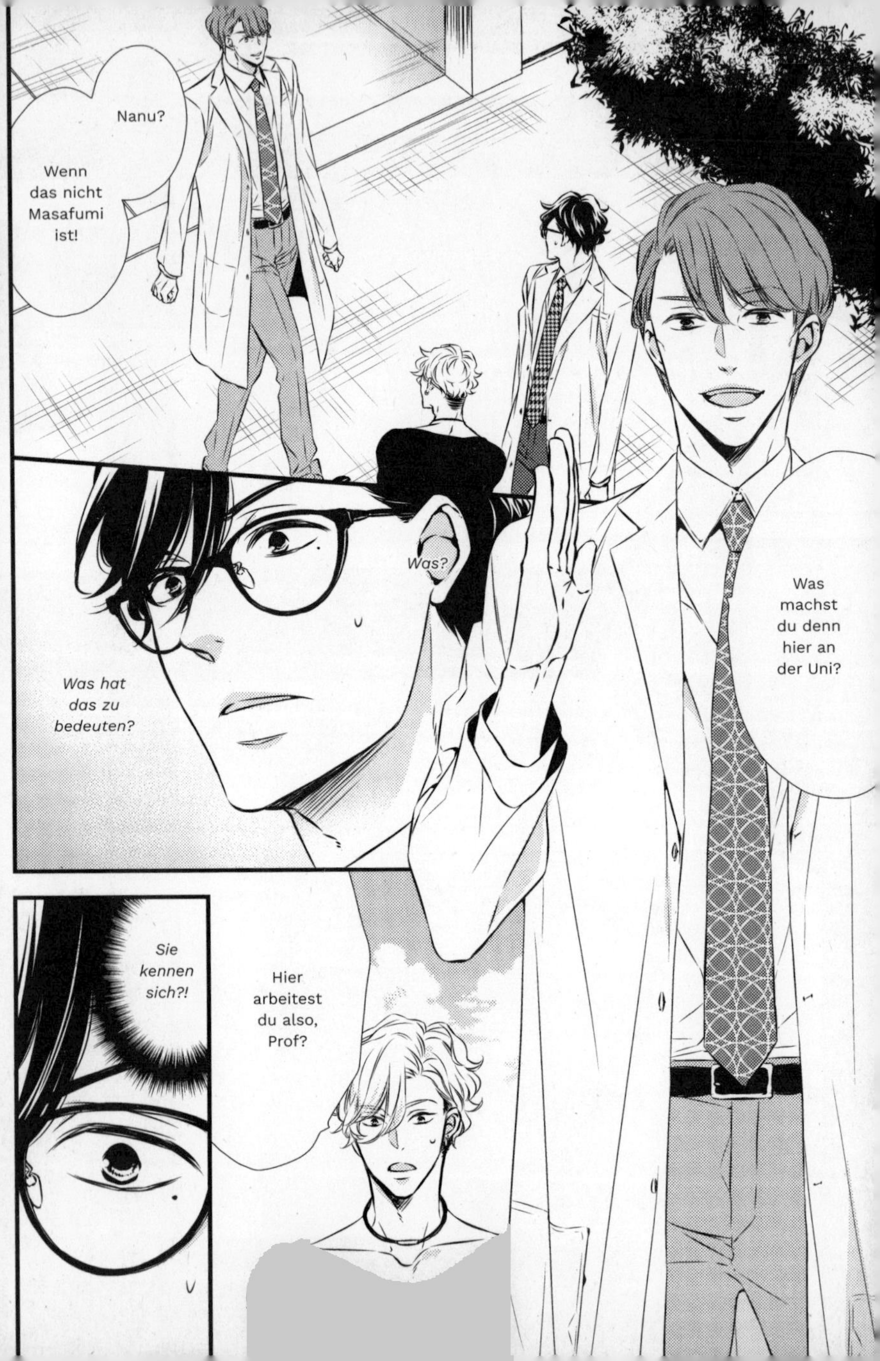
Nanu?
Wenn das nicht Masafumi ist!
Was machst du denn hier an der Uni?
Was?
Was hat das zu bedeuten?
Hier arbeitest du also, Prof?
Sie kennen sich?!

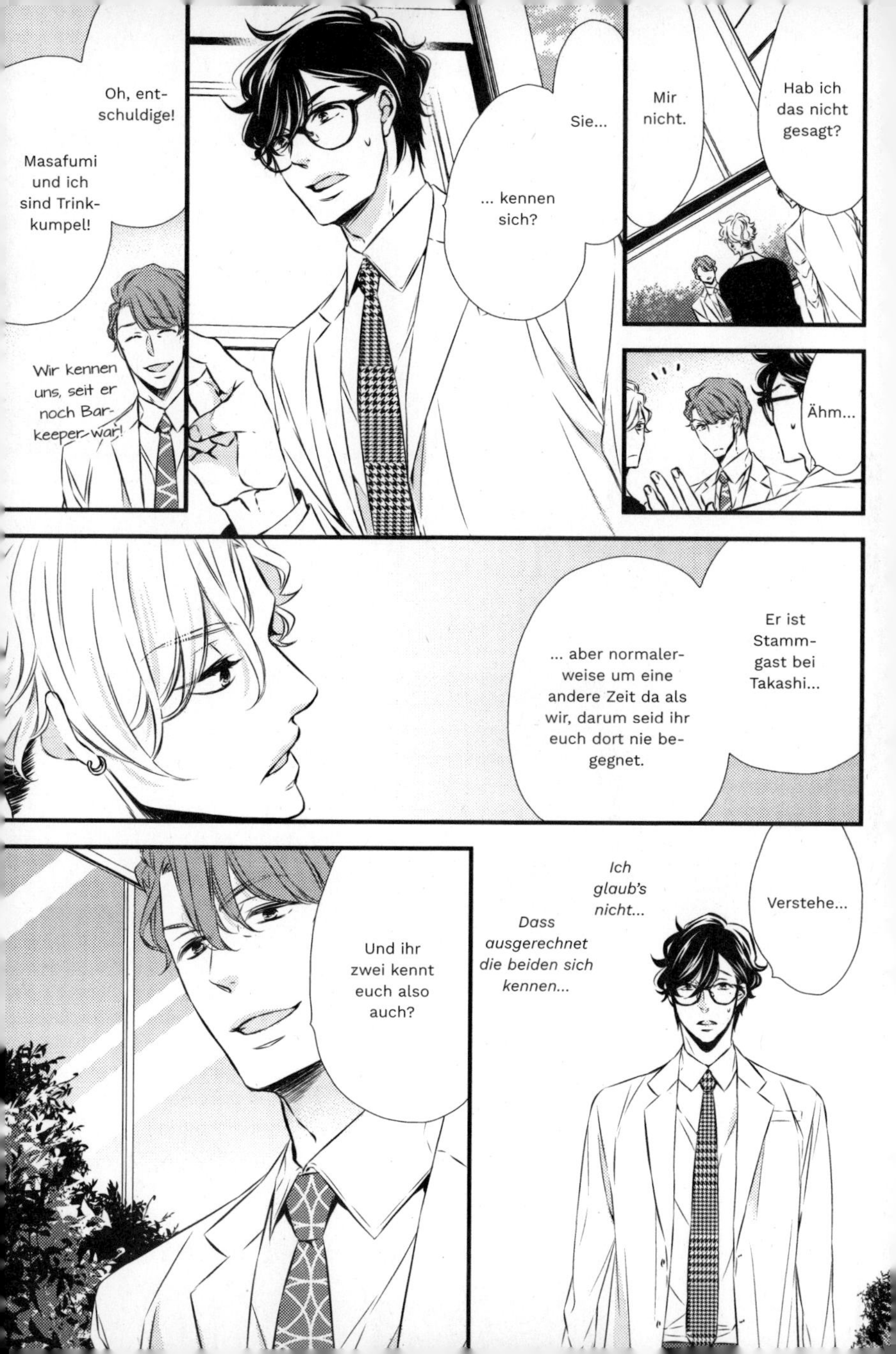
Hab ich das nicht gesagt?
Mir nicht.
Sie...
... kennen sich?
Oh, entschuldige!
Masafumi und ich sind Trinkkumpel!
Wir kennen uns, seit er noch Barkeeper war!
Ähm...
Er ist Stammgast bei Takashi...
... aber normalerweise um eine andere Zeit da als wir, darum seid ihr euch dort nie begegnet.
Verstehe...
Ich glaub's nicht...
Dass ausgerechnet die beiden sich kennen...
Und ihr zwei kennt euch also auch?

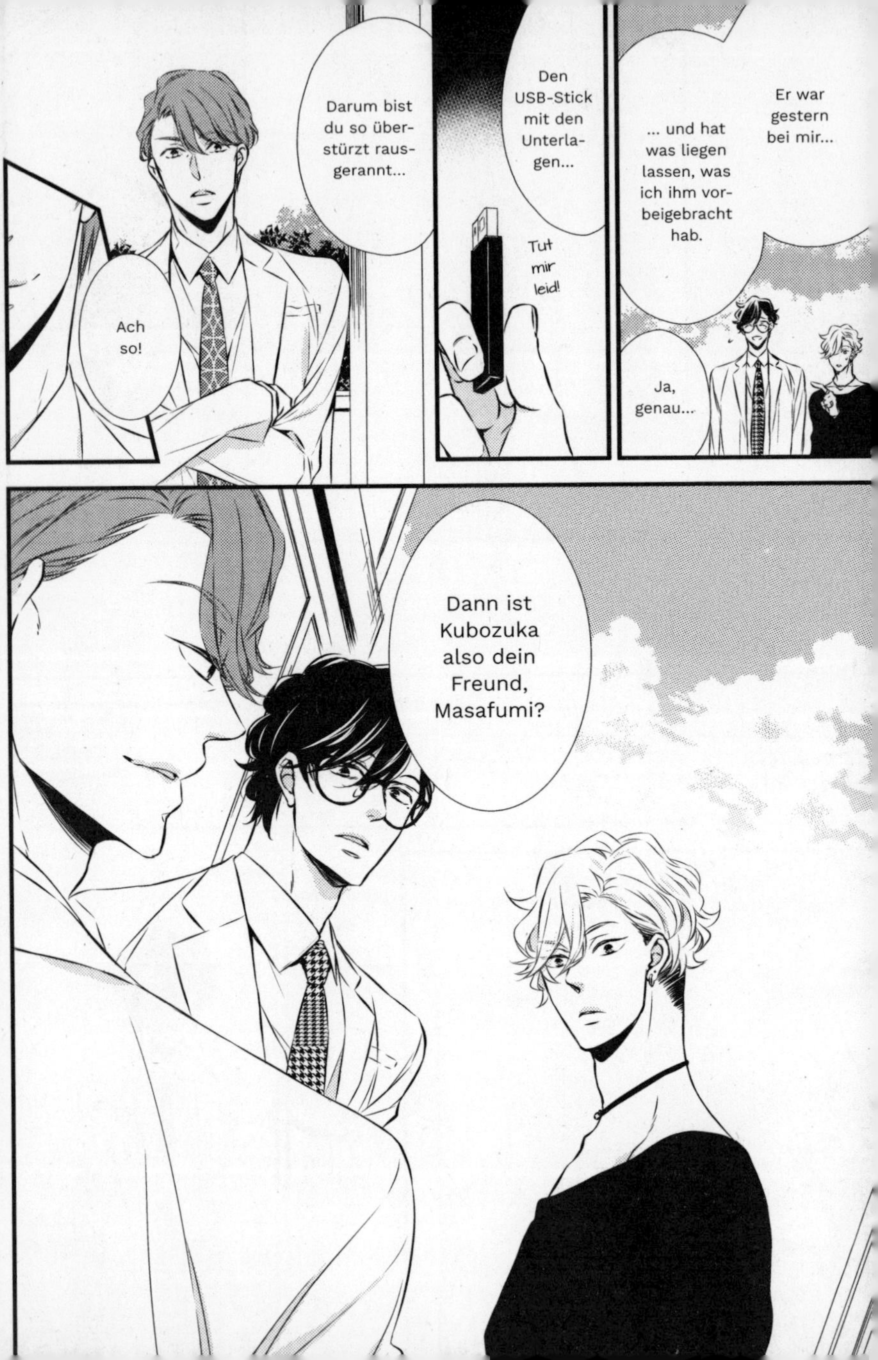
Er war gestern bei mir...
... und hat was liegen lassen, was ich ihm vorbeigebracht hab.
Ja, genau...
Den USB-Stick mit den Unterlagen...
Tut mir leid!
Darum bist du so überstürzt rausgerannt...
Ach so!
Dann ist Kubozuka also dein Freund, Masafumi?

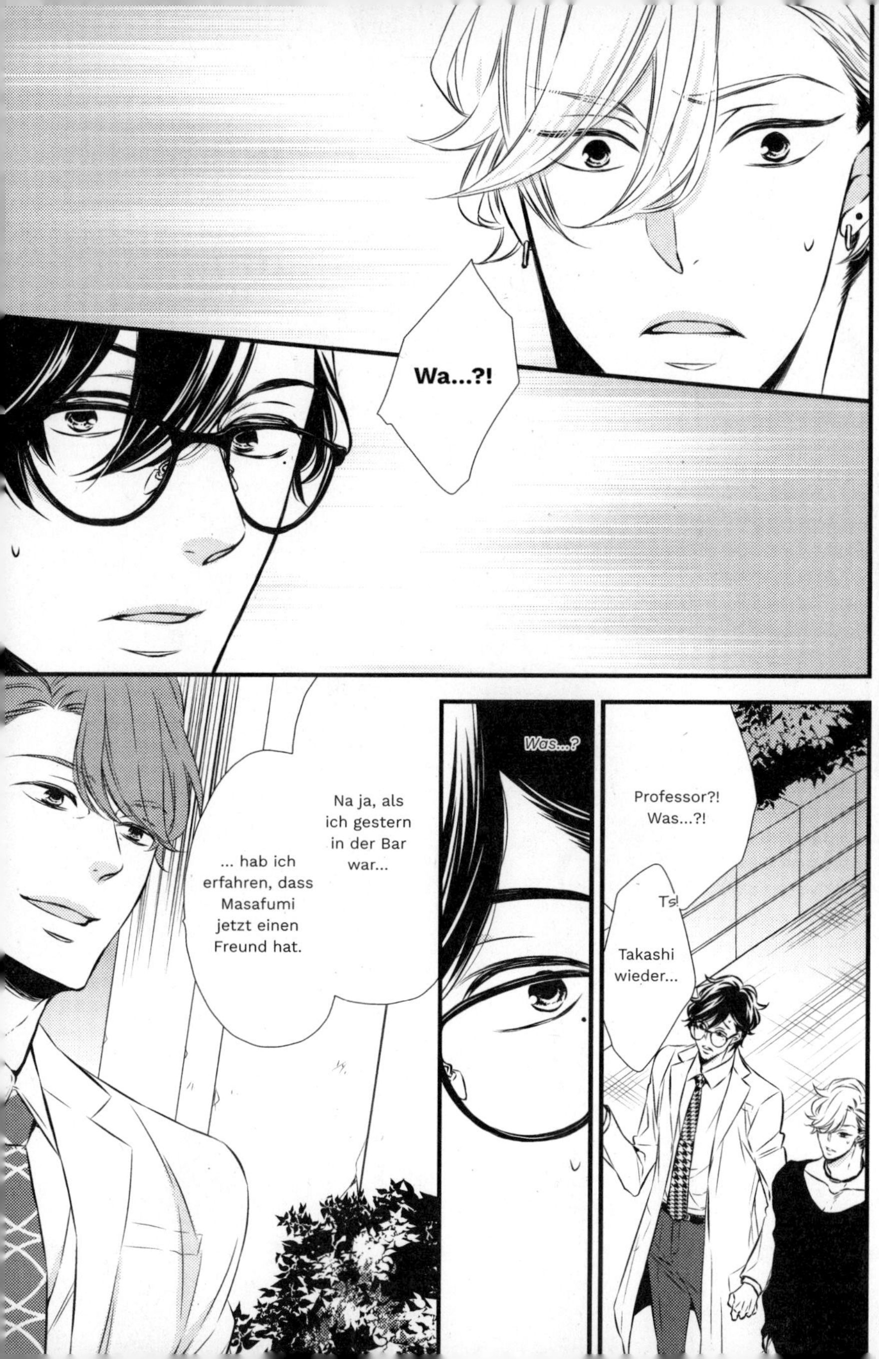
Wa...?!
Professor?! Was...?!
Ts!
Takashi wieder...
Was...?
Na ja, als ich gestern in der Bar war...
... hab ich erfahren, dass Masafumi jetzt einen Freund hat.

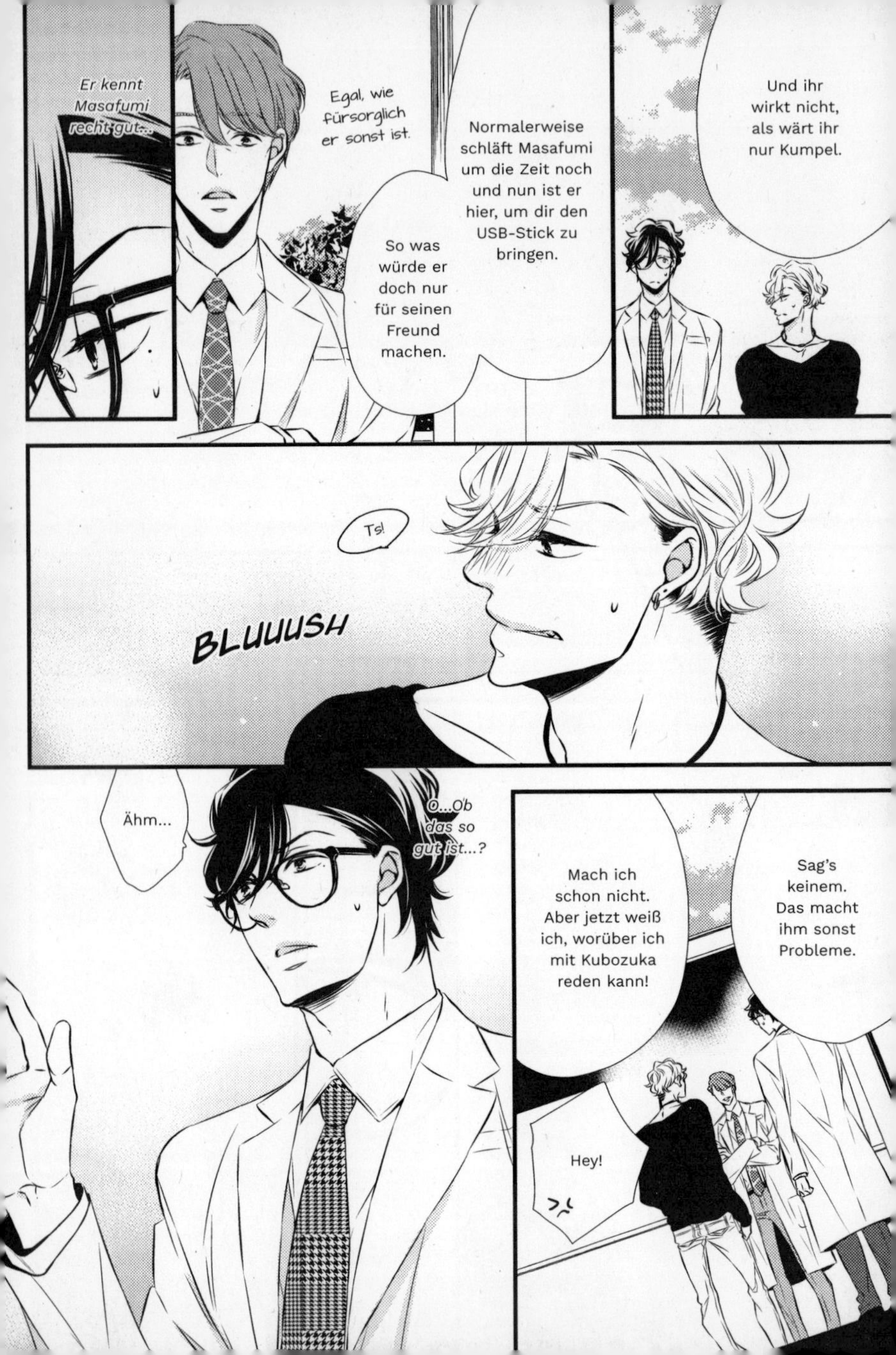
Und ihr wirkt nicht, als wärt ihr nur Kumpel.
Normalerweise schläft Masafumi um die Zeit noch und nun ist er hier, um dir den USB-Stick zu bringen.
So was würde er doch nur für seinen Freund machen.
Egal, wie fürsorglich er sonst ist.
Er kennt Masafumi recht gut...
Ts!
BLUUUSH
Sag's keinem. Das macht ihm sonst Probleme.
Mach ich schon nicht. Aber jetzt weiß ich, worüber ich mit Kubozuka reden kann!
Hey!
O...Ob das so gut ist...?
Ähm...

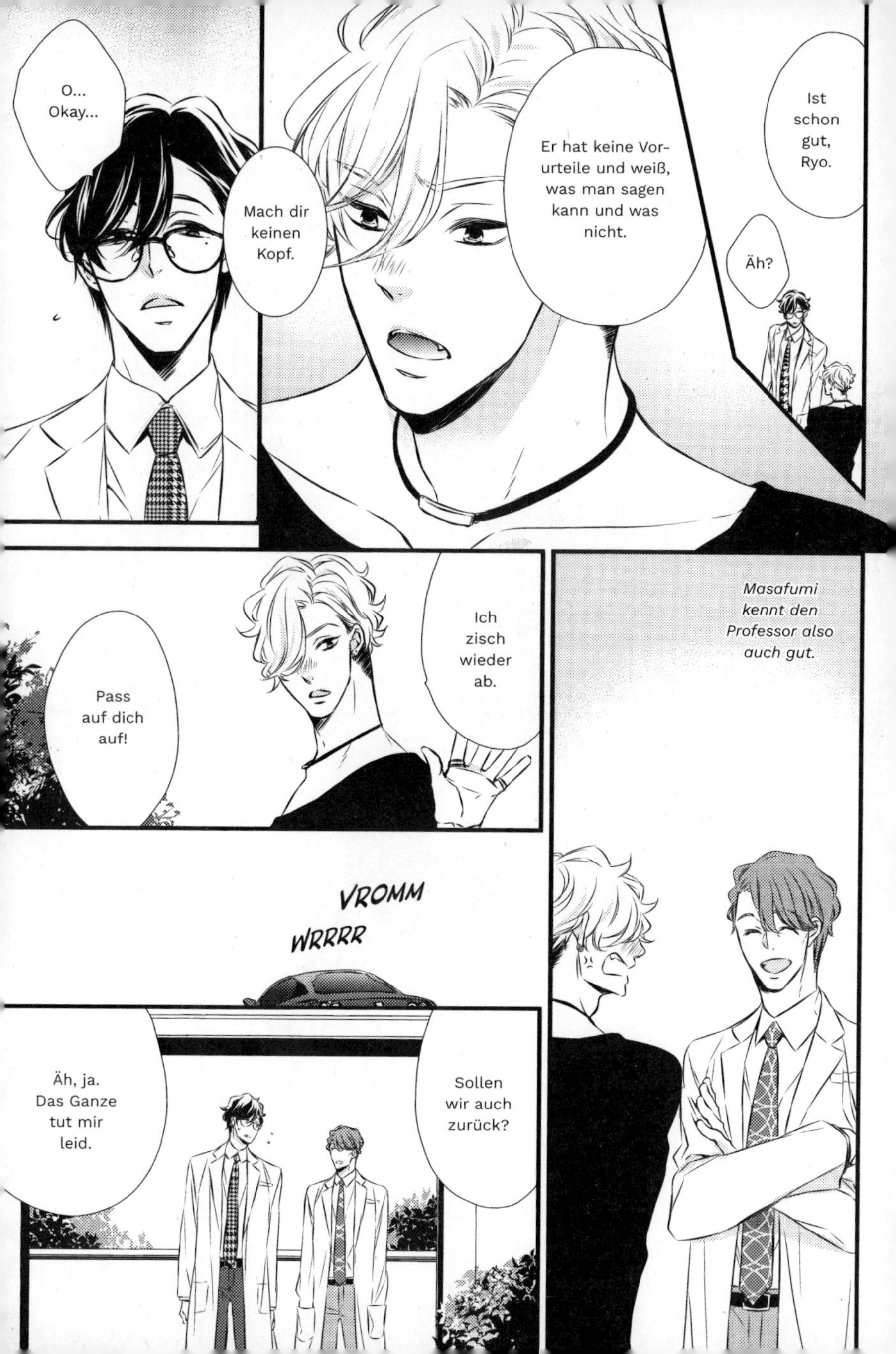
Ist schon gut, Ryo.
Äh?
Er hat keine Vorurteile und weiß, was man sagen kann und was nicht.
Mach dir keinen Kopf.
O... Okay...
Masafumi kennt den Professor also auch gut.
Ich zisch wieder ab.
Pass auf dich auf!
VROMM
WRRRR
Sollen wir auch zurück?
Äh, ja. Das Ganze tut mir leid.

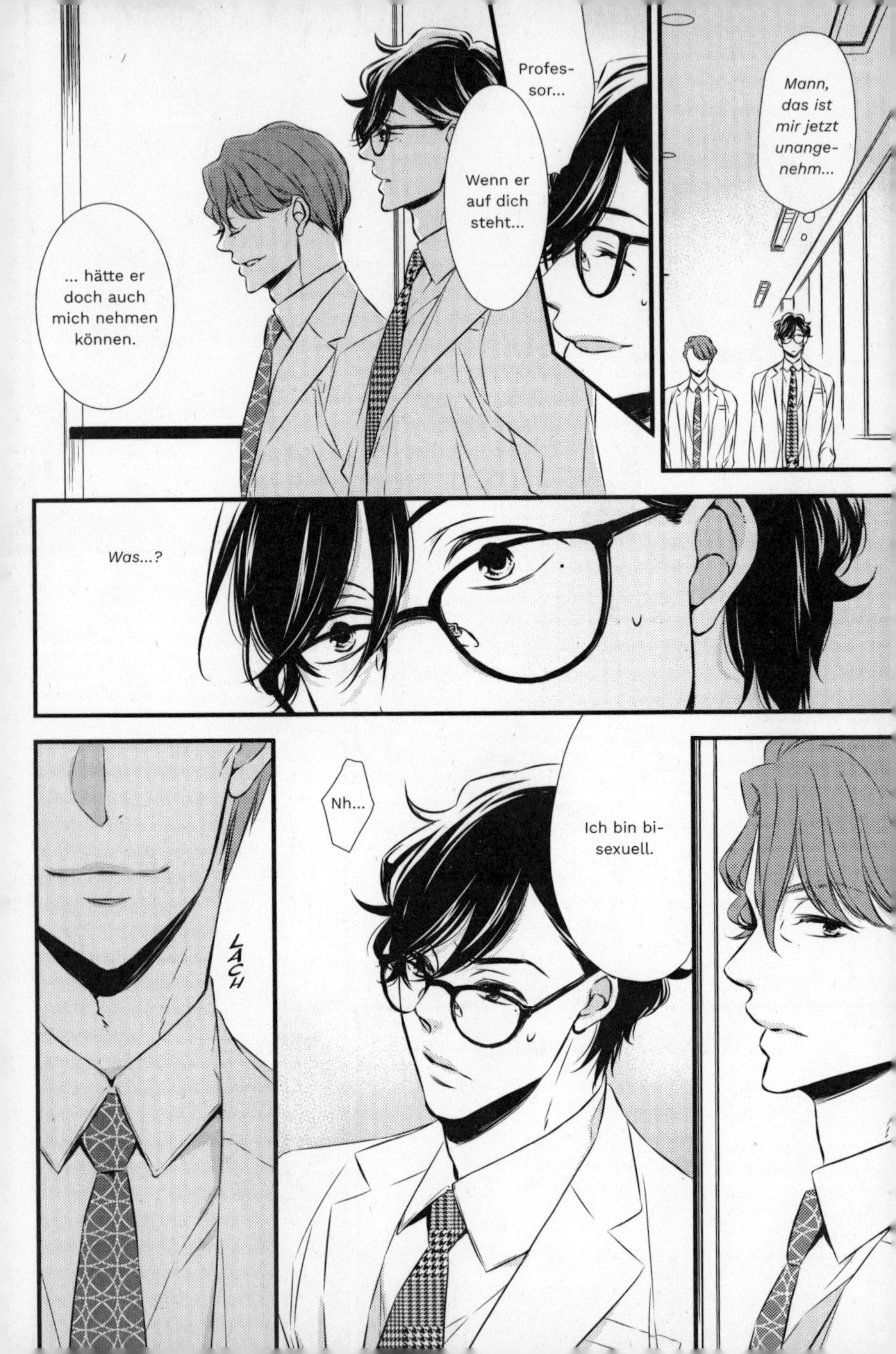
Mann, das ist mir jetzt unangenehm...
Professor...
Wenn er auf dich steht...
... hätte er doch auch mich nehmen können.
Was...?
Ich bin bisexuell.
Nh...
LACH

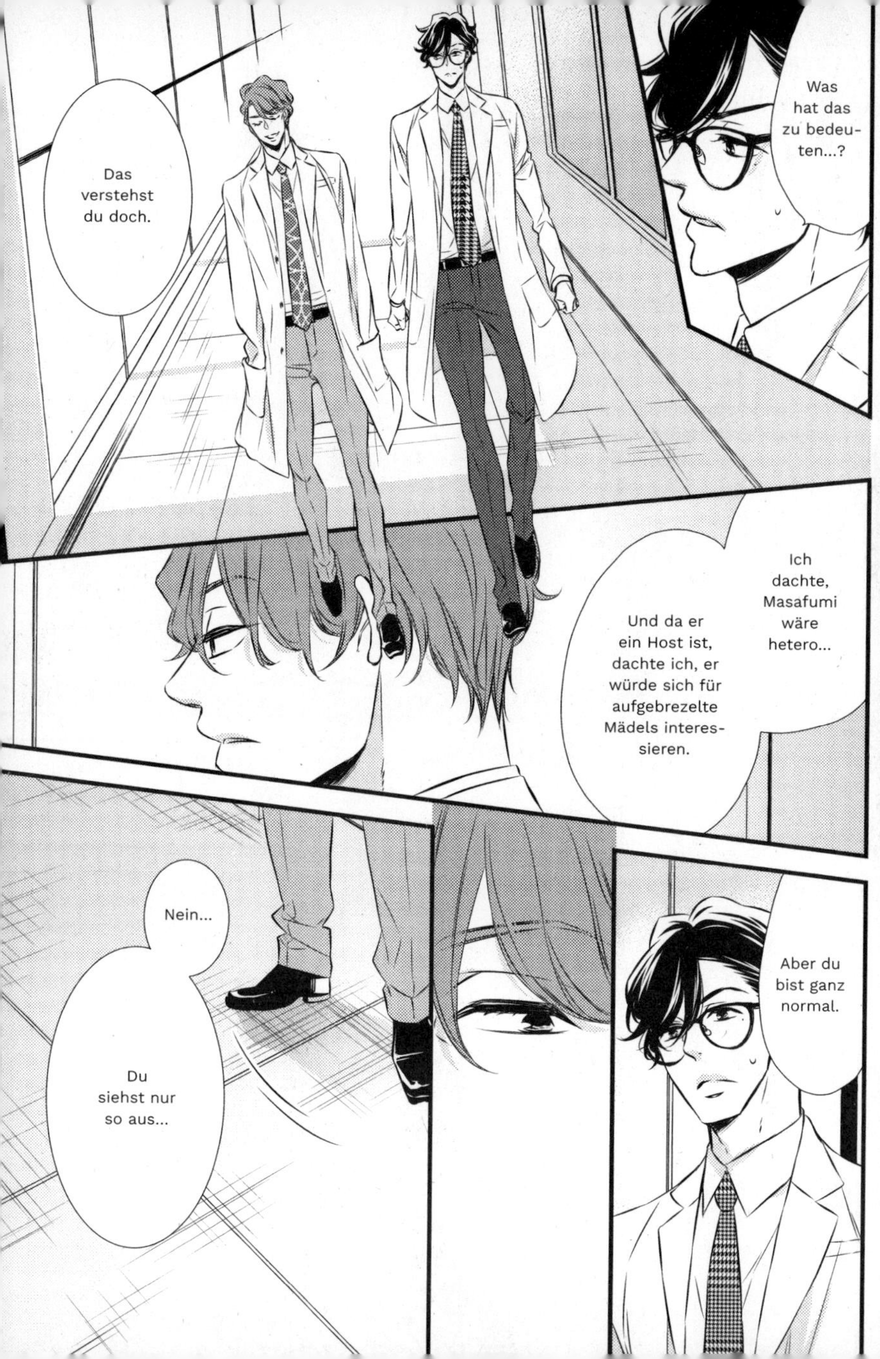
Was hat das zu bedeuten...?
Das verstehst du doch.
Ich dachte, Masafumi wäre hetero...
Und da er ein Host ist, dachte ich, er würde sich für aufgebrezelte Mädels interessieren.
Aber du bist ganz normal.
Nein...
Du siehst nur so aus...

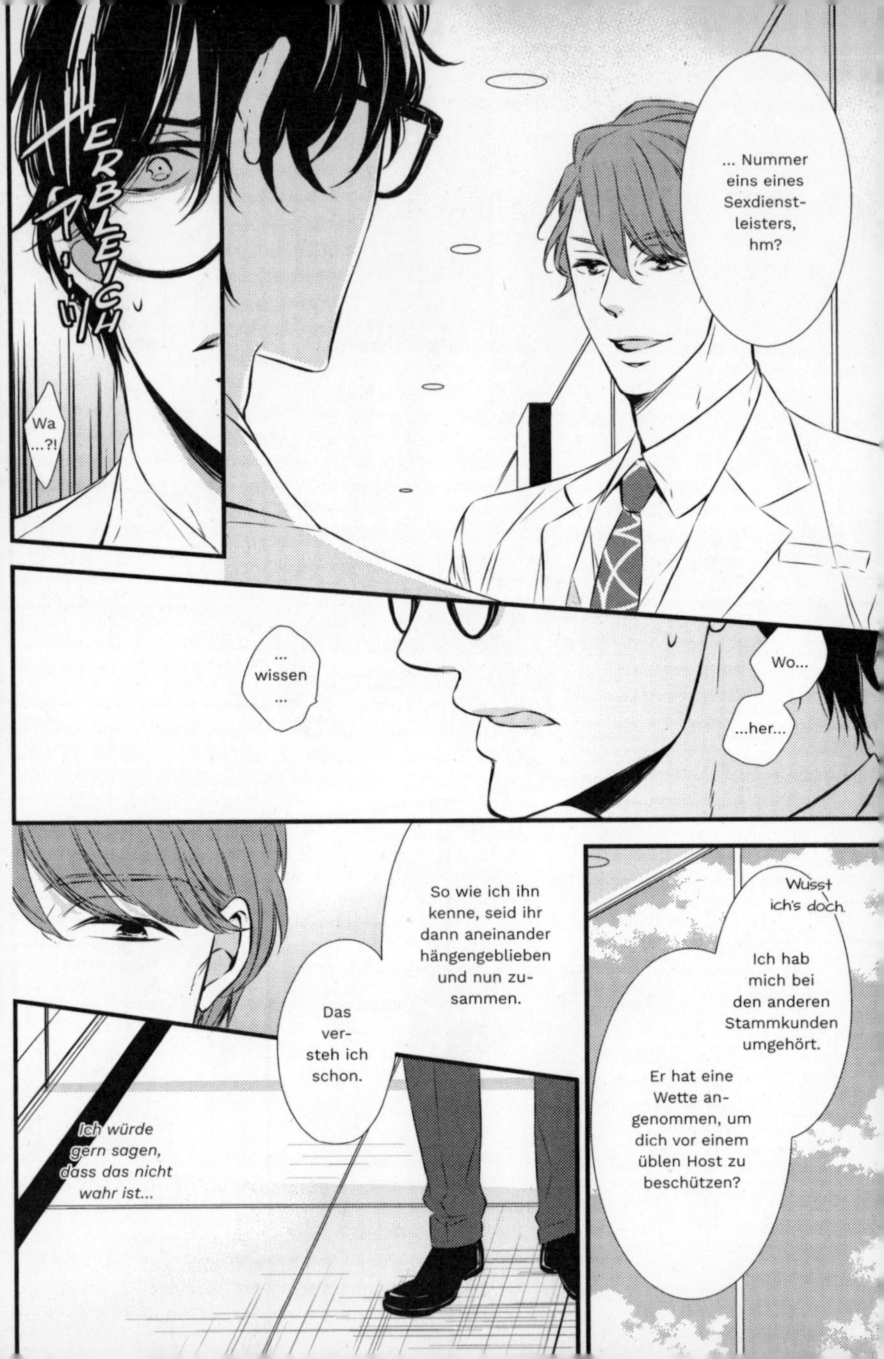
... Nummer eins eines Sexdienst-leisters, hm?
HERBLEICH
Wa ...?!
Wo...
...her...
... wissen ...
Wusst ich's doch.
Ich hab mich bei den anderen Stammkunden umgehört.
Er hat eine Wette angenommen, um dich vor einem üblen Host zu beschützen?
So wie ich ihn kenne, seid ihr dann aneinander hängengeblieben und nun zusammen.
Das versteh ich schon.
Ich würde gern sagen, dass das nicht wahr ist...

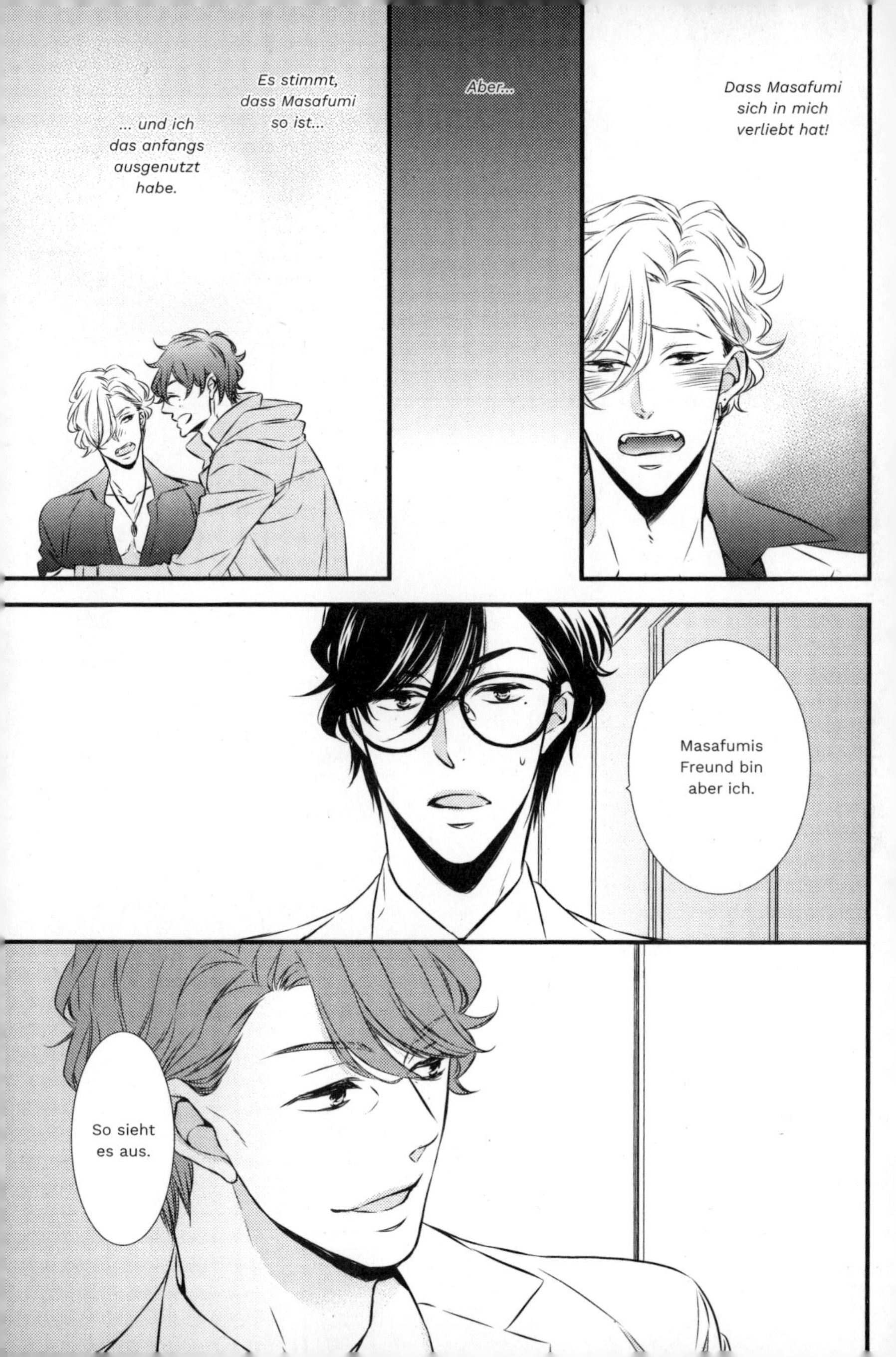
Dass Masafumi sich in mich verliebt hat!
Aber...
Es stimmt, dass Masafumi so ist...
... und ich das anfangs ausgenutzt habe.
Masafumis Freund bin aber ich.
So sieht es aus.

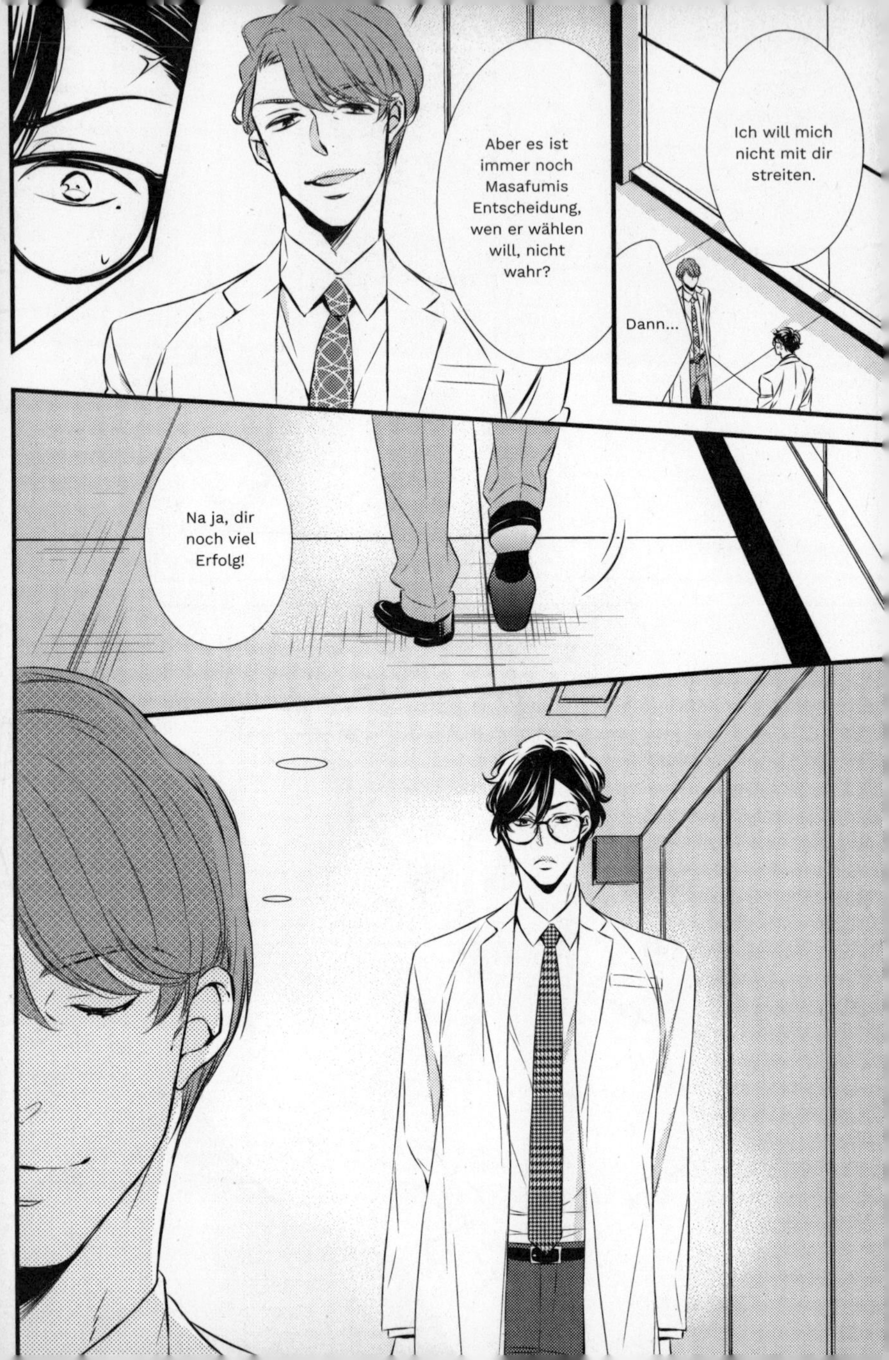
Ich will mich nicht mit dir streiten.
Dann...
Aber es ist immer noch Masafumis Entscheidung, wen er wählen will, nicht wahr?
Na ja, dir noch viel Erfolg!

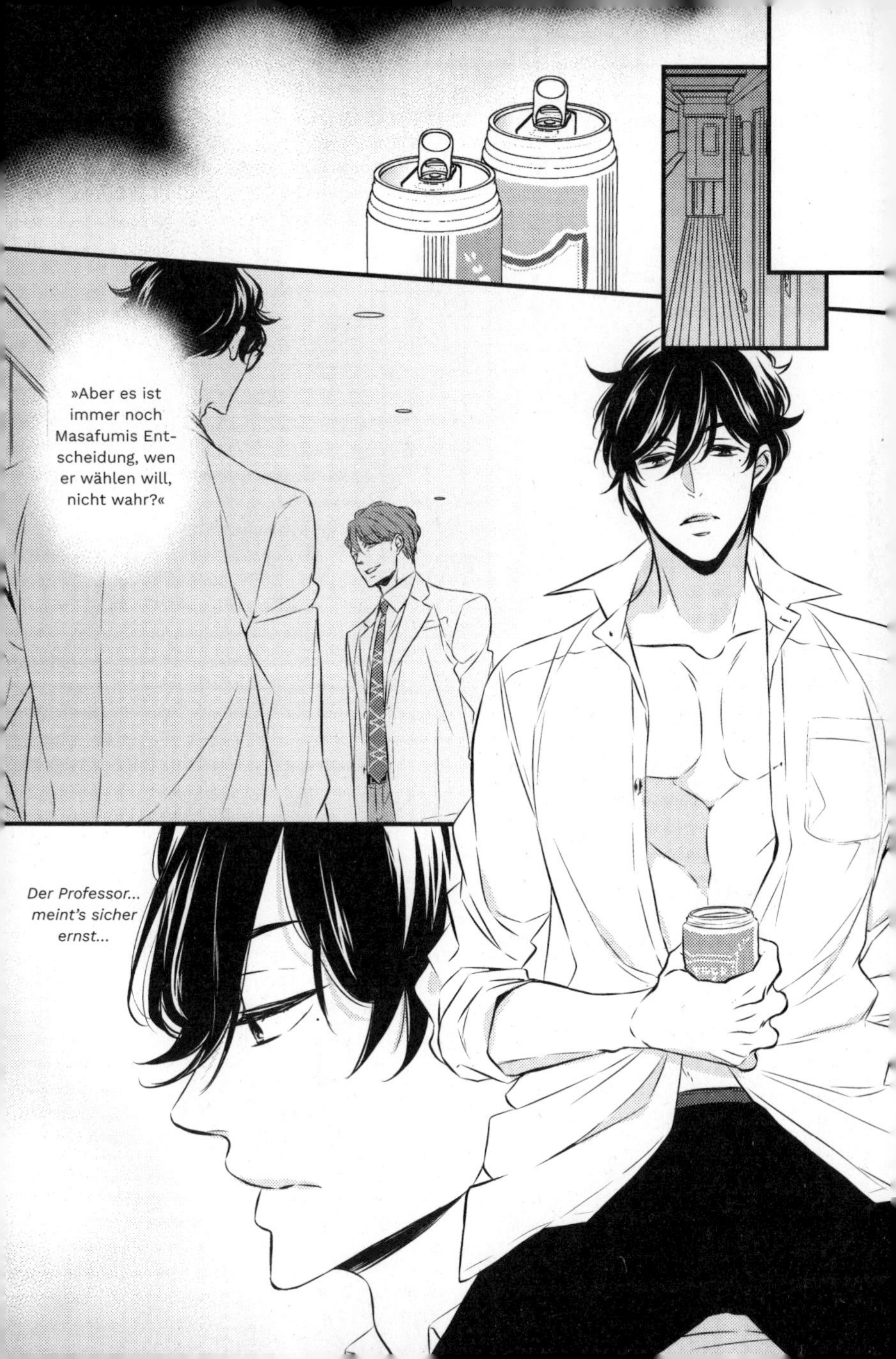
»Aber es ist immer noch Masafumis Entscheidung, wen er wählen will, nicht wahr?«
Der Professor... meint's sicher ernst...

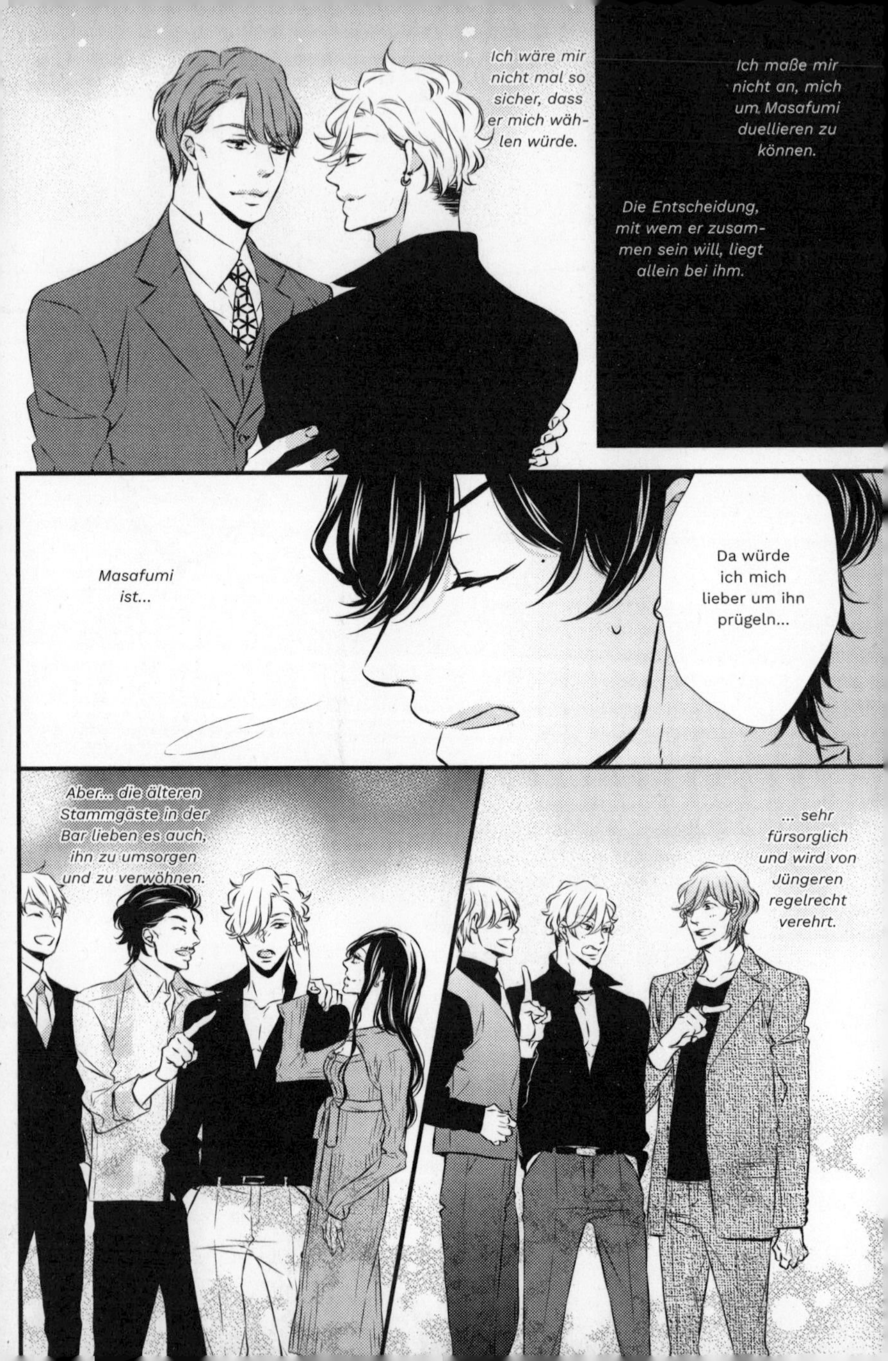

Ich maße mir nicht an, mich um Masafumi duellieren zu können.
Die Entscheidung, mit wem er zusammen sein will, liegt allein bei ihm.
Ich wäre mir nicht mal so sicher, dass er mich wählen würde.
Da würde ich mich lieber um ihn prügeln...
Masafumi ist...
... sehr fürsorglich und wird von Jüngeren regelrecht verehrt.
Aber... die älteren Stammgäste in der Bar lieben es auch, ihn zu umsorgen und zu verwöhnen.

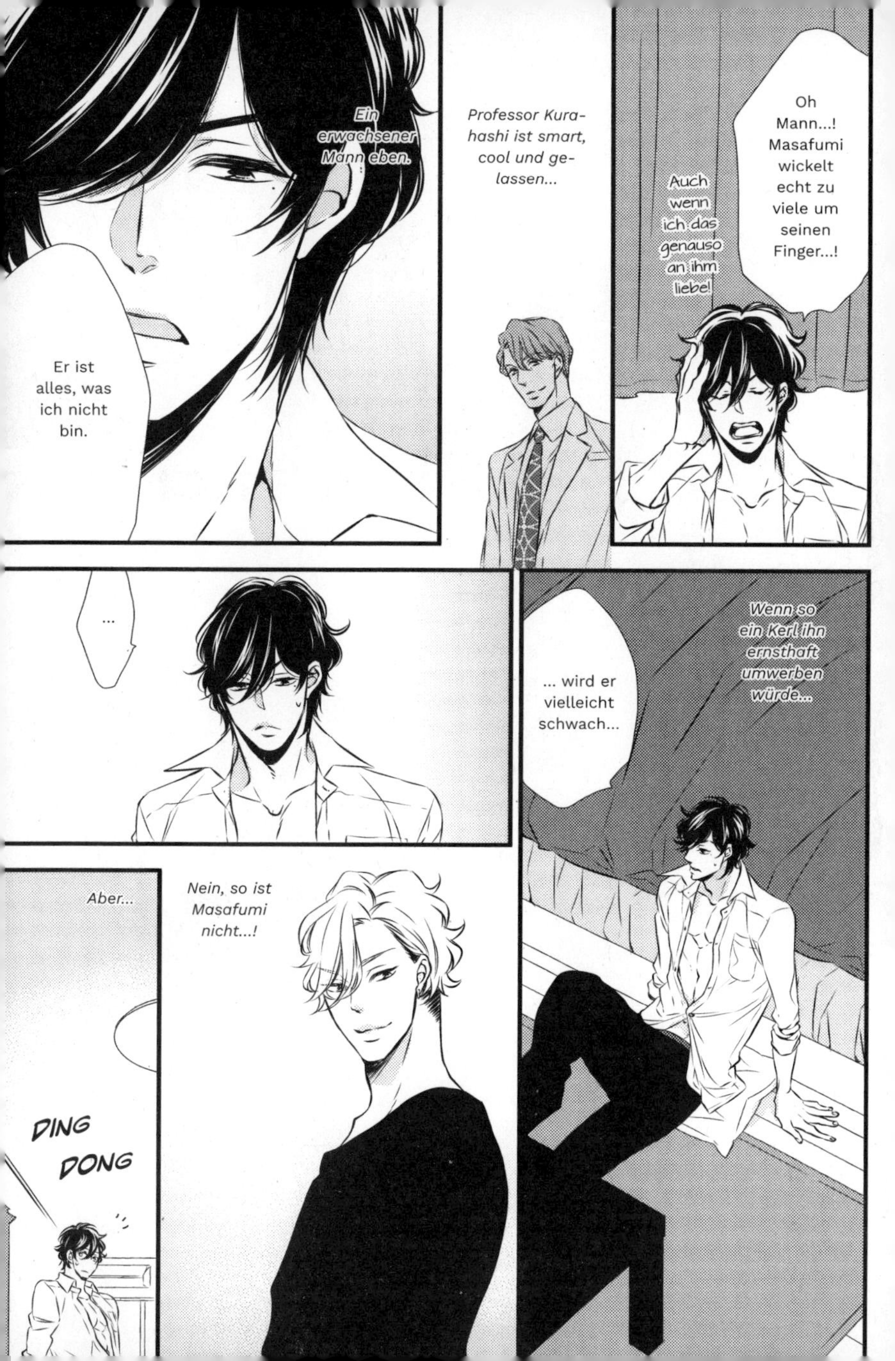
Oh Mann...! Masafumi wickelt echt zu viele um seinen Finger...!
Auch wenn ich das genauso an ihm liebe!
Professor Kura-hashi ist smart, cool und ge-lassen...
Ein erwachsener Mann eben.
Er ist alles, was ich nicht bin.
Wenn so ein Kerl ihn ernsthaft umwerben würde...
... wird er vielleicht schwach...
...
Nein, so ist Masafumi nicht...!
Aber...
DING DONG

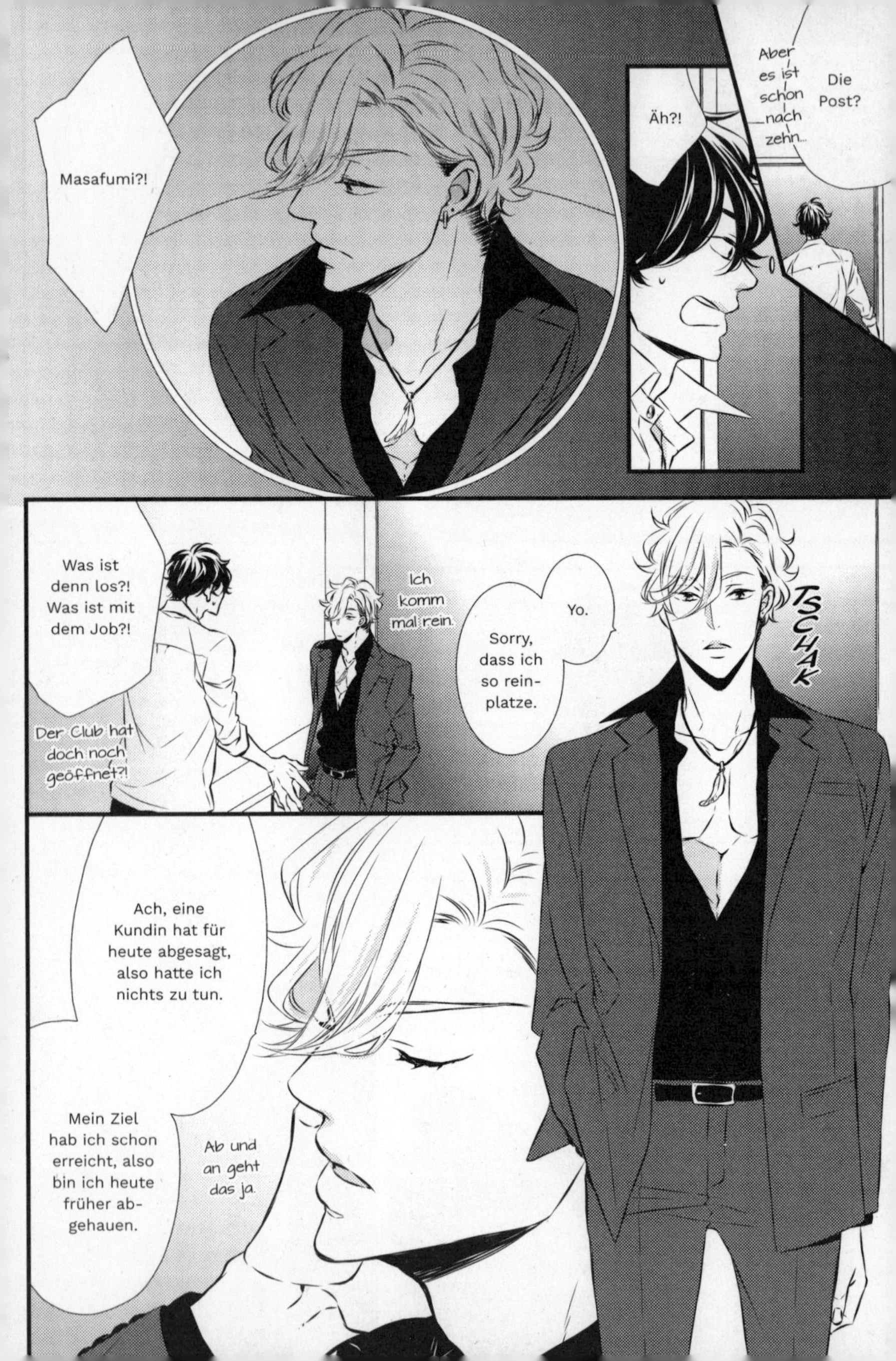

Die Post?
Aber es ist schon nach zehn…
Äh?!
Masafumi?!
Yo.
Sorry, dass ich so reinplatze.
TSCHAK
Ich komm mal rein.
Was ist denn los?! Was ist mit dem Job?!
Der Club hat doch noch geöffnet?!
Ach, eine Kundin hat für heute abgesagt, also hatte ich nichts zu tun.
Ab und an geht das ja.
Mein Ziel hab ich schon erreicht, also bin ich heute früher abgehauen.

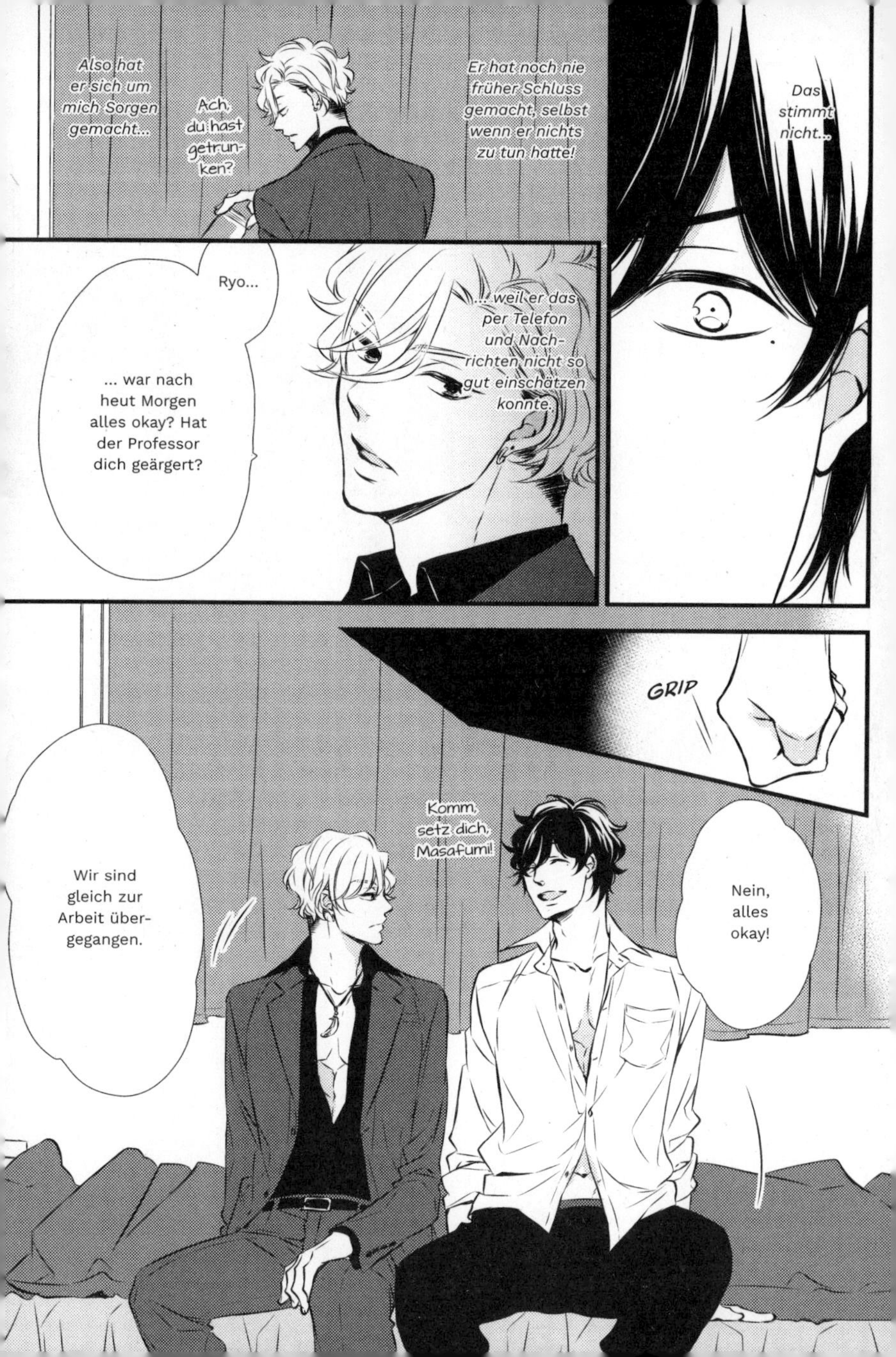

Ach, du hast getrun-ken?
Er hat noch nie früher Schluss gemacht, selbst wenn er nichts zu tun hatte!
... weil er das per Telefon und Nach-richten nicht so gut einschätzen konnte.
Also hat er sich um mich Sorgen gemacht...
Ryo...
... war nach heut Morgen alles okay? Hat der Professor dich geärgert?
Das stimmt nicht...
GRIP
Nein, alles okay!
Komm, setz dich, Masafumi!
Wir sind gleich zur Arbeit über-gegangen.

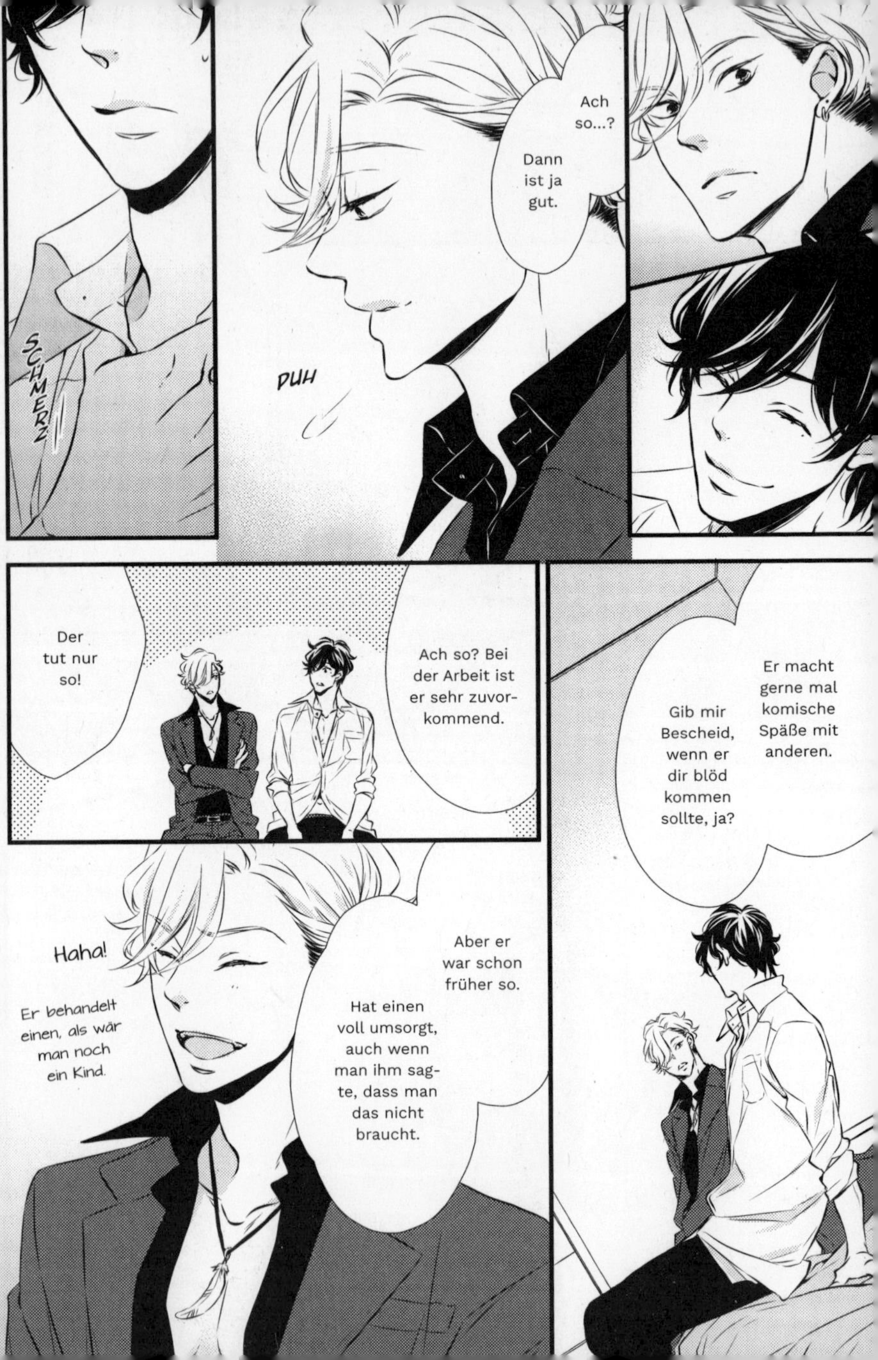
Ach so...?
Dann ist ja gut.
DUH
SCHMERZ
Er macht gerne mal komische Späße mit anderen.
Gib mir Bescheid, wenn er dir blöd kommen sollte, ja?
Ach so? Bei der Arbeit ist er sehr zuvorkommend.
Der tut nur so!
Aber er war schon früher so.
Hat einen voll umsorgt, auch wenn man ihm sagte, dass man das nicht braucht.
Haha!
Er behandelt einen, als wär man noch ein Kind.

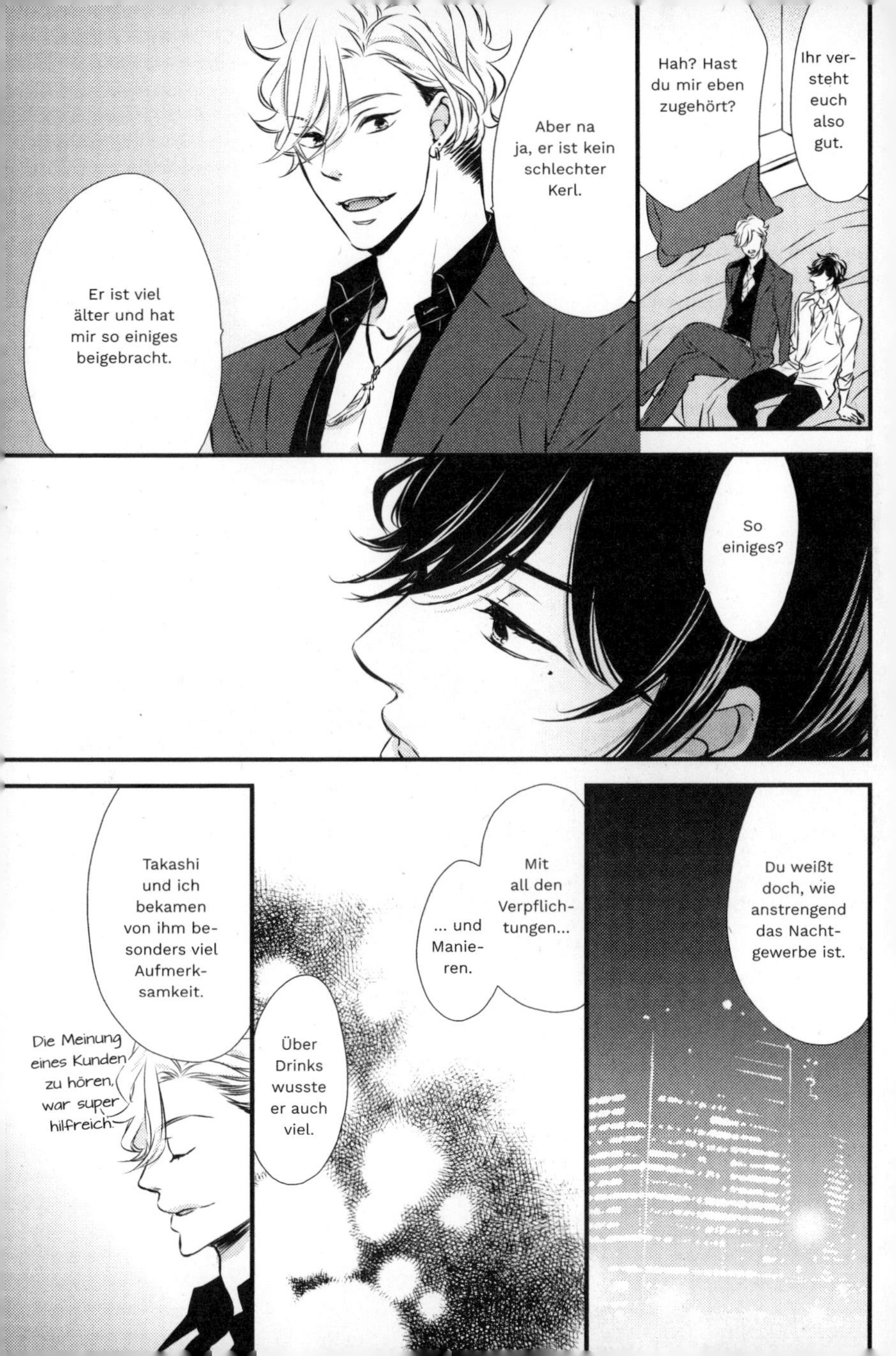

Ihr versteht euch also gut.
Hah? Hast du mir eben zugehört?
Aber na ja, er ist kein schlechter Kerl.
Er ist viel älter und hat mir so einiges beigebracht.
So einiges?
Du weißt doch, wie anstrengend das Nachtgewerbe ist.
Mit all den Verpflichtungen...
... und Manieren.
Über Drinks wusste er auch viel.
Takashi und ich bekamen von ihm besonders viel Aufmerksamkeit.
Die Meinung eines Kunden zu hören, war super hilfreich.

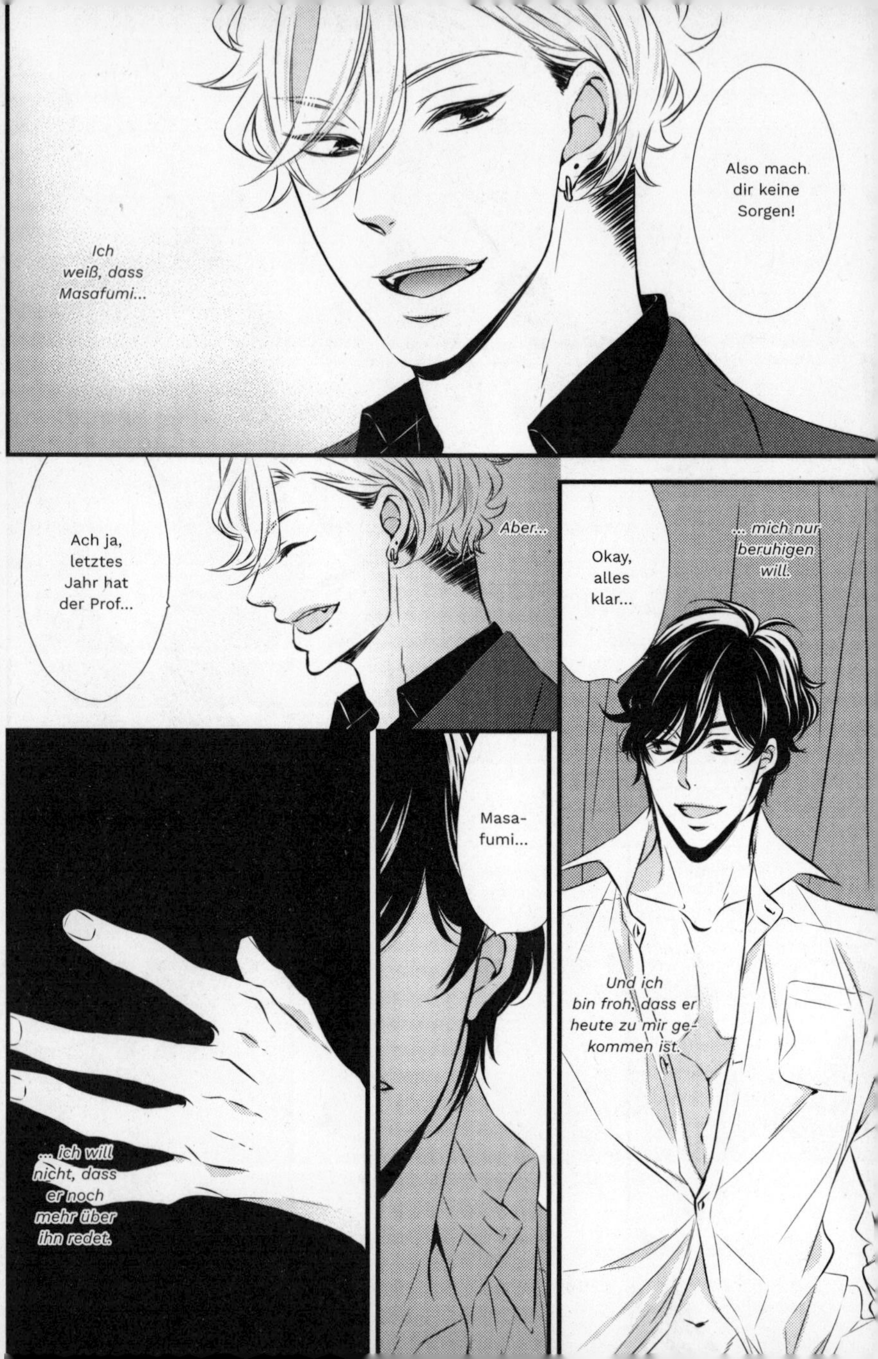
Also mach dir keine Sorgen!
Ich weiß, dass Masafumi...
... mich nur beruhigen will.
Okay, alles klar...
Und ich bin froh, dass er heute zu mir gekommen ist.
Ach ja, letztes Jahr hat der Prof...
Aber...
Masa-fumi...
... ich will nicht, dass er noch mehr über ihn redet.

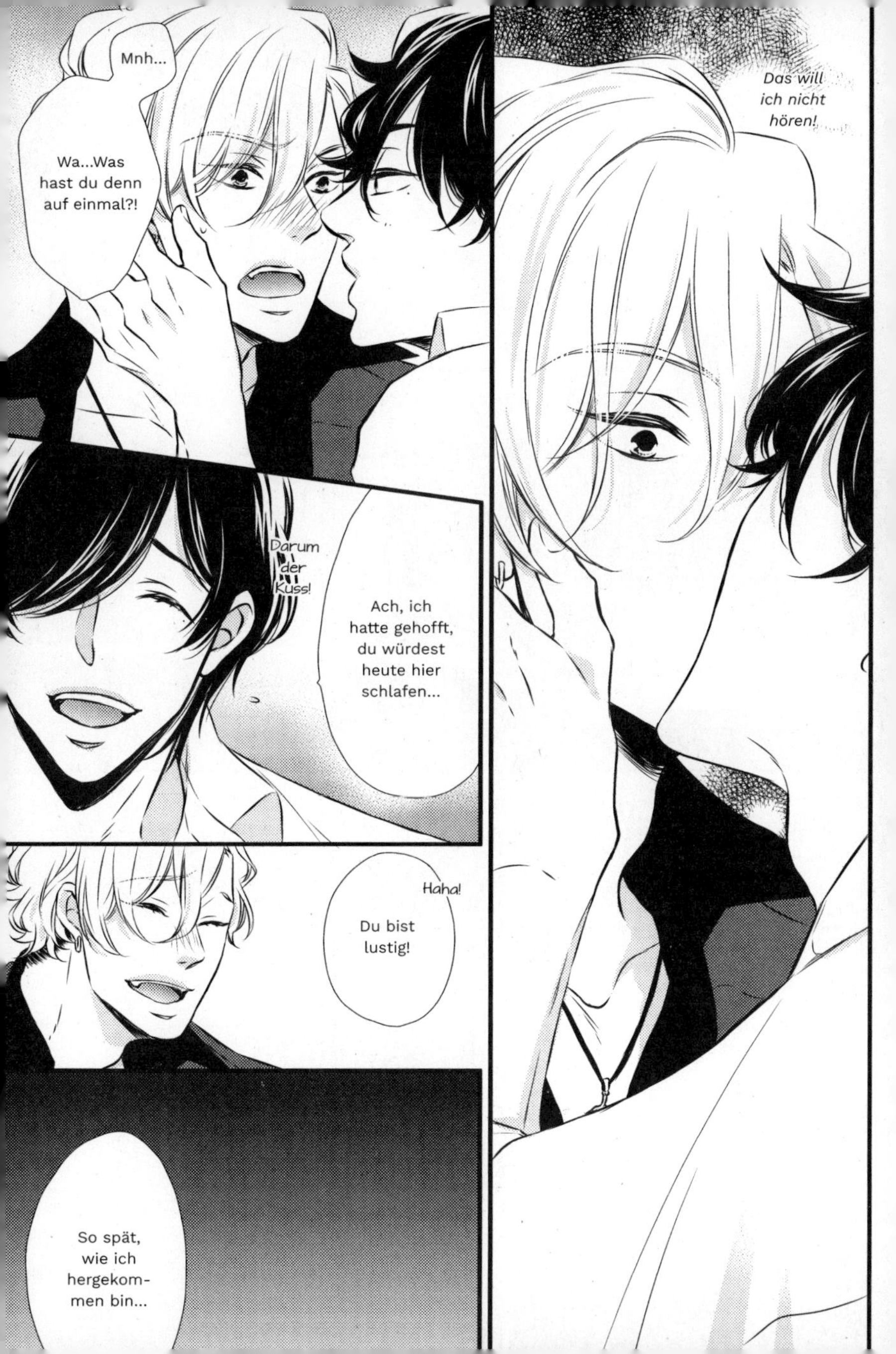
Das will ich nicht hören!
Mnh...
Wa...Was hast du denn auf einmal?!
Ach, ich hatte gehofft, du würdest heute hier schlafen...
Darum der Kuss!
Haha!
Du bist lustig!
So spät, wie ich hergekommen bin...

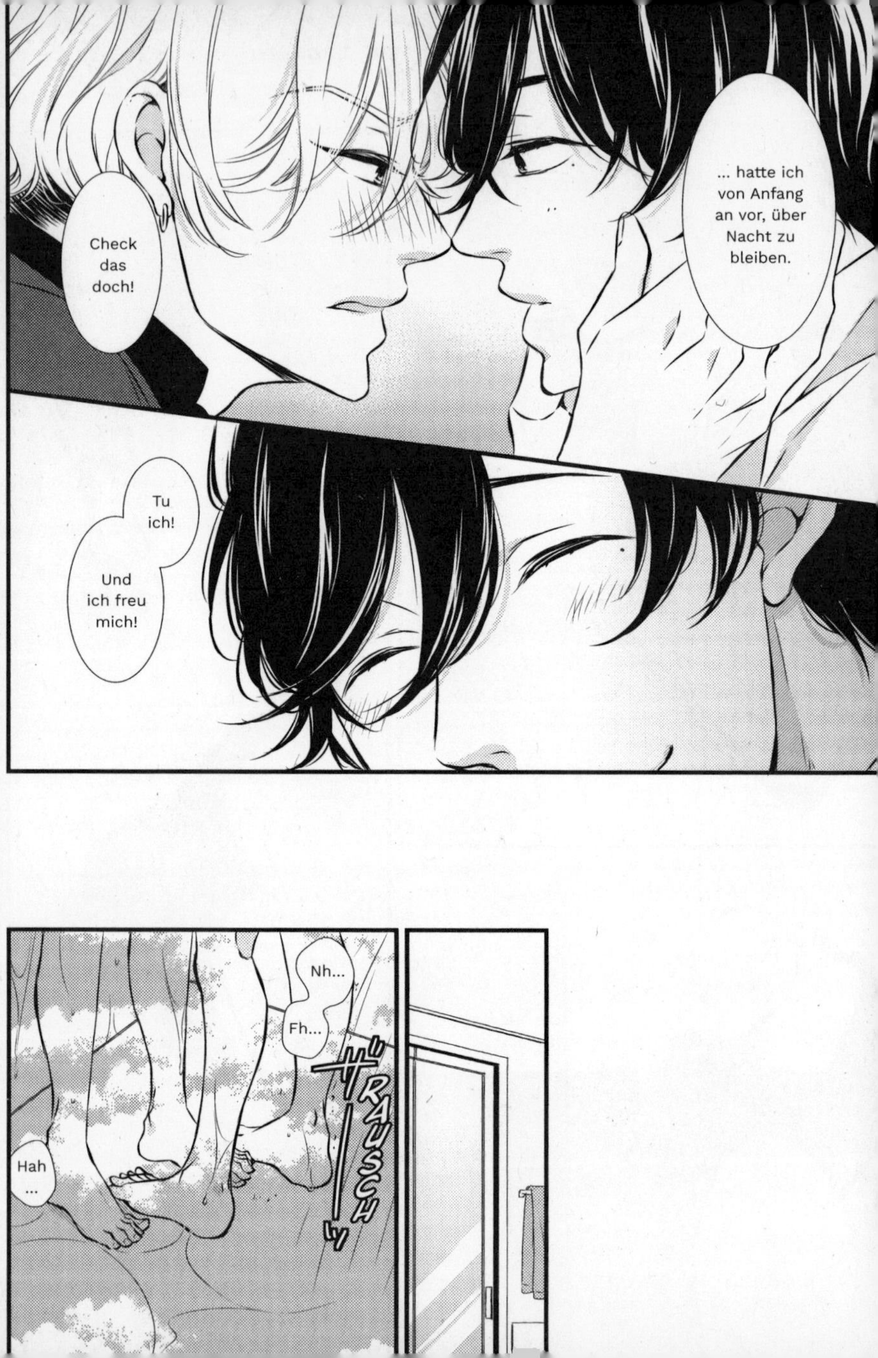
... hatte ich von Anfang an vor, über Nacht zu bleiben.
Check das doch!
Tu ich!
Und ich freu mich!
Nh...
Fh...
RAUSCH
Hah ...

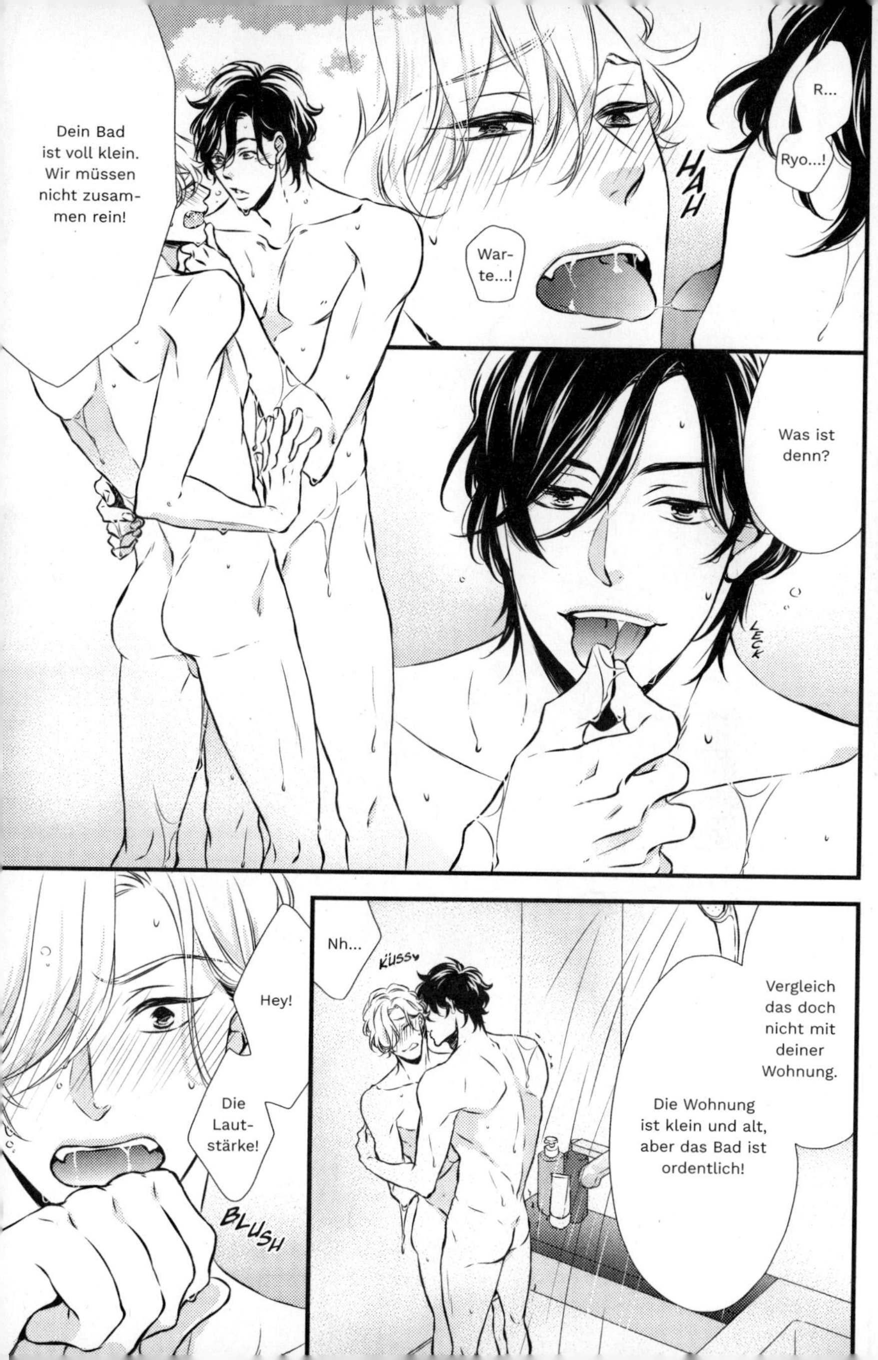
R...
Ryo...!
HAH
War-
te...!
Dein Bad
ist voll klein.
Wir müssen
nicht zusam-
men rein!
Was ist
denn?
LECK
Vergleich
das doch
nicht mit
deiner
Wohnung.
Die Wohnung
ist klein und alt,
aber das Bad ist
ordentlich!
Nh...
KÜSS
Hey!
Die
Laut-
stärke!
BLUSH

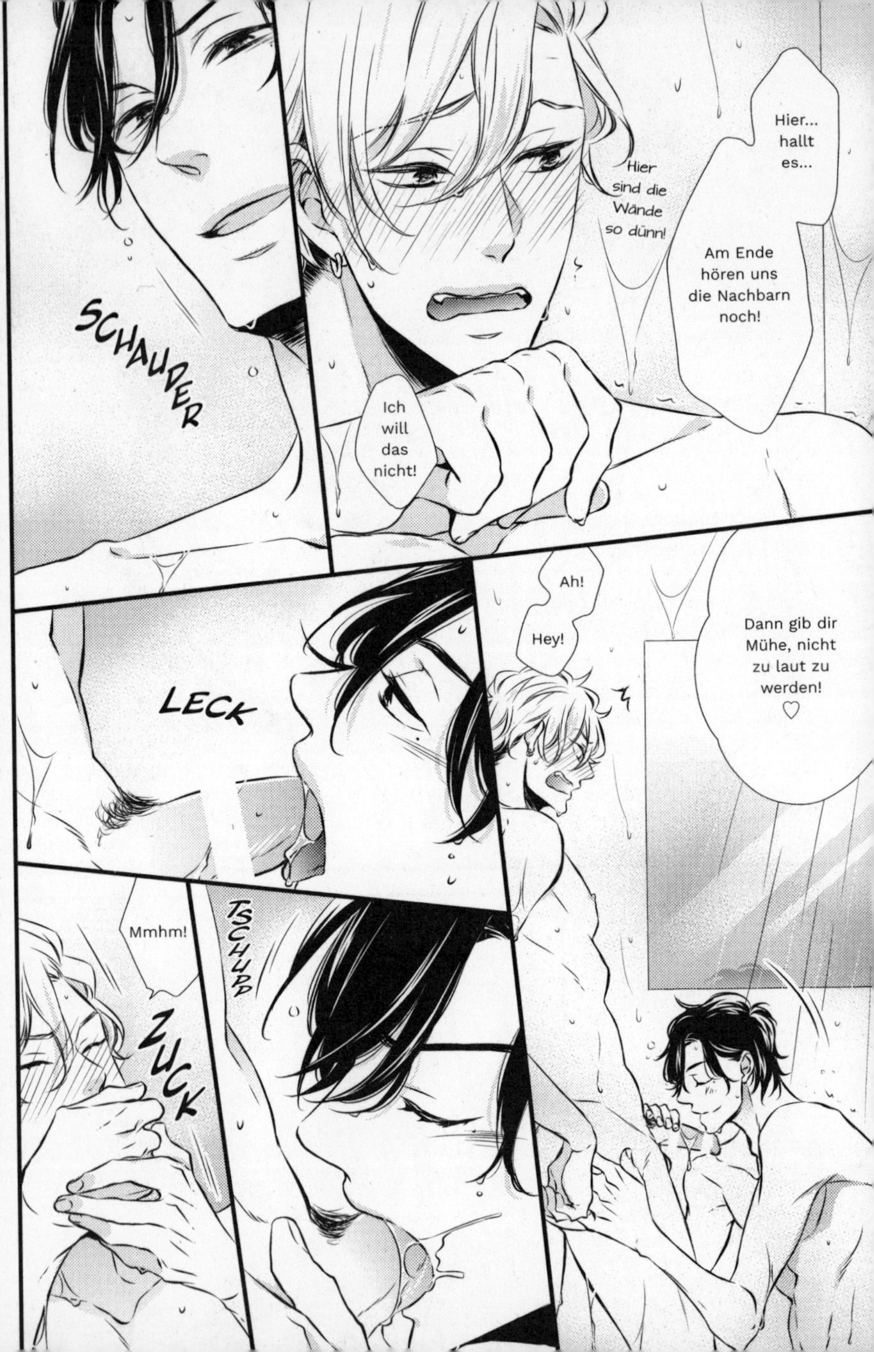
Hier... hallt es...
Am Ende hören uns die Nachbarn noch!
Hier sind die Wände so dünn!
Ich will das nicht!
SCHAUDER
Dann gib dir Mühe, nicht zu laut zu werden! ♡
Ah!
Hey!
LECK
TSCHUPP
Mmhm!
ZUCK

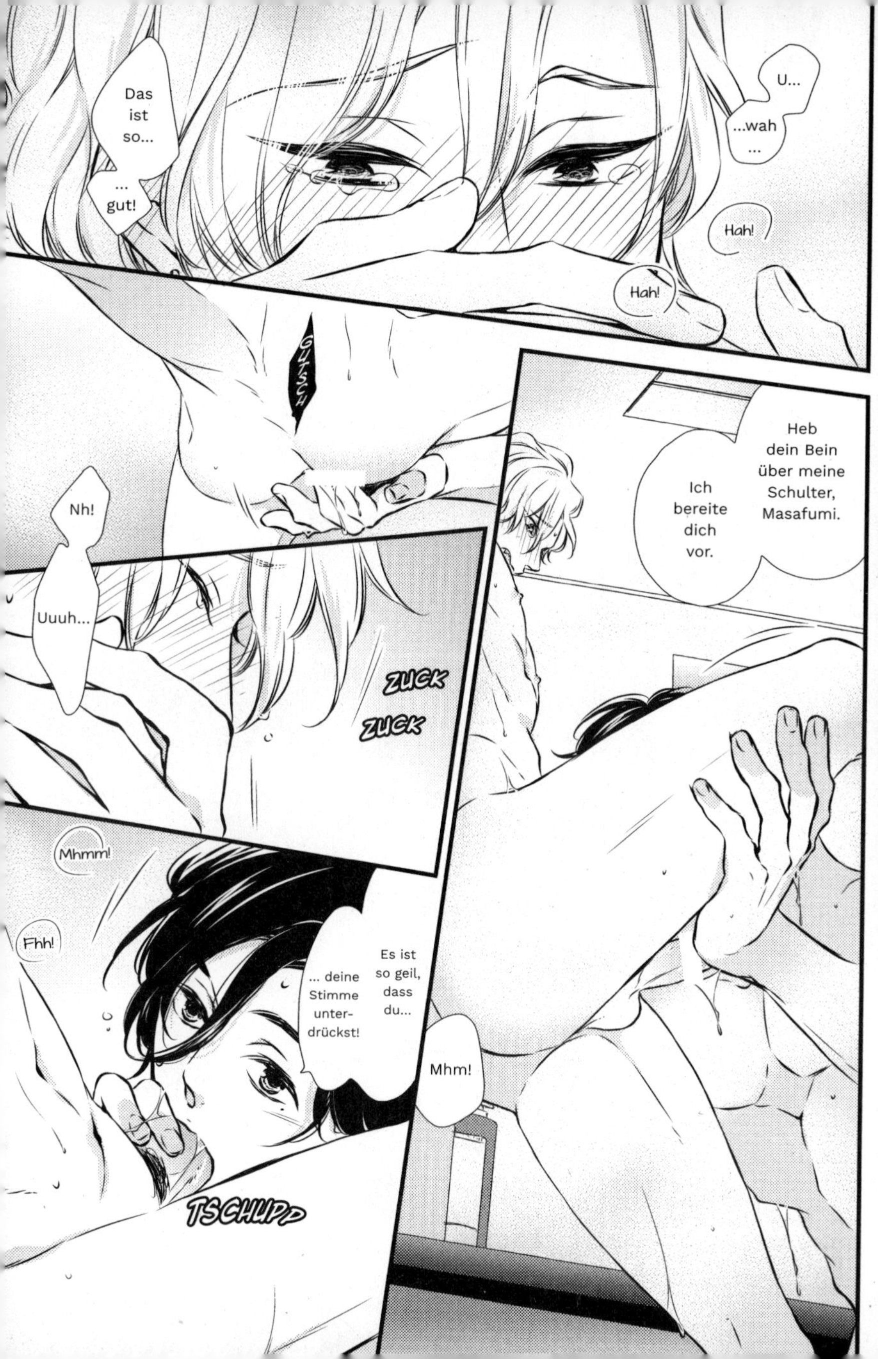
U... ...wah ...
Hah!
Hah!
Das ist so...
... gut!
GUTSCH
Nh!
Heb dein Bein über meine Schulter, Masafumi.
Ich bereite dich vor.
Uuuh...
ZUCK
ZUCK
Mhm!
Es ist so geil, dass du...
... deine Stimme unter-drückst!
Mhmm!
Fhh!
TSCHUPP

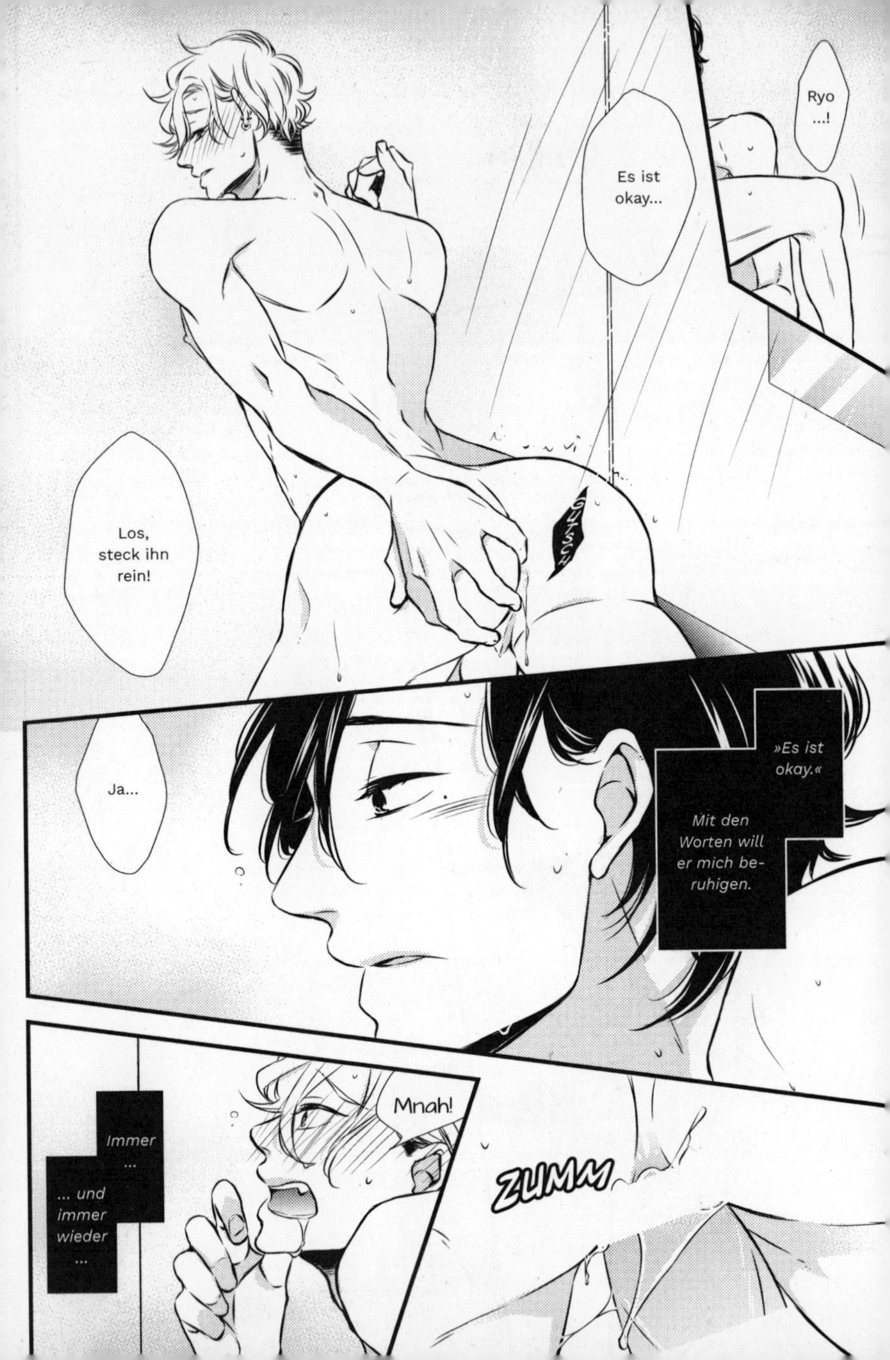
Ryo ...!
Es ist okay...
GLITSCH
Los, steck ihn rein!
»Es ist okay.«
Mit den Worten will er mich beruhigen.
Ja...
Mnah!
ZUMM
Immer ...
... und immer wieder ...

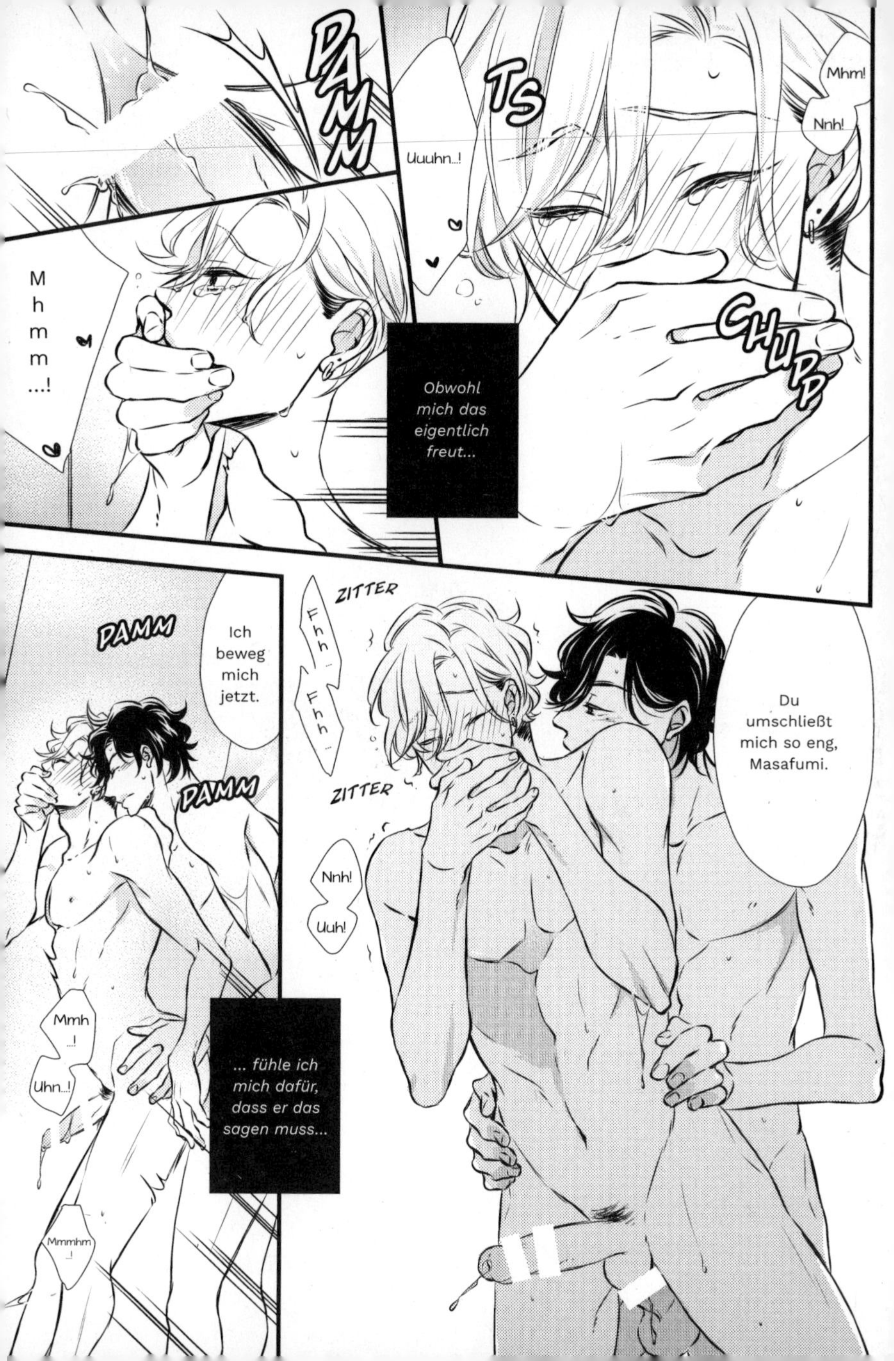
Mhm!
Nnh!
TS
Uuuhn...!
CHUPP
DAMM
Mhmm...!
Obwohl mich das eigentlich freut...
Du umschließt mich so eng, Masafumi.
ZITTER
Fhh...
Fhh...
ZITTER
Nnh!
Uuh!
Ich beweg mich jetzt.
PAMM
PAMM
Mmh...!
Uhn...!
Mmmhm...!
... fühle ich mich dafür, dass er das sagen muss...

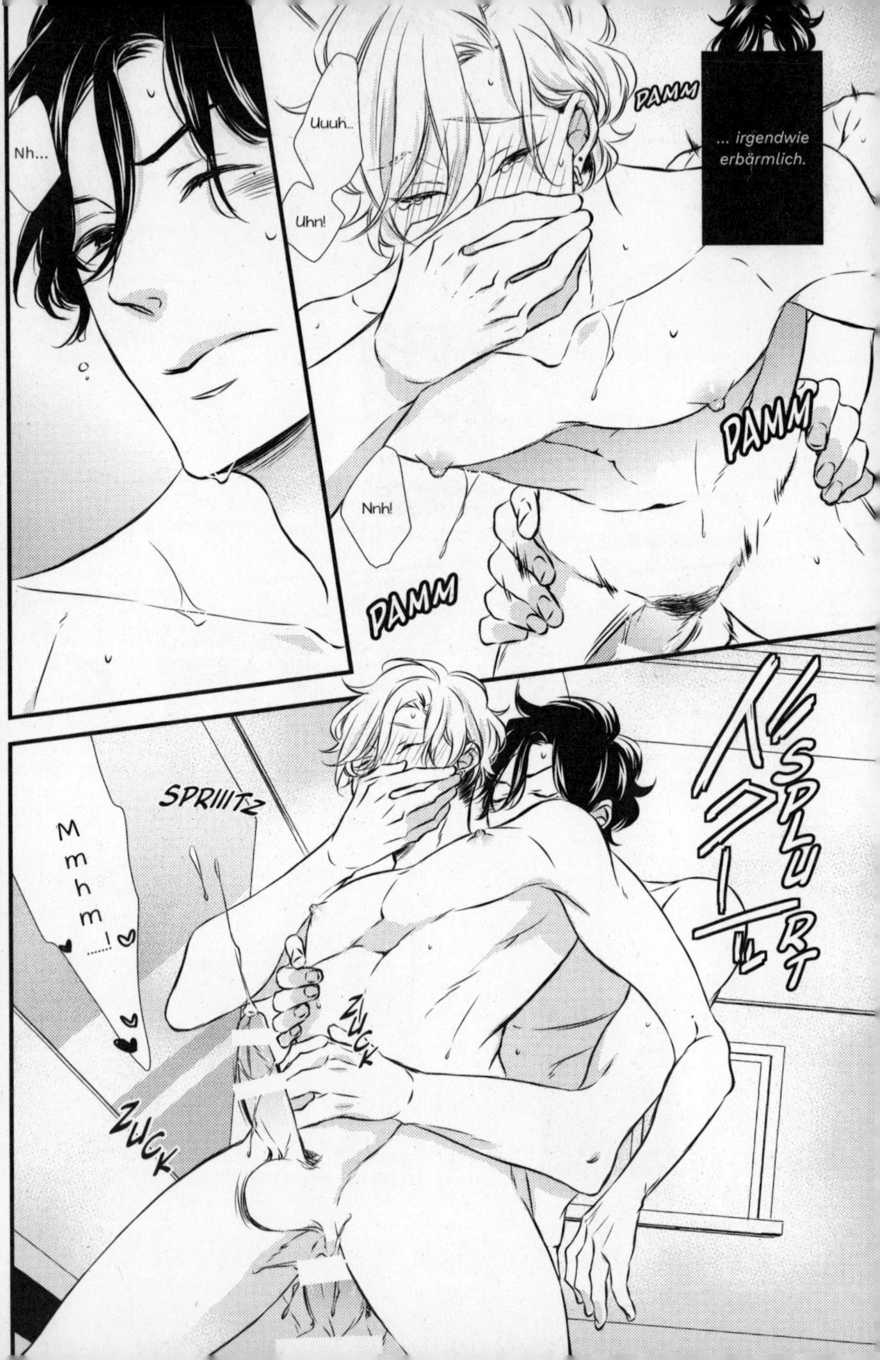
... irgendwie erbärmlich.
PAMM
Uuuh...
Uhn!
Nh...
PAMM
Nnh!
PAMM
SPLURT
SPRIIITZ
Mmhm......!
ZUCK
ZUCK

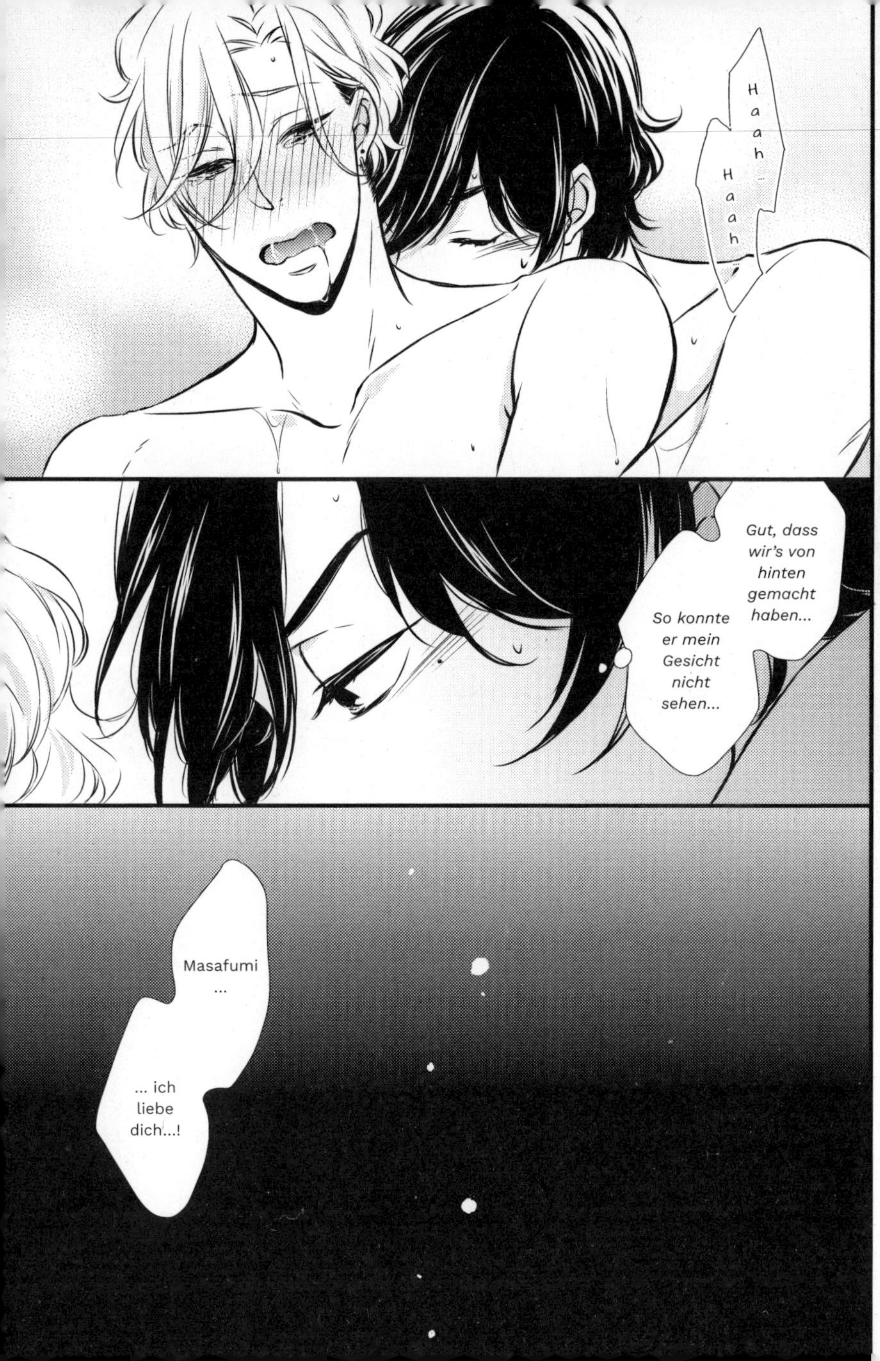
Haah...
Haah...
Gut, dass wir's von hinten gemacht haben...
So konnte er mein Gesicht nicht sehen...
Masafumi ...
... ich liebe dich...!

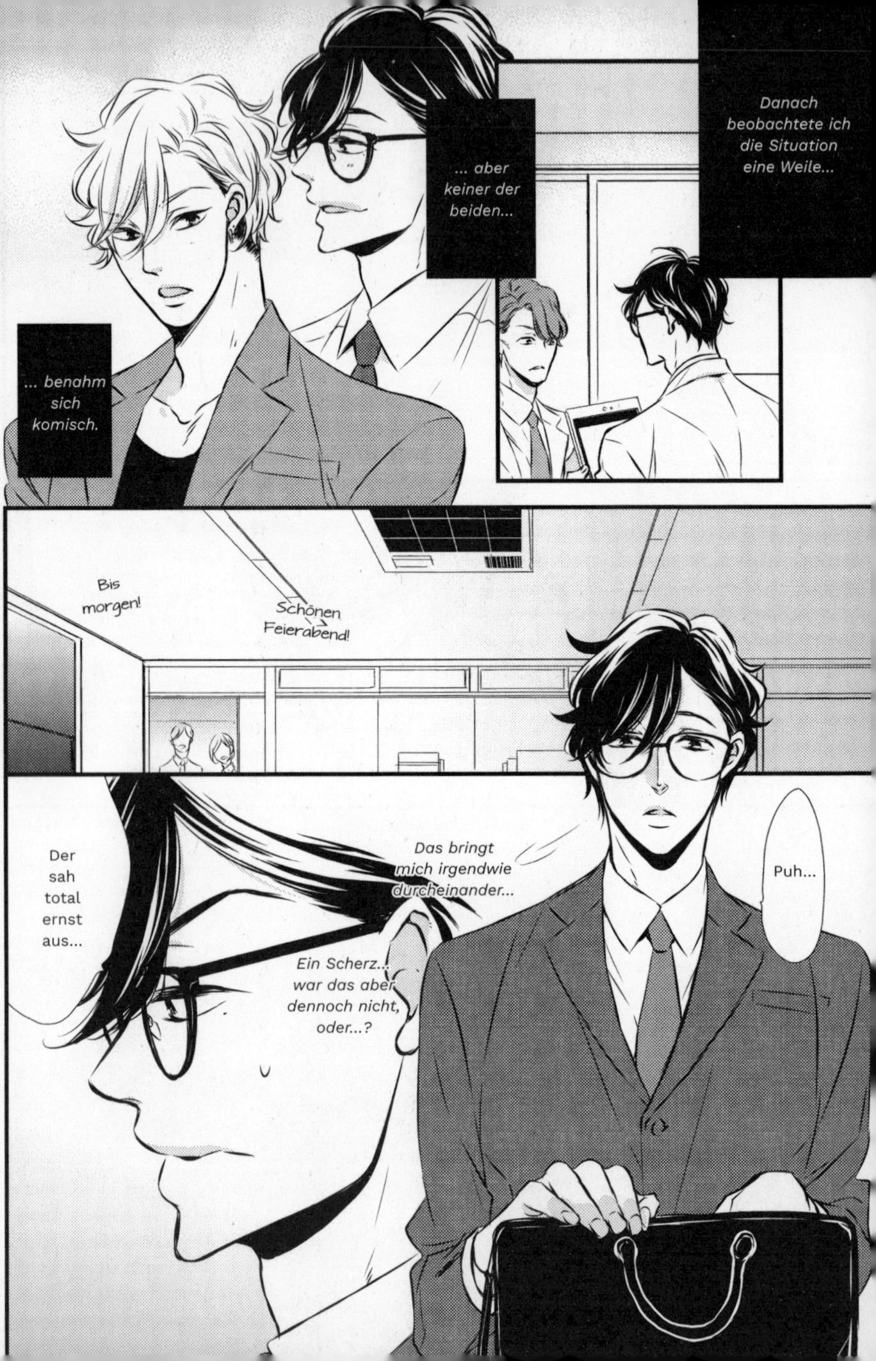

Danach beobachtete ich die Situation eine Weile...
... aber keiner der beiden...
... benahm sich komisch.
Schönen Feierabend!
Bis morgen!
Puh...
Das bringt mich irgendwie durcheinander...
Ein Scherz... war das aber dennoch nicht, oder...?
Der sah total ernst aus...

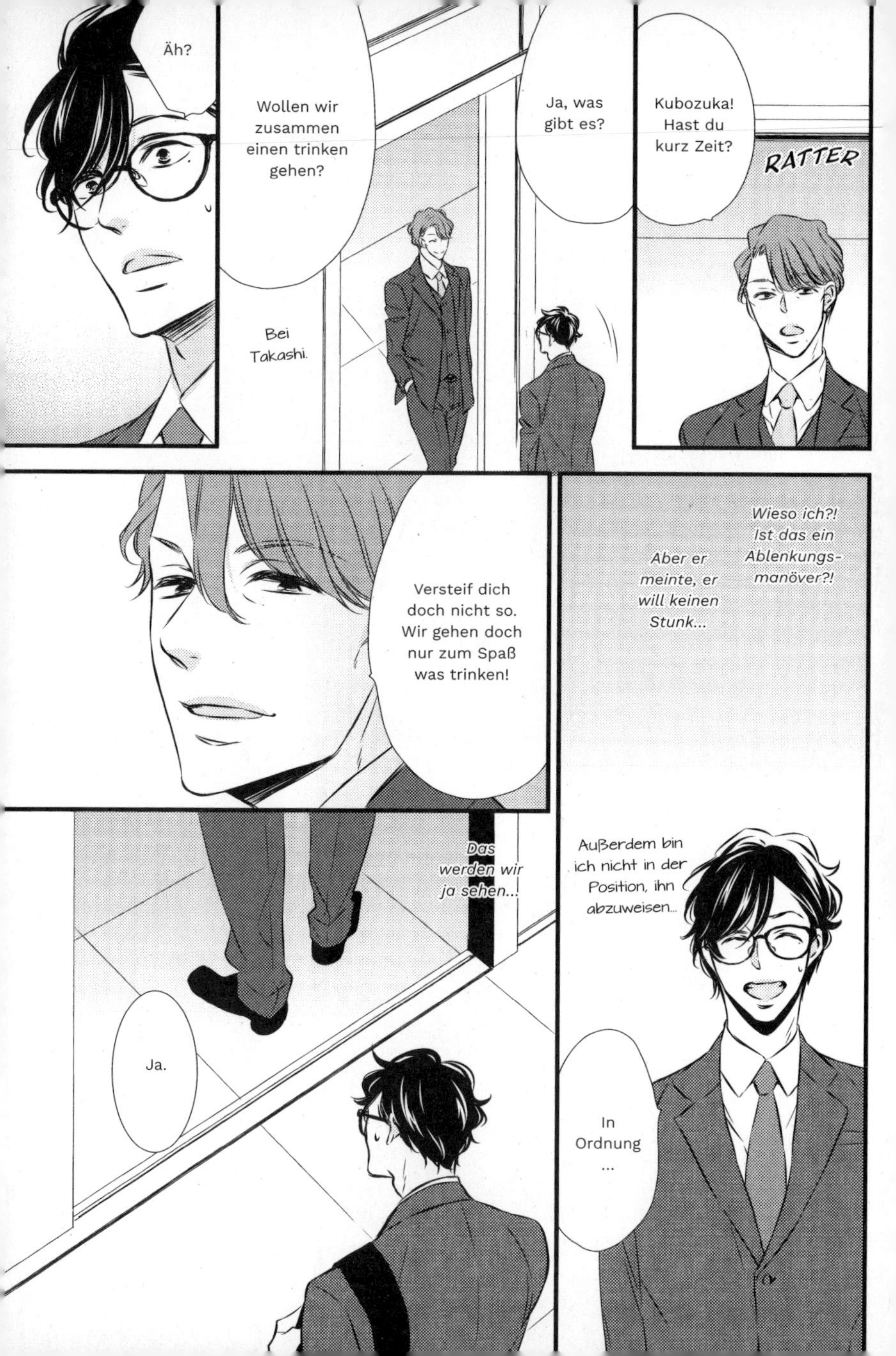
Kubozuka! Hast du kurz Zeit?
RATTER
Ja, was gibt es?
Wollen wir zusammen einen trinken gehen?
Bei Takashi.
Äh?
Wieso ich?! Ist das ein Ablenkungsmanöver?!
Aber er meinte, er will keinen Stunk...
Versteif dich doch nicht so. Wir gehen doch nur zum Spaß was trinken!
Außerdem bin ich nicht in der Position, ihn abzuweisen...
In Ordnung ...
Das werden wir ja sehen...
Ja.

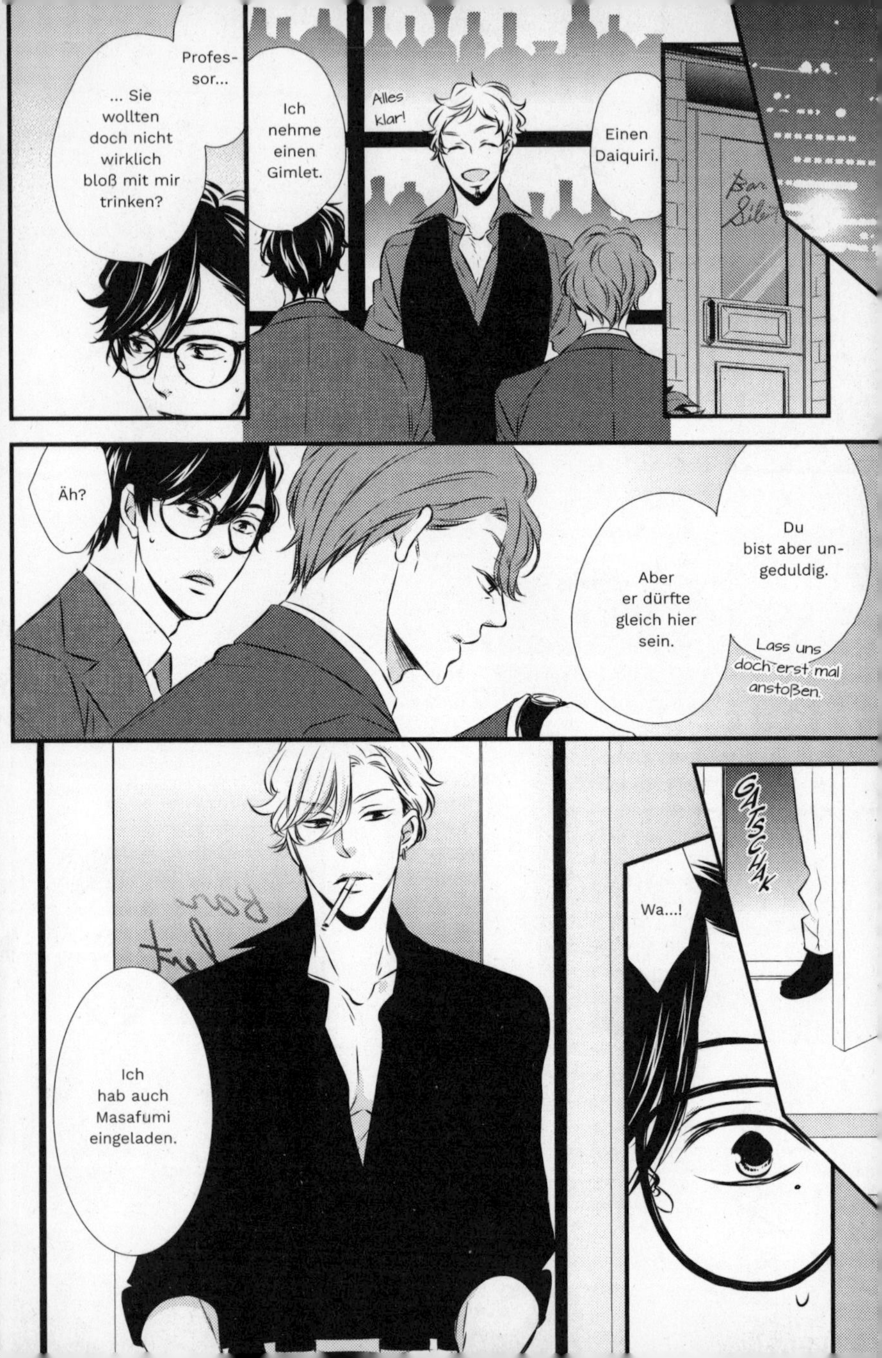
Einen Daiquiri.
Alles klar!
Ich nehme einen Gimlet.
Professor...
... Sie wollten doch nicht wirklich bloß mit mir trinken?
Du bist aber ungeduldig.
Lass uns doch erst mal anstoßen.
Aber er dürfte gleich hier sein.
Äh?
GATSCHAK
Wa...!
Ich hab auch Masafumi eingeladen.

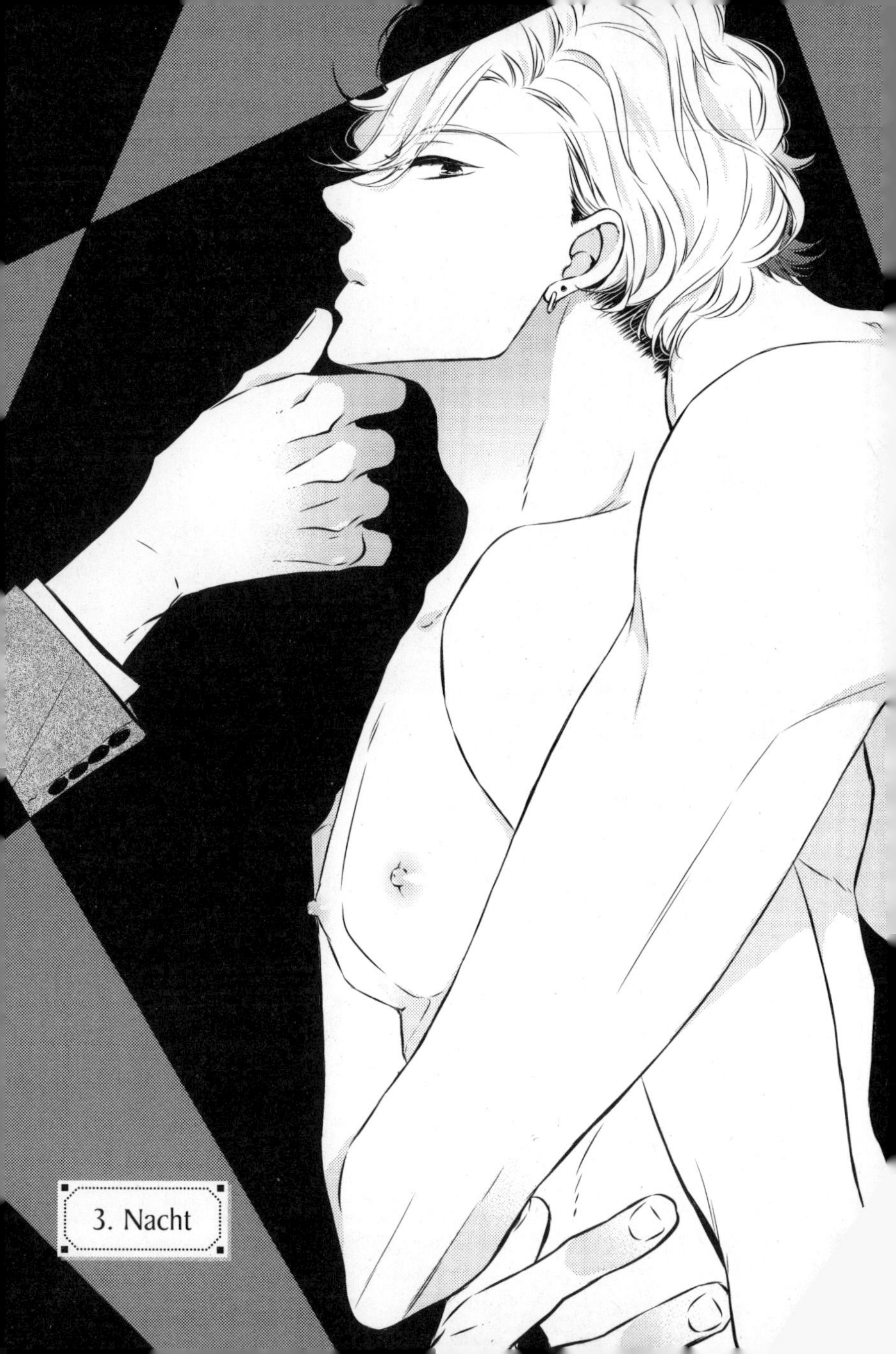
3. Nacht

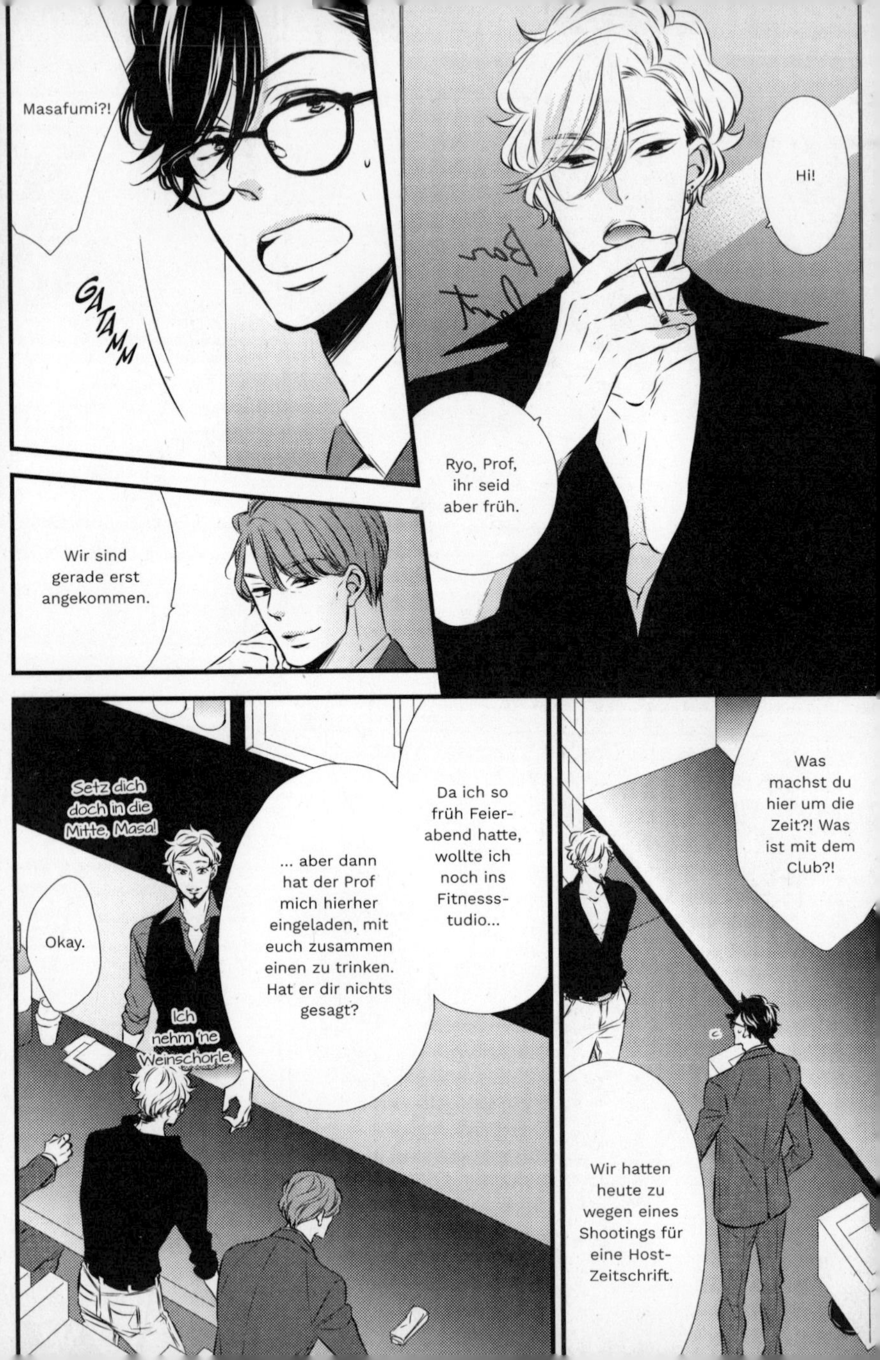
Hi!
Masafumi?!
GATAMM
Ryo, Prof, ihr seid aber früh.
Wir sind gerade erst angekommen.
Was machst du hier um die Zeit?! Was ist mit dem Club?!
Wir hatten heute zu wegen eines Shootings für eine Host-Zeitschrift.
Da ich so früh Feier-abend hatte, wollte ich noch ins Fitnesss-tudio...
... aber dann hat der Prof mich hierher eingeladen, mit euch zusammen einen zu trinken. Hat er dir nichts gesagt?
Setz dich doch in die Mitte, Masa!
Okay.
Ich nehm 'ne Weinschorle.

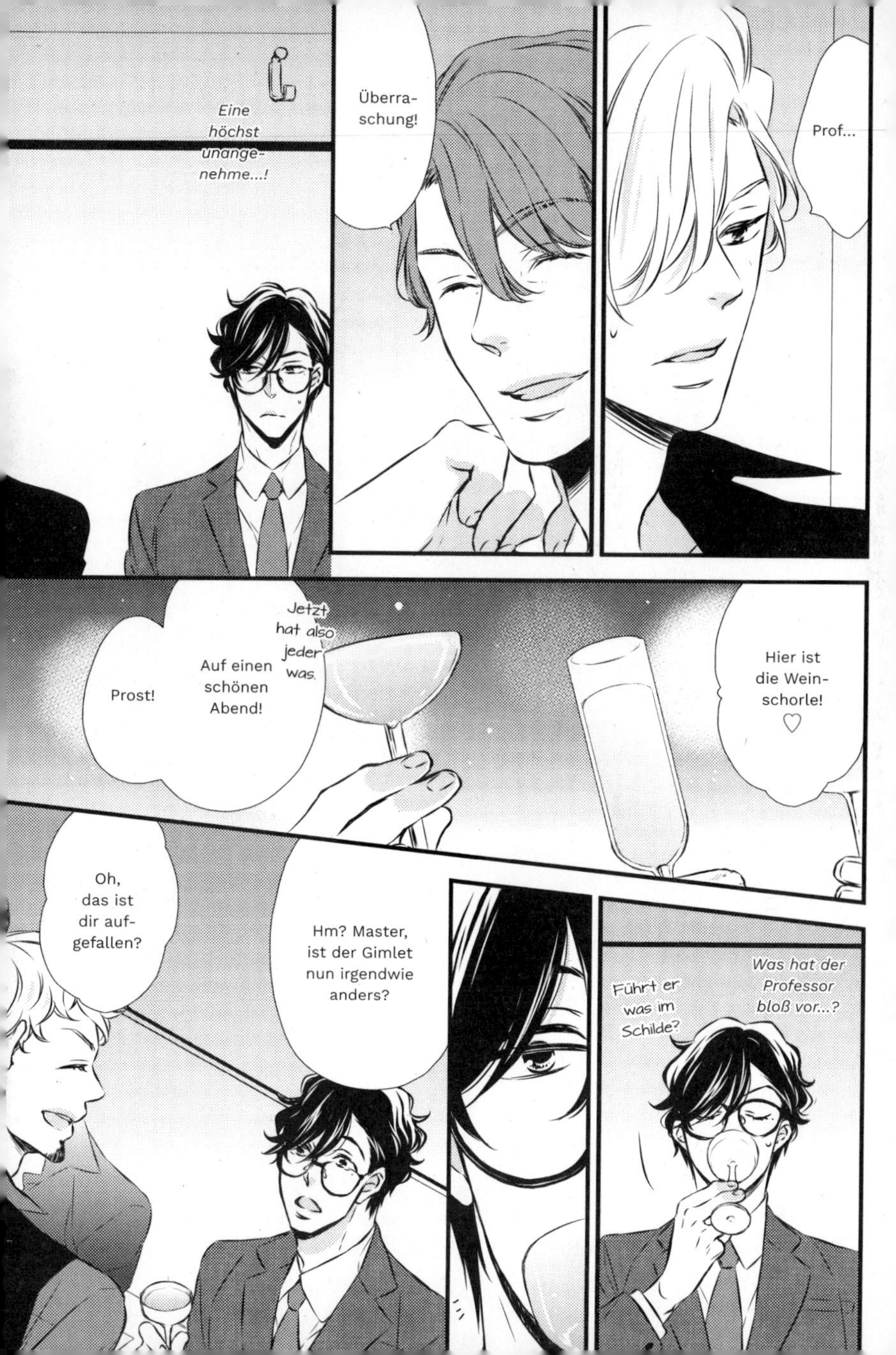

Prof...
Überraschung!
Eine höchst unangenehme...!
Hier ist die Weinschorle! ♡
Jetzt hat also jeder was.
Auf einen schönen Abend!
Prost!
Hm? Master, ist der Gimlet nun irgendwie anders?
Oh, das ist dir aufgefallen?
Was hat der Professor bloß vor...?
Führt er was im Schilde?

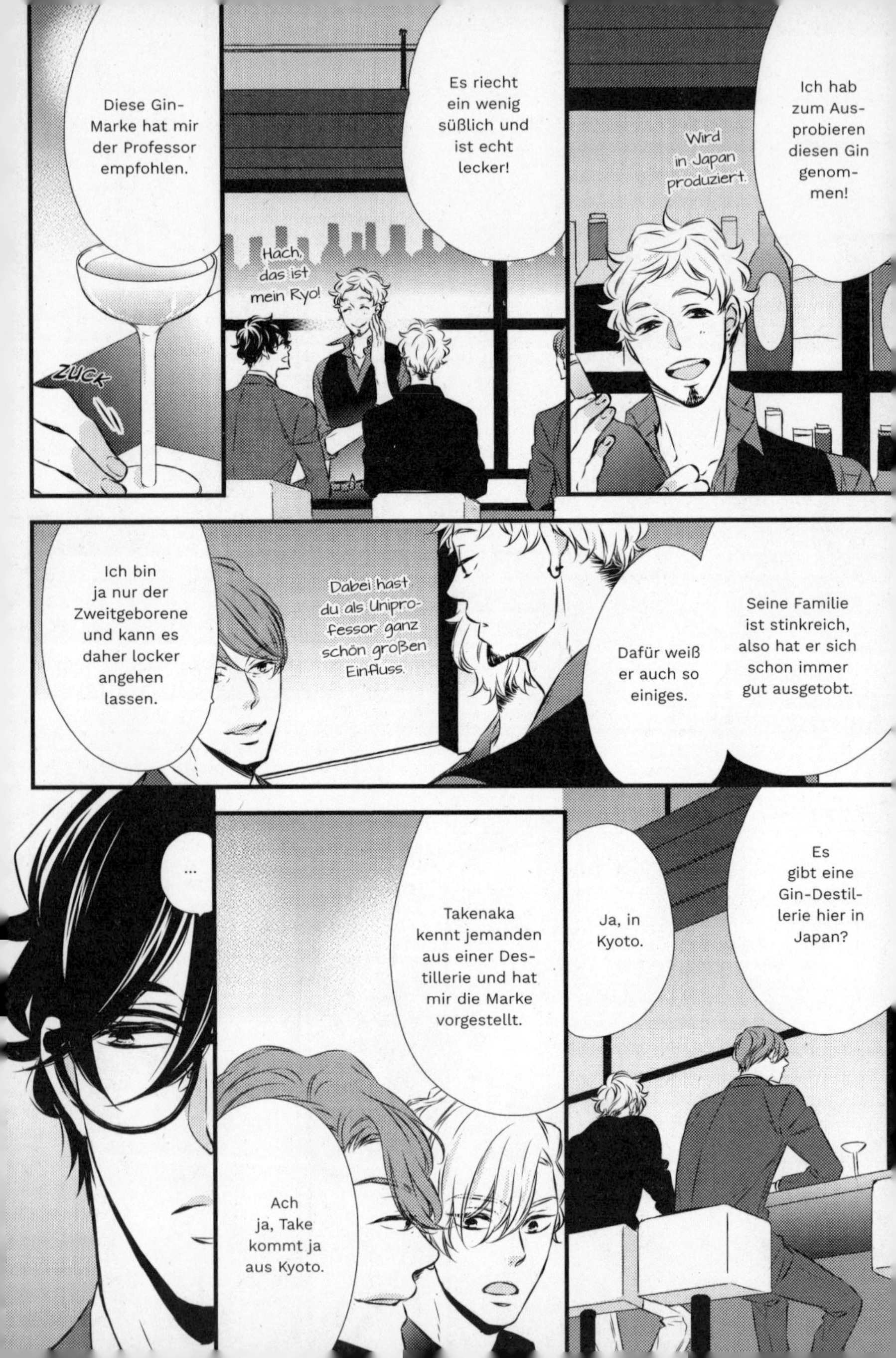
Ich hab zum Ausprobieren diesen Gin genommen!
Wird in Japan produziert.
Es riecht ein wenig süßlich und ist echt lecker!
Hach, das ist mein Ryo!
Diese Gin-Marke hat mir der Professor empfohlen.
ZUCK
Seine Familie ist stinkreich, also hat er sich schon immer gut ausgetobt.
Dafür weiß er auch so einiges.
Dabei hast du als Uniprofessor ganz schön großen Einfluss.
Ich bin ja nur der Zweitgeborene und kann es daher locker angehen lassen.
Es gibt eine Gin-Destillerie hier in Japan?
Ja, in Kyoto.
Takenaka kennt jemanden aus einer Destillerie und hat mir die Marke vorgestellt.
Ach ja, Take kommt ja aus Kyoto.
...

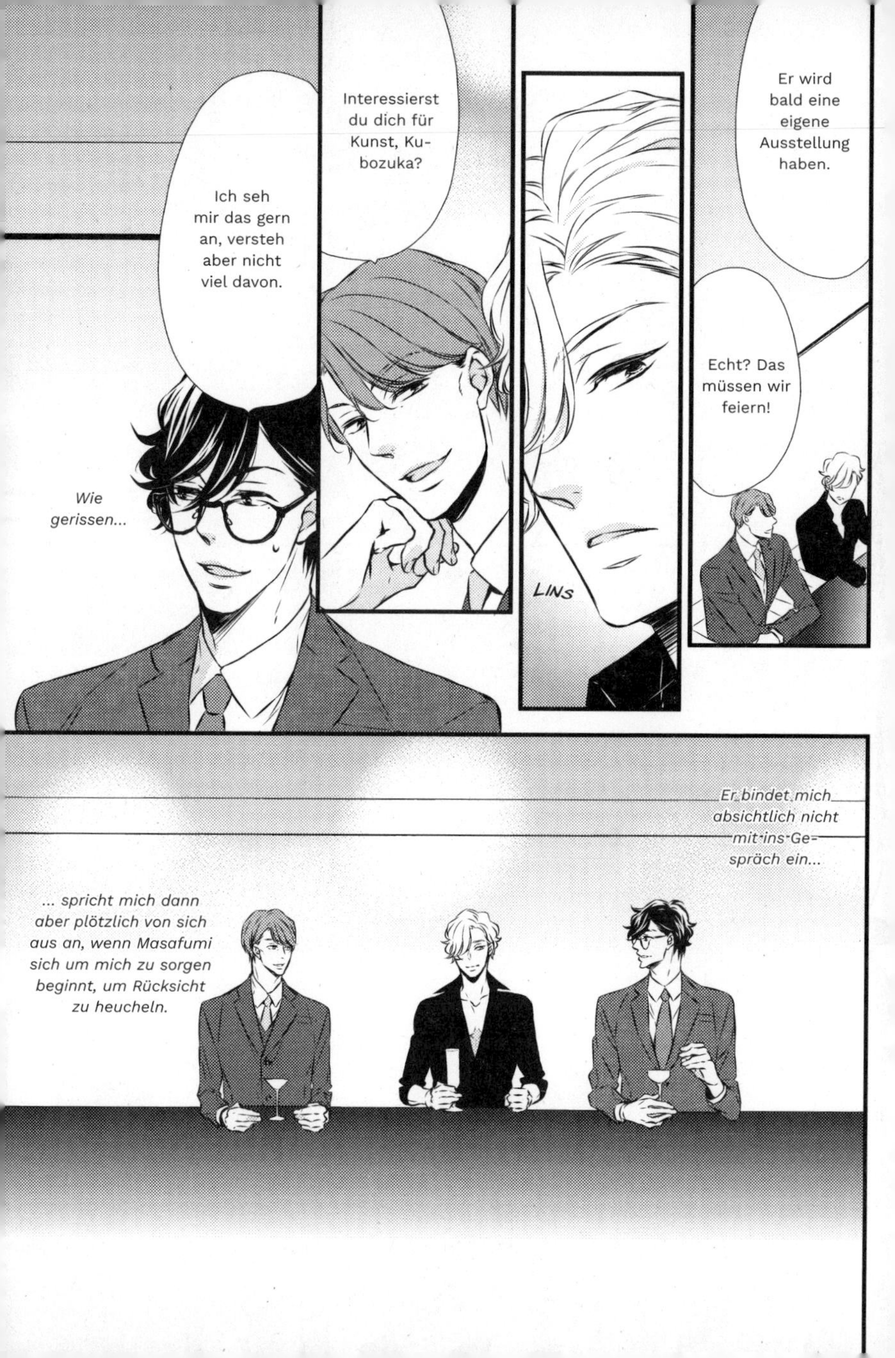

Er wird bald eine eigene Ausstellung haben.
Echt? Das müssen wir feiern!
LINS
Interessierst du dich für Kunst, Kubozuka?
Ich seh mir das gern an, versteh aber nicht viel davon.
Wie gerissen...
Er bindet mich absichtlich nicht mit ins Gespräch ein...
... spricht mich dann aber plötzlich von sich aus an, wenn Masafumi sich um mich zu sorgen beginnt, um Rücksicht zu heucheln.

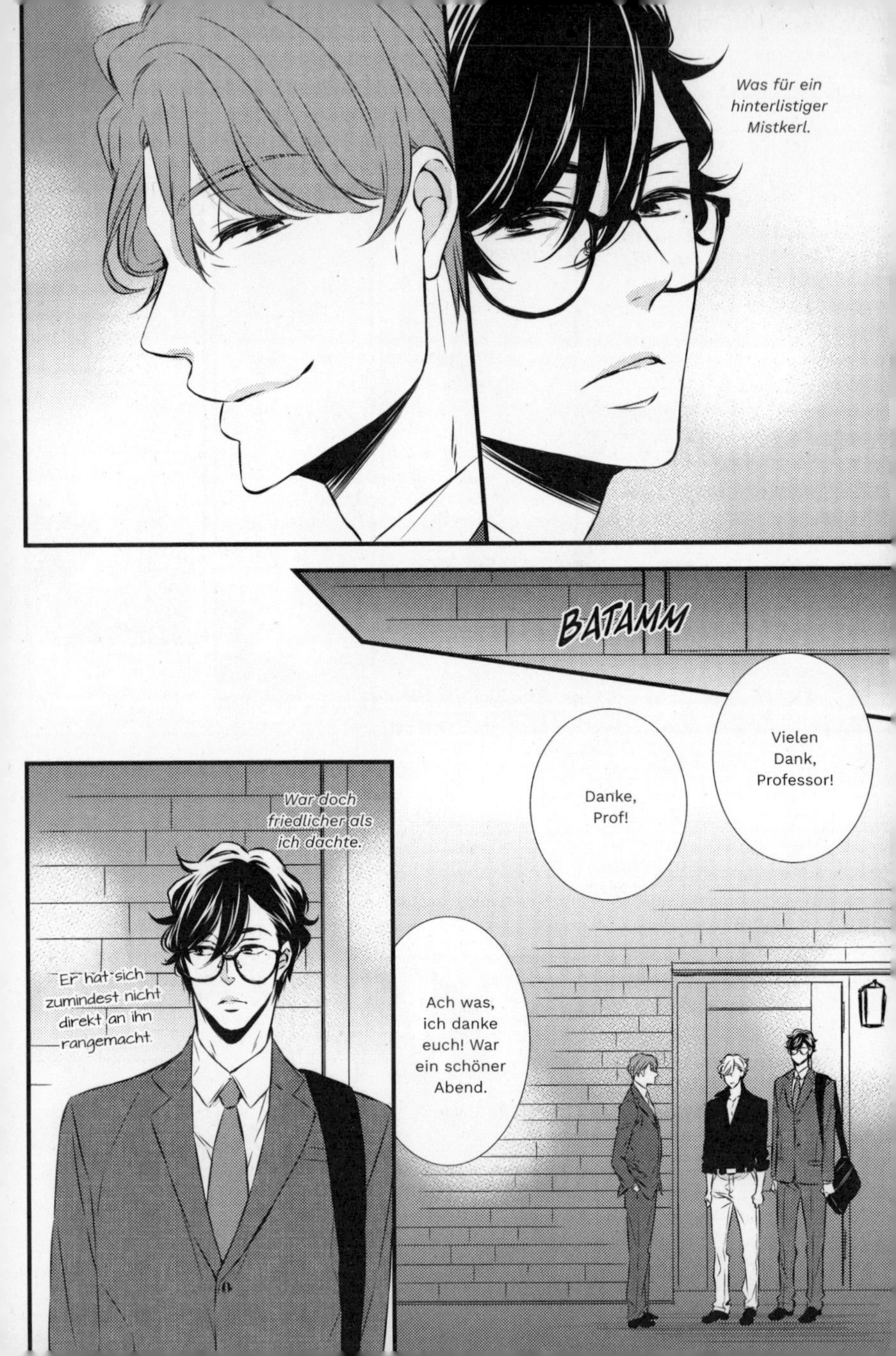
Was für ein hinterlistiger Mistkerl.
BATAMM
Vielen Dank, Professor!
Danke, Prof!
Ach was, ich danke euch! War ein schöner Abend.
War doch friedlicher als ich dachte.
Er hat sich zumindest nicht direkt an ihn rangemacht.

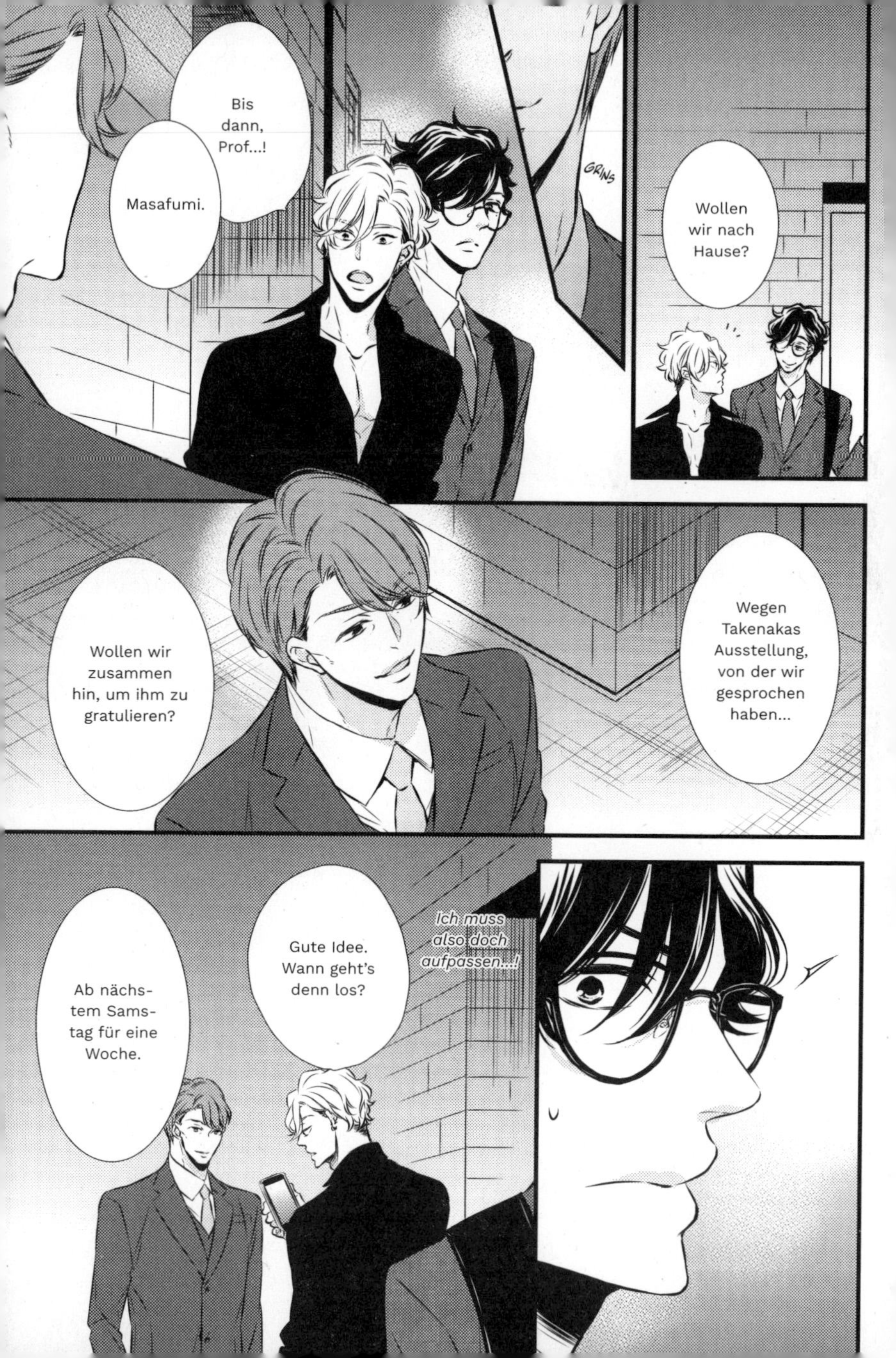
Wollen wir nach Hause?
GRINS
Bis dann, Prof...!
Masafumi.
Wegen Takenakas Ausstellung, von der wir gesprochen haben...
Wollen wir zusammen hin, um ihm zu gratulieren?
Ich muss also doch aufpassen...!
Gute Idee. Wann geht's denn los?
Ab nächstem Samstag für eine Woche.

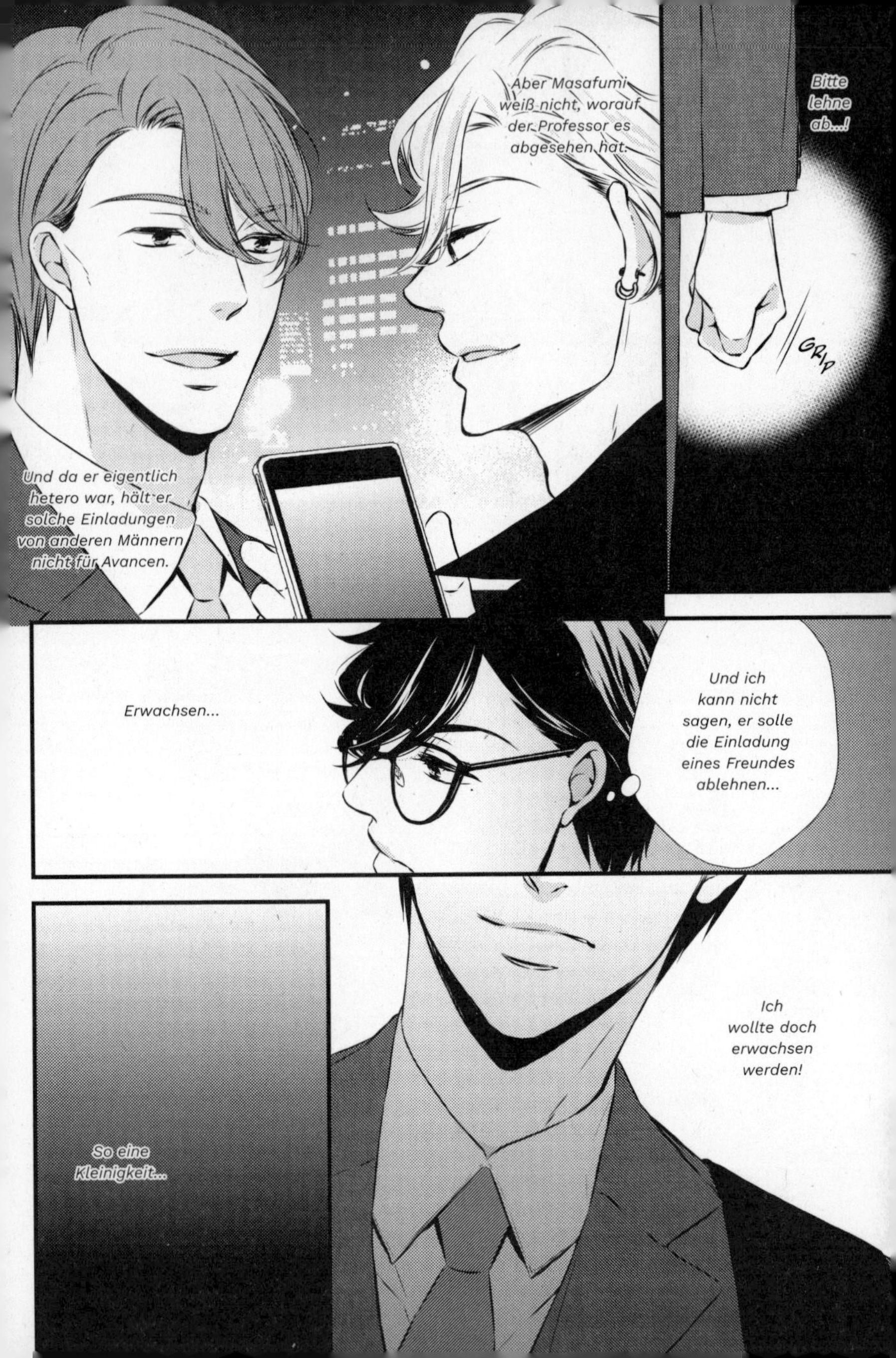
Bitte lehne ab...!
GRIP
Aber Masafumi weiß nicht, worauf der Professor es abgesehen hat.
Und da er eigentlich hetero war, hält er solche Einladungen von anderen Männern nicht für Avancen.
Und ich kann nicht sagen, er solle die Einladung eines Freundes ablehnen...
Erwachsen...
Ich wollte doch erwachsen werden!
So eine Kleinigkeit...

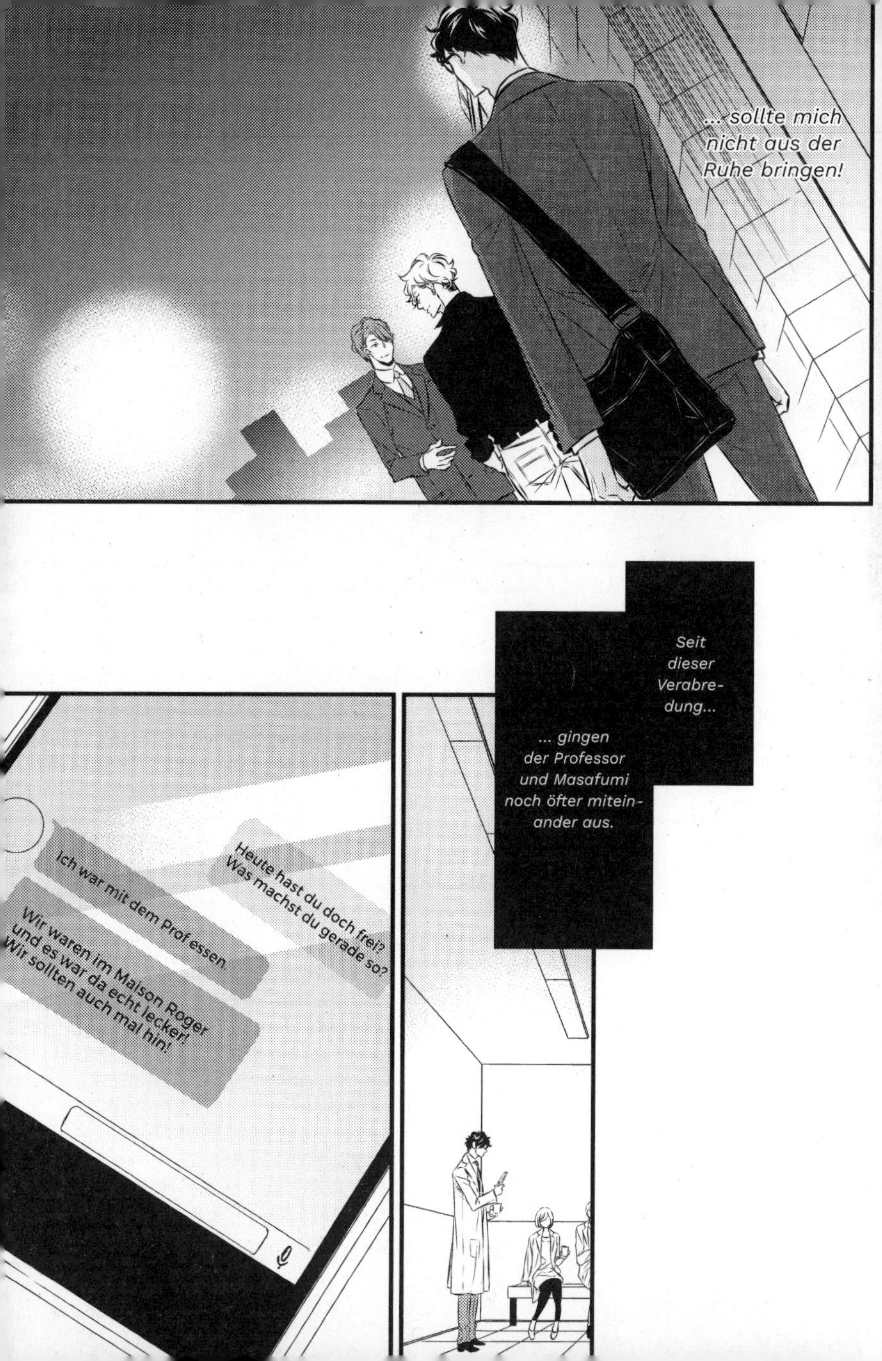

... sollte mich nicht aus der Ruhe bringen!
Seit dieser Verabre-dung...
... gingen der Professor und Masafumi noch öfter mitein-ander aus.
Heute hast du doch frei? Was machst du gerade so?
Ich war mit dem Prof essen.
Wir waren im Maison Roger und es war da echt lecker! Wir sollten auch mal hin!

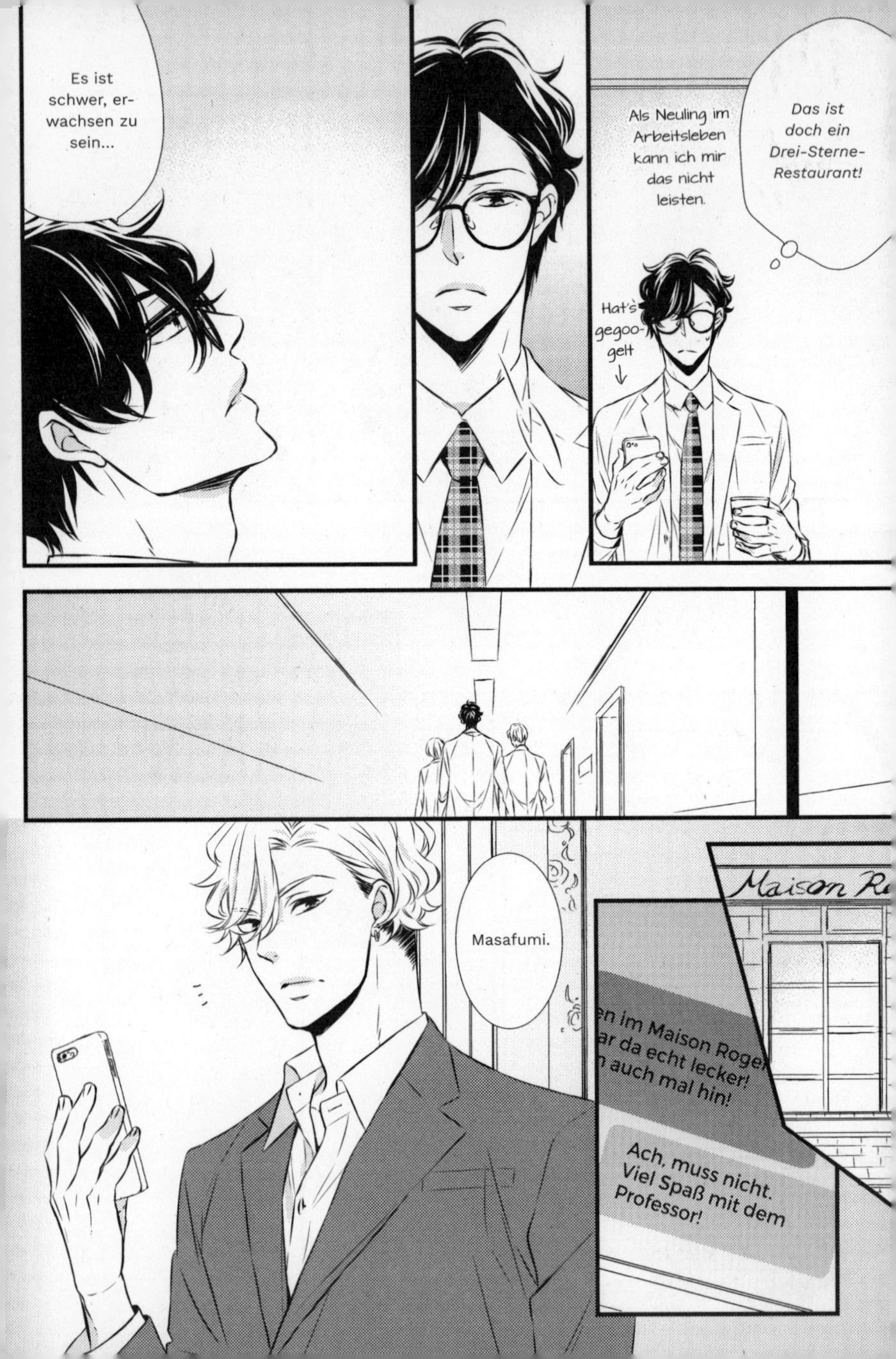

Das ist doch ein Drei-Sterne-Restaurant!
Als Neuling im Arbeitsleben kann ich mir das nicht leisten.
Hat's gegoo-gelt
Es ist schwer, er-wachsen zu sein...
Maison Ro
en im Maison Roger
ar da echt lecker!
n auch mal hin!
Ach, muss nicht. Viel Spaß mit dem Professor!
Masafumi.

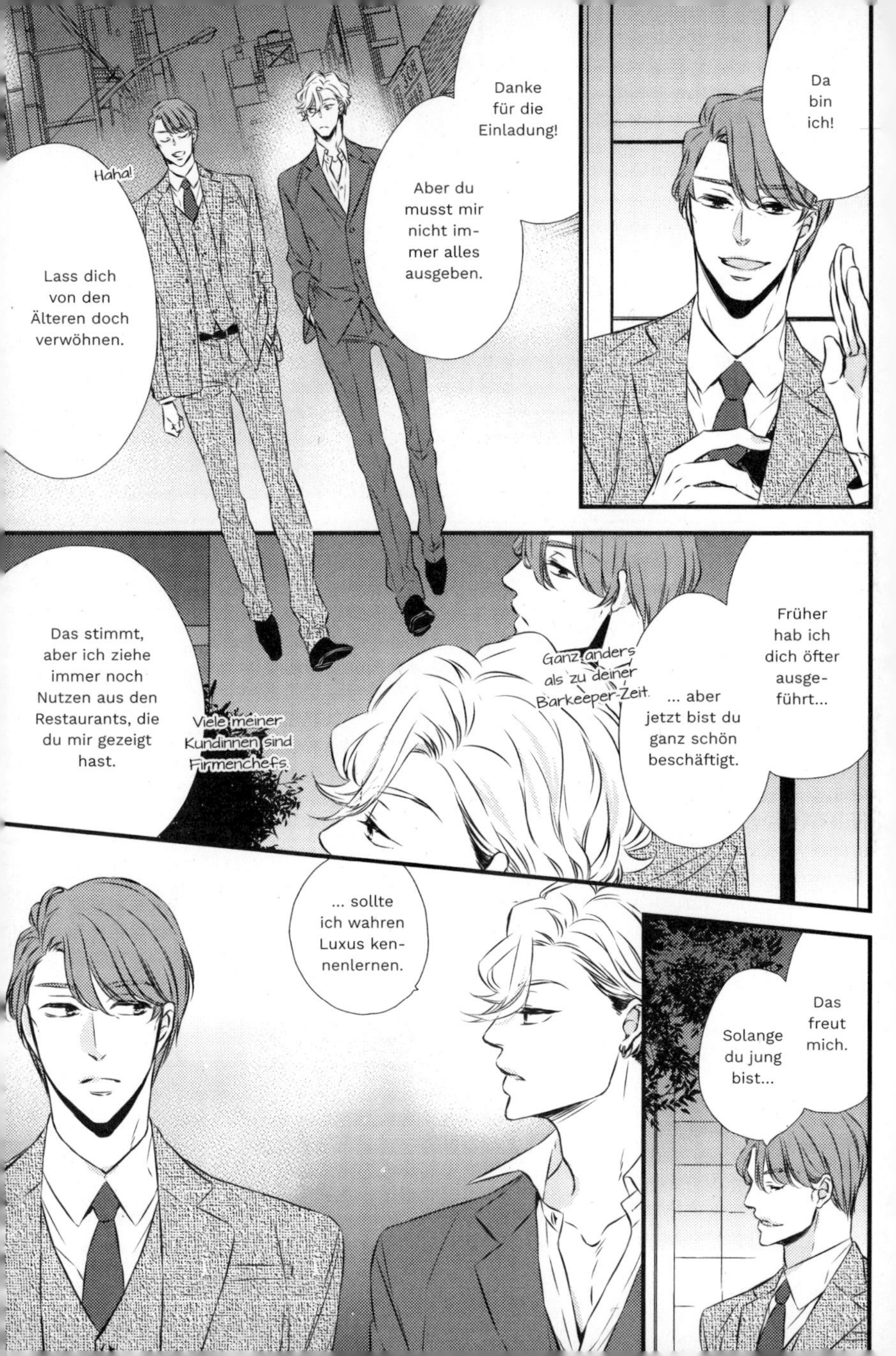

Da bin ich!
Danke für die Einladung!
Aber du musst mir nicht immer alles ausgeben.
Haha!
Lass dich von den Älteren doch verwöhnen.
Früher hab ich dich öfter ausgeführt...
... aber jetzt bist du ganz schön beschäftigt.
Ganz anders als zu deiner Barkeeper-Zeit.
Das stimmt, aber ich ziehe immer noch Nutzen aus den Restaurants, die du mir gezeigt hast.
Viele meiner Kundinnen sind Firmenchefs.
Das freut mich.
Solange du jung bist...
... sollte ich wahren Luxus kennenlernen.

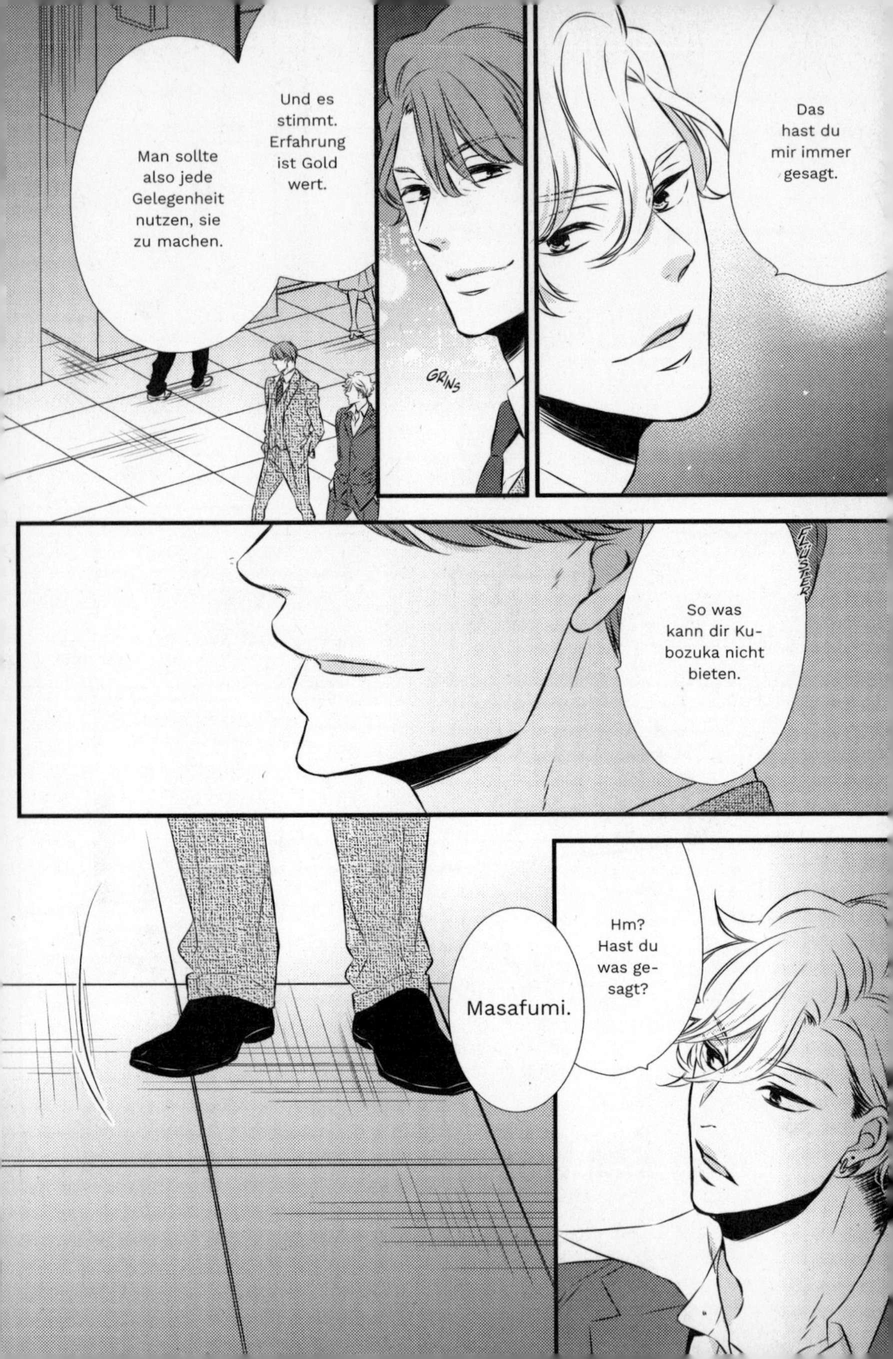

Das hast du mir immer gesagt.
GRINS
Und es stimmt. Erfahrung ist Gold wert.
Man sollte also jede Gelegenheit nutzen, sie zu machen.
FLÜSTER
So was kann dir Kubozuka nicht bieten.
Hm? Hast du was gesagt?
Masafumi.

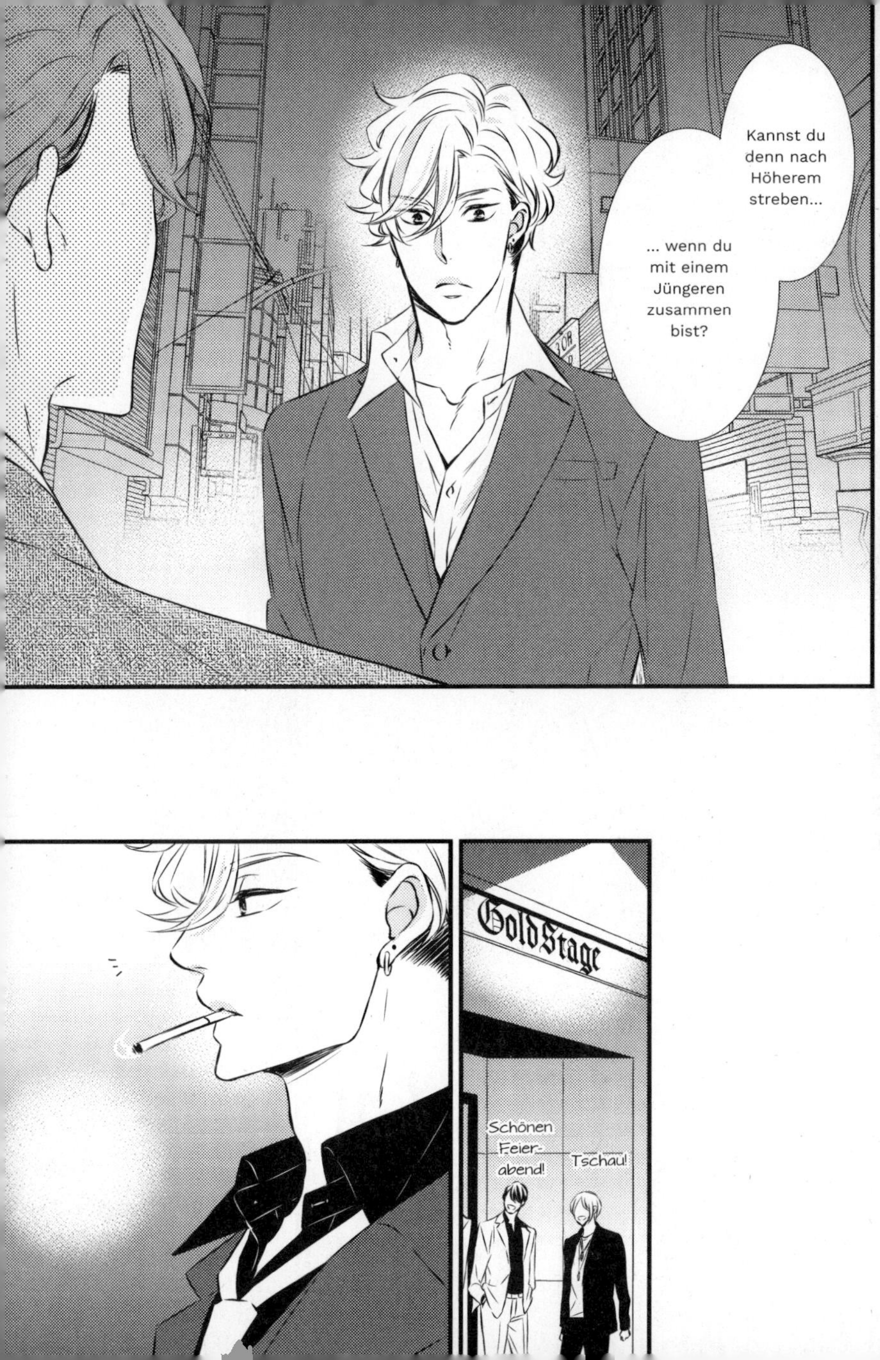
Kannst du denn nach Höherem streben...
... wenn du mit einem Jüngeren zusammen bist?
Gold Stage
Schönen Feier-abend!
Tschau!

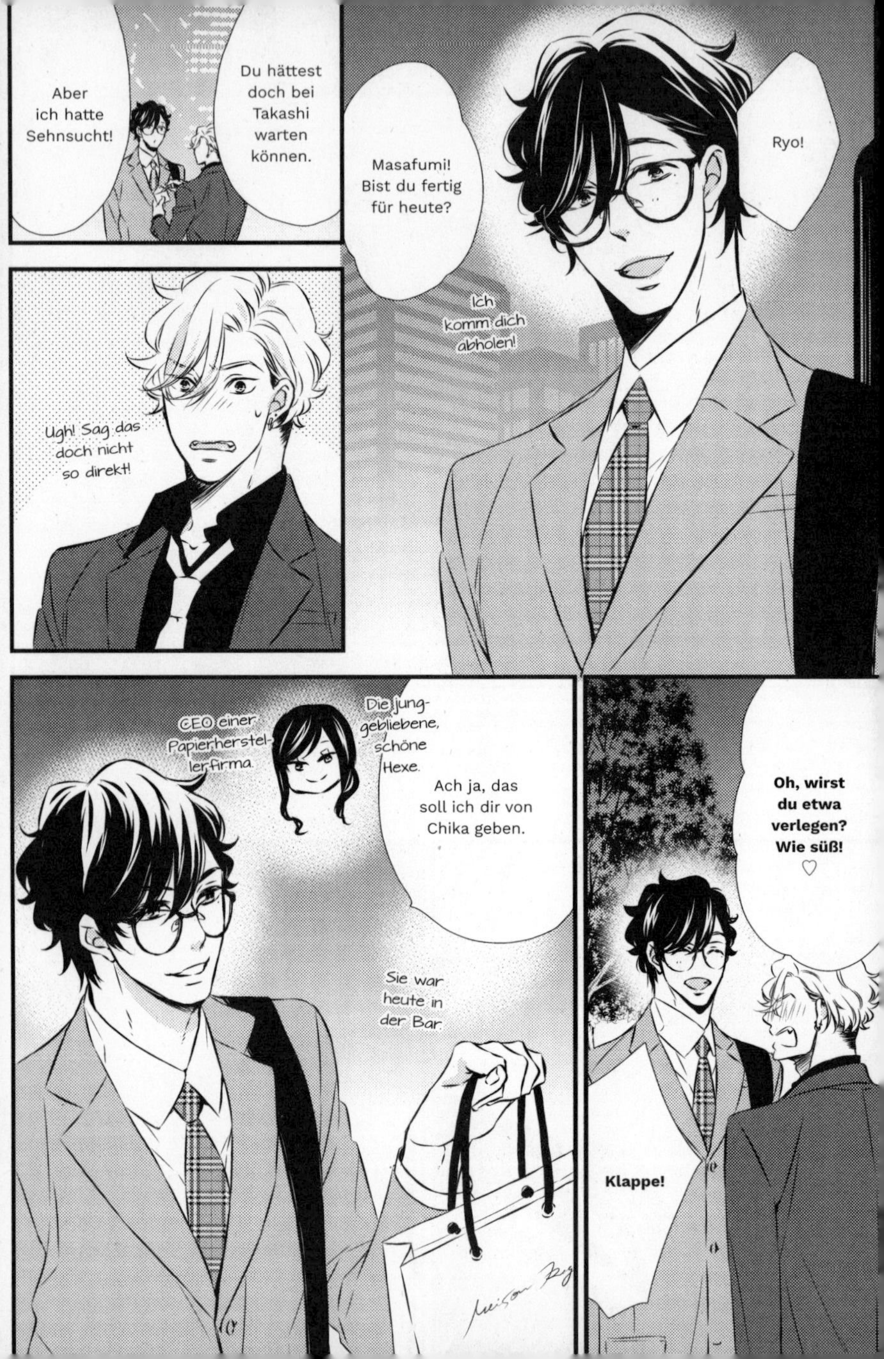

Ryo!
Masafumi! Bist du fertig für heute?
Ich komm dich abholen!
Du hättest doch bei Takashi warten können.
Aber ich hatte Sehnsucht!
Ugh! Sag das doch nicht so direkt!
Oh, wirst du etwa verlegen? Wie süß! ♡
Klappe!
Ach ja, das soll ich dir von Chika geben.
Die jung-gebliebene, schöne Hexe.
CEO einer Papierherstellerfirma.
Sie war heute in der Bar.

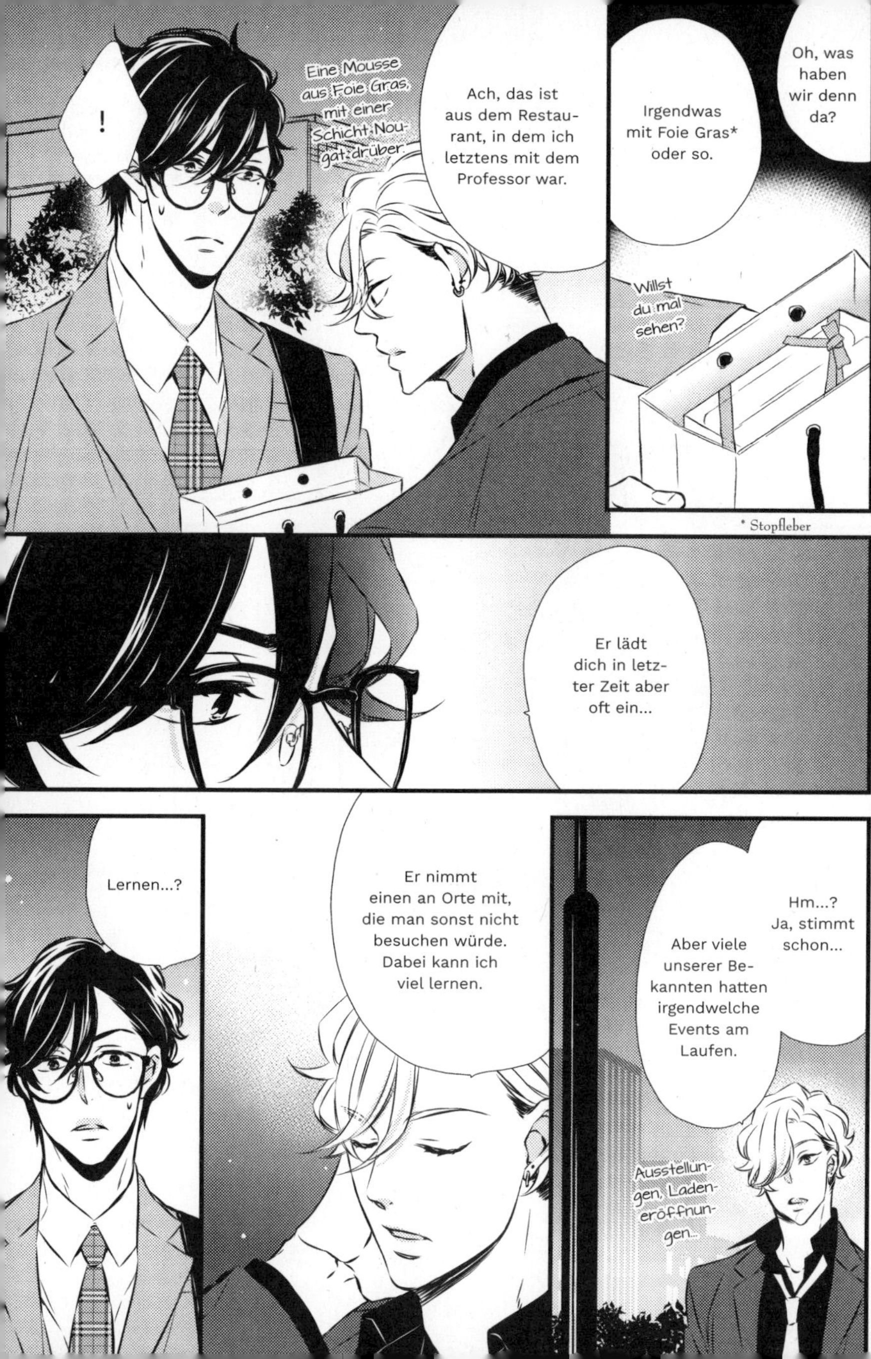

Oh, was haben wir denn da?
Irgendwas mit Foie Gras* oder so.
Willst du mal sehen?
Ach, das ist aus dem Restaurant, in dem ich letztens mit dem Professor war.
Eine Mousse aus Foie Gras, mit einer Schicht Nougat drüber.
!
Er lädt dich in letzter Zeit aber oft ein...
Hm...? Ja, stimmt schon...
Aber viele unserer Bekannten hatten irgendwelche Events am Laufen.
Ausstellungen, Ladeneröffnungen...
Er nimmt einen an Orte mit, die man sonst nicht besuchen würde. Dabei kann ich viel lernen.
Lernen...?

* Stopfleber

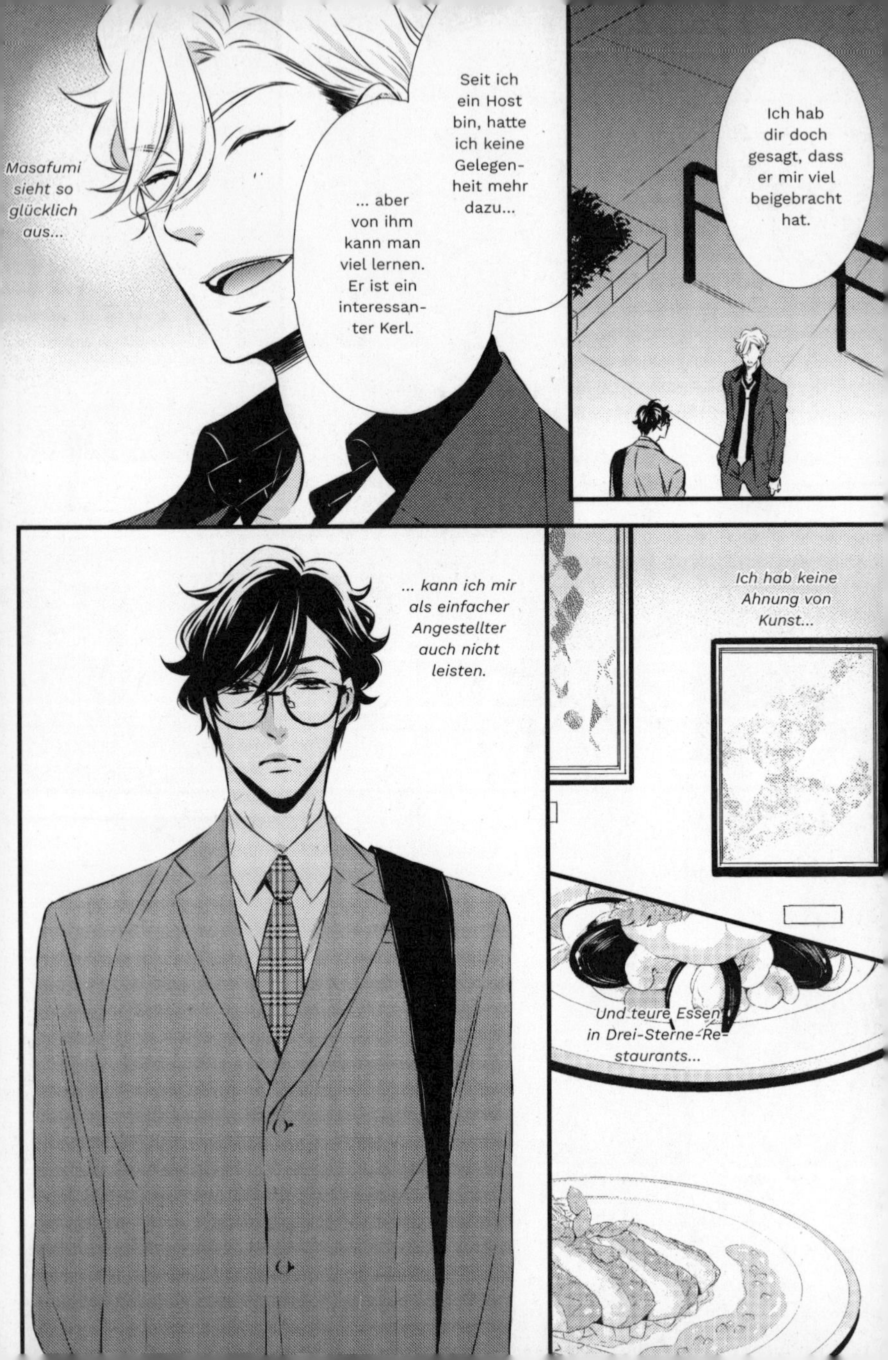
Ich hab dir doch gesagt, dass er mir viel beigebracht hat.
Seit ich ein Host bin, hatte ich keine Gelegenheit mehr dazu...
... aber von ihm kann man viel lernen. Er ist ein interessanter Kerl.
Masafumi sieht so glücklich aus...
Ich hab keine Ahnung von Kunst...
Und teure Essen in Drei-Sterne-Restaurants...
... kann ich mir als einfacher Angestellter auch nicht leisten.

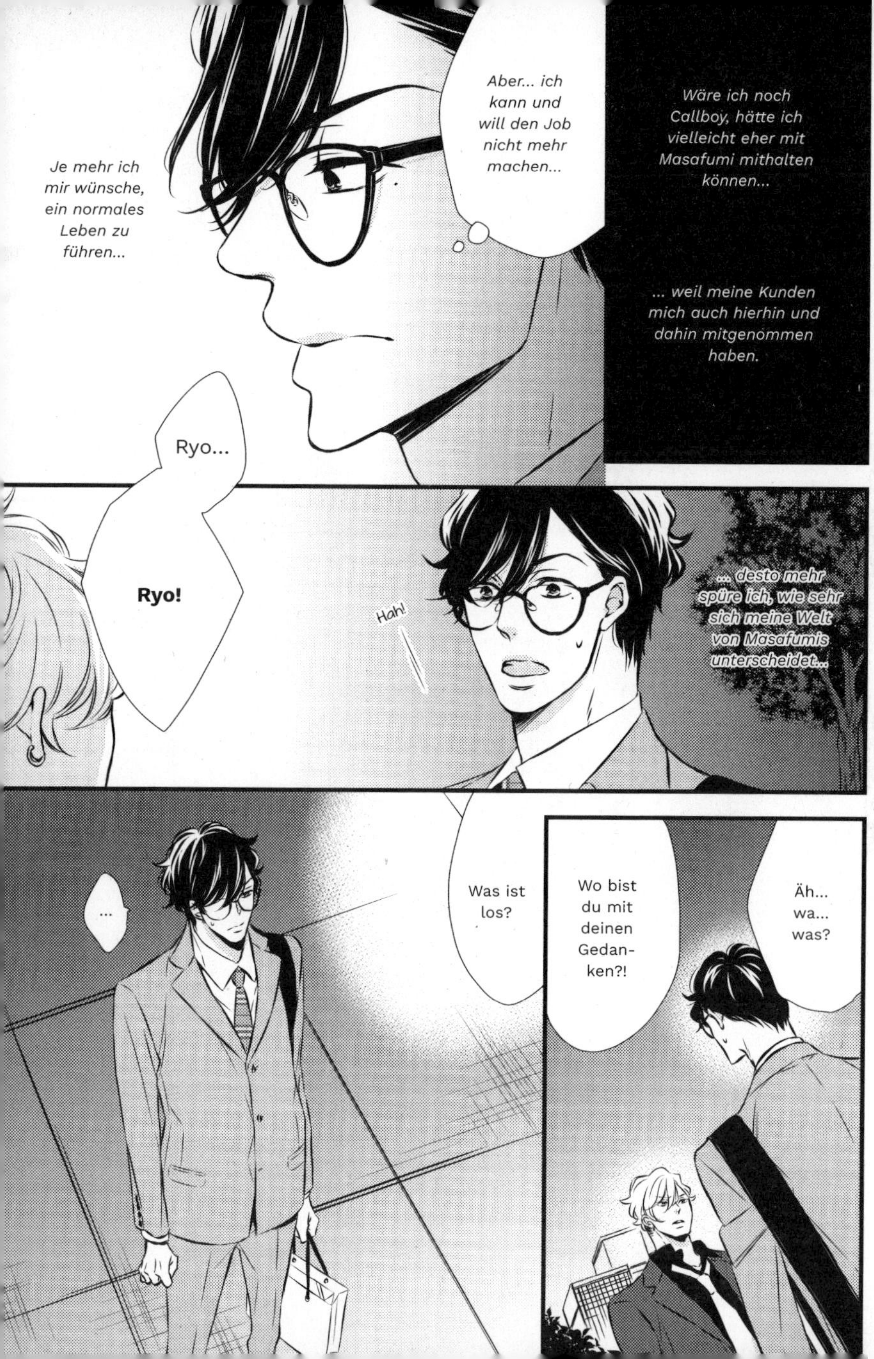
Wäre ich noch Callboy, hätte ich vielleicht eher mit Masafumi mithalten können...
... weil meine Kunden mich auch hierhin und dahin mitgenommen haben.
Aber... ich kann und will den Job nicht mehr machen...
Je mehr ich mir wünsche, ein normales Leben zu führen...
Ryo...
... desto mehr spüre ich, wie sehr sich meine Welt von Masafumis unterscheidet...
Hah!
Ryo!
Äh... wa... was?
Wo bist du mit deinen Gedan- ken?!
Was ist los?
...

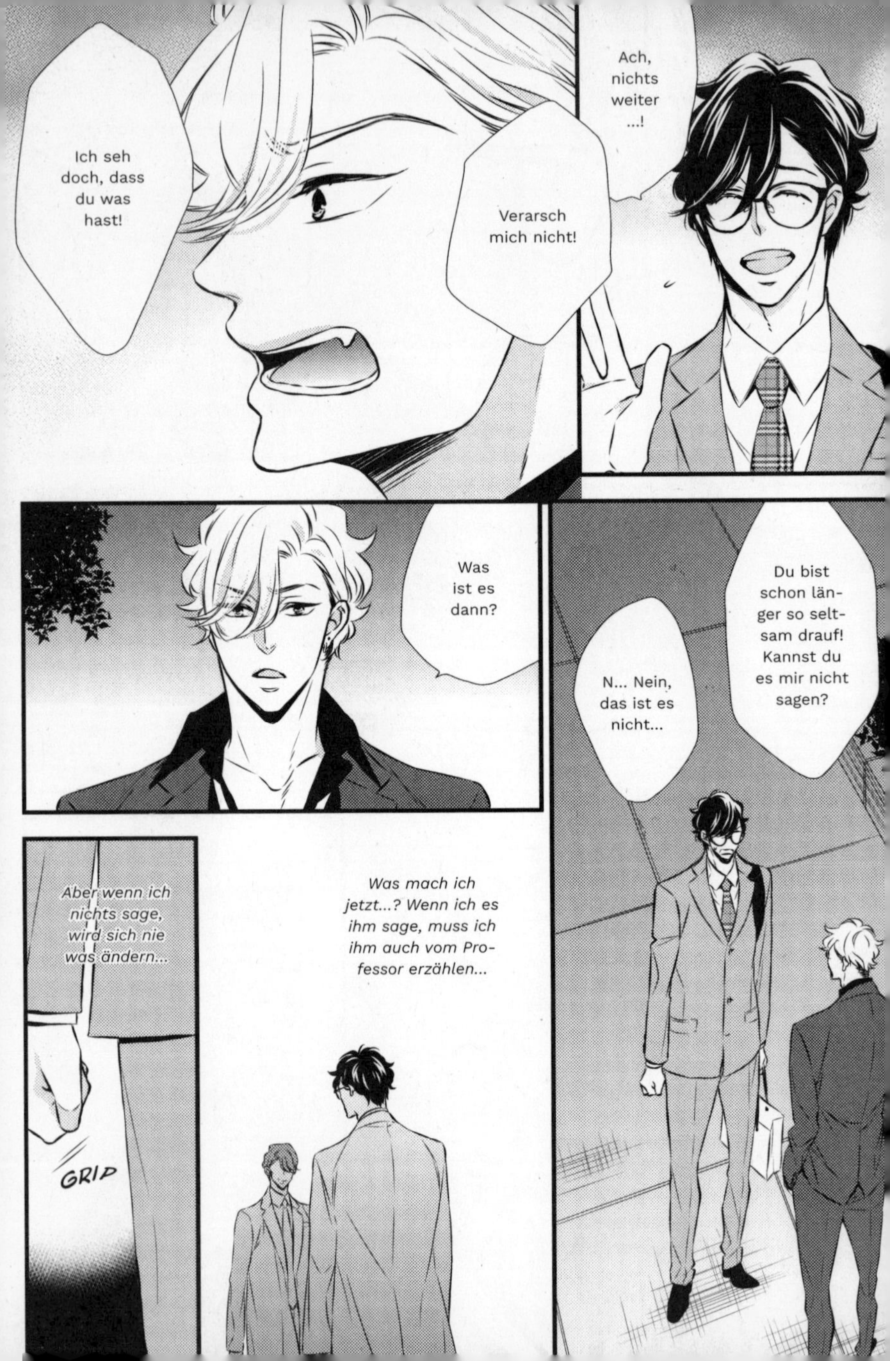

Ach, nichts weiter ...!
Verarsch mich nicht!
Ich seh doch, dass du was hast!
Du bist schon länger so seltsam drauf! Kannst du es mir nicht sagen?
N... Nein, das ist es nicht...
Was ist es dann?
Was mach ich jetzt...? Wenn ich es ihm sage, muss ich ihm auch vom Professor erzählen...
Aber wenn ich nichts sage, wird sich nie was ändern...
GRIP

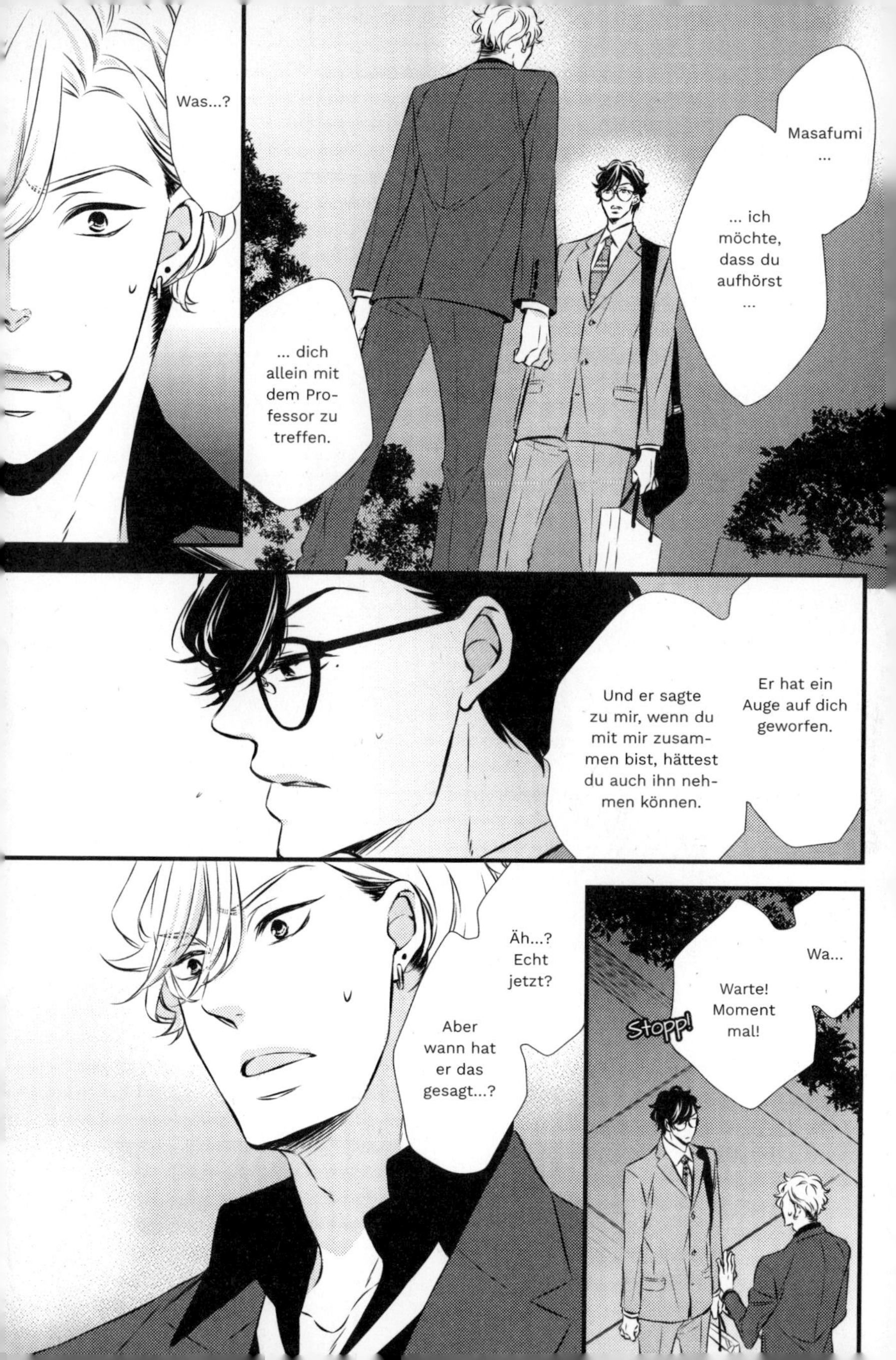
Masafumi …
… ich möchte, dass du aufhörst …
… dich allein mit dem Professor zu treffen.
Was…?
Er hat ein Auge auf dich geworfen.
Und er sagte zu mir, wenn du mit mir zusammen bist, hättest du auch ihn nehmen können.
Wa…
Warte! Moment mal!
Stopp!
Äh…? Echt jetzt?
Aber wann hat er das gesagt…?

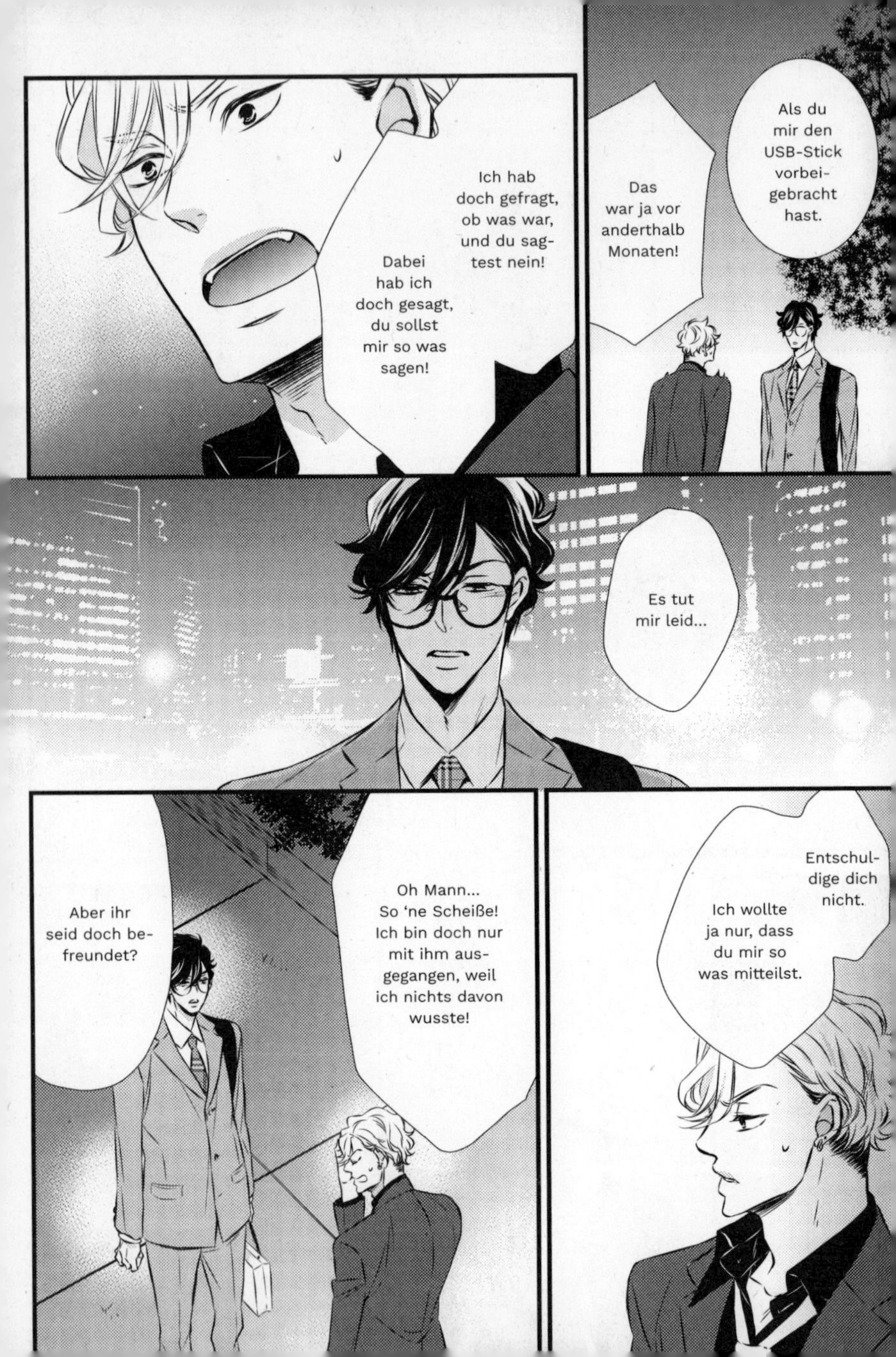
Als du mir den USB-Stick vorbeigebracht hast.
Das war ja vor anderthalb Monaten!
Ich hab doch gefragt, ob was war, und du sagtest nein!
Dabei hab ich doch gesagt, du sollst mir so was sagen!
Es tut mir leid...
Entschuldige dich nicht.
Ich wollte ja nur, dass du mir so was mitteilst.
Oh Mann... So 'ne Scheiße! Ich bin doch nur mit ihm ausgegangen, weil ich nichts davon wusste!
Aber ihr seid doch befreundet?

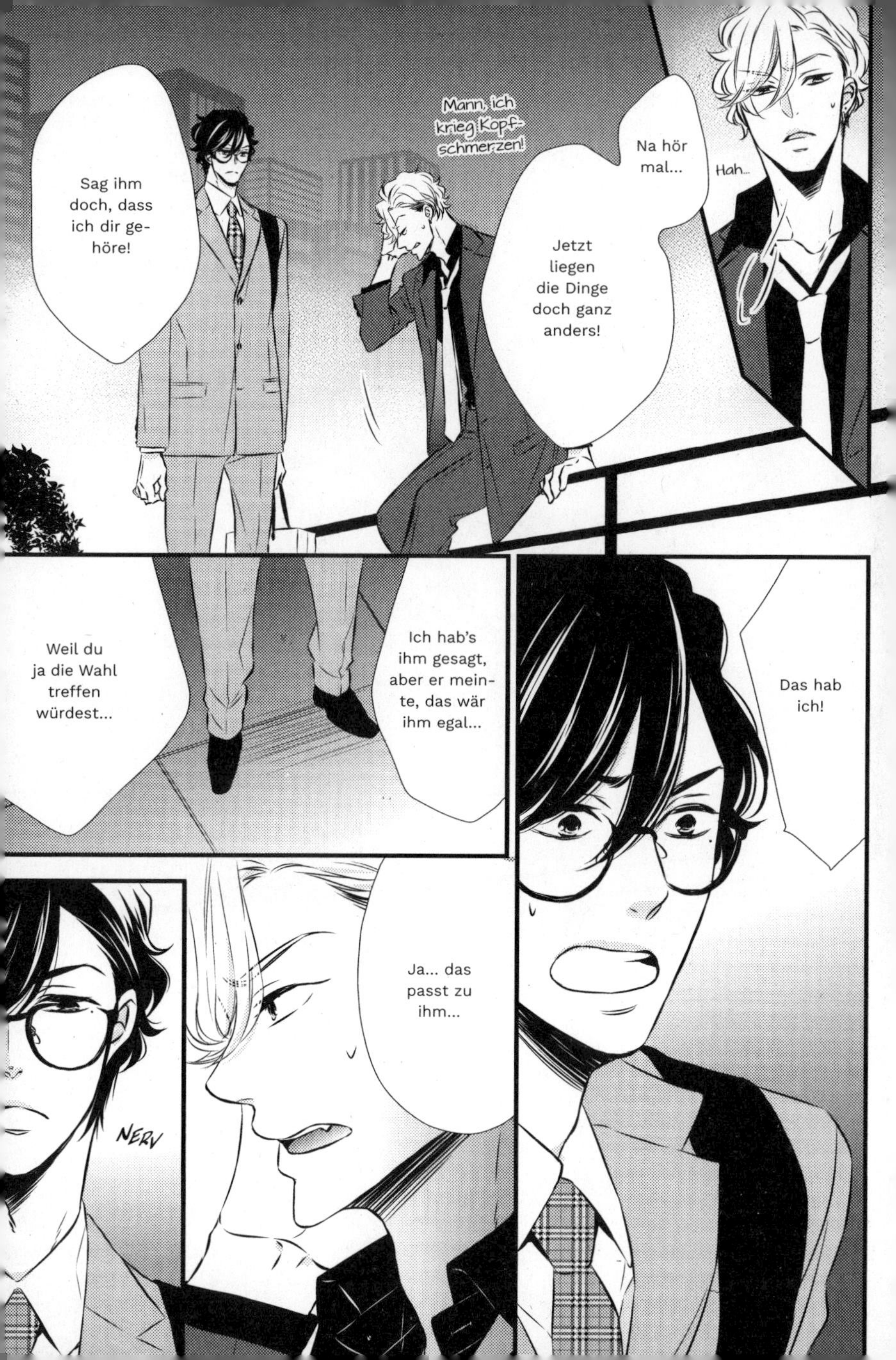
Hah...
Na hör mal...
Jetzt liegen die Dinge doch ganz anders!
Mann, ich krieg Kopfschmerzen!
Sag ihm doch, dass ich dir gehöre!
Das hab ich!
Ich hab's ihm gesagt, aber er meinte, das wär ihm egal...
Weil du ja die Wahl treffen würdest...
Ja... das passt zu ihm...
NERV

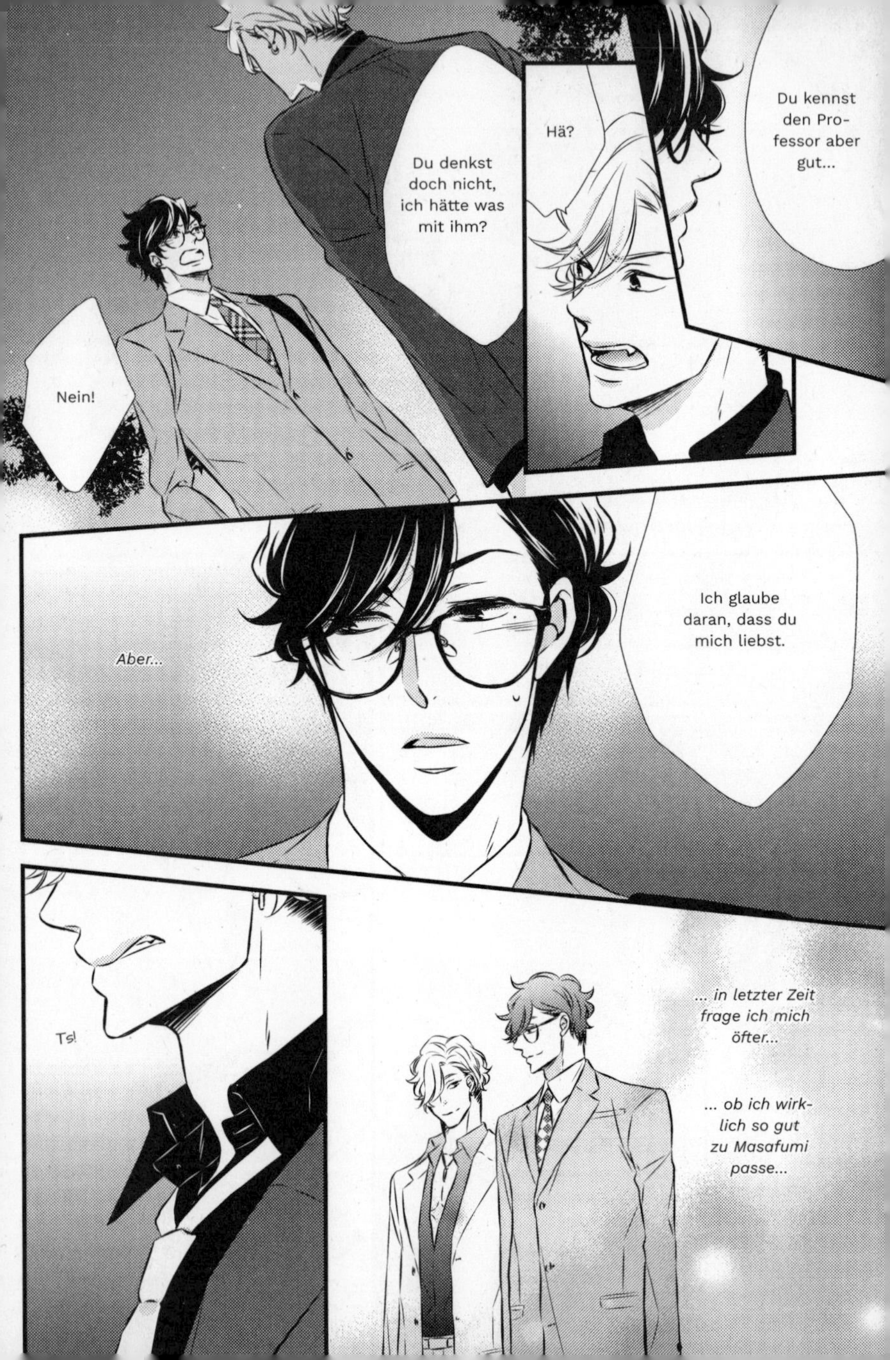
Du kennst den Professor aber gut...
Hä?
Du denkst doch nicht, ich hätte was mit ihm?
Nein!
Ich glaube daran, dass du mich liebst.
Aber...
... in letzter Zeit frage ich mich öfter...
... ob ich wirklich so gut zu Masafumi passe...
Ts!

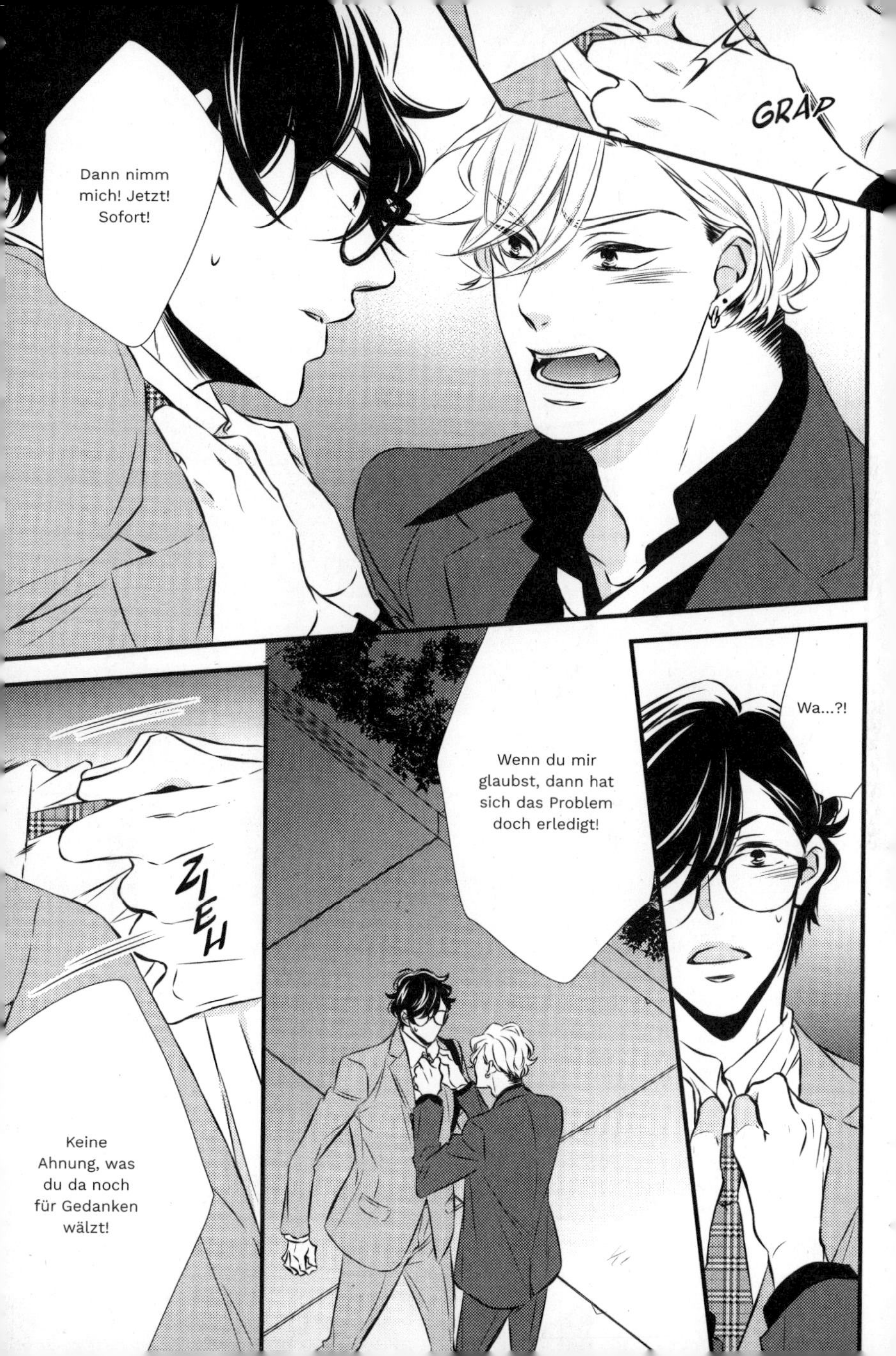
GRAP
Dann nimm mich! Jetzt! Sofort!
Wa...?!
Wenn du mir glaubst, dann hat sich das Problem doch erledigt!
ZIEH
Keine Ahnung, was du da noch für Gedanken wälzt!

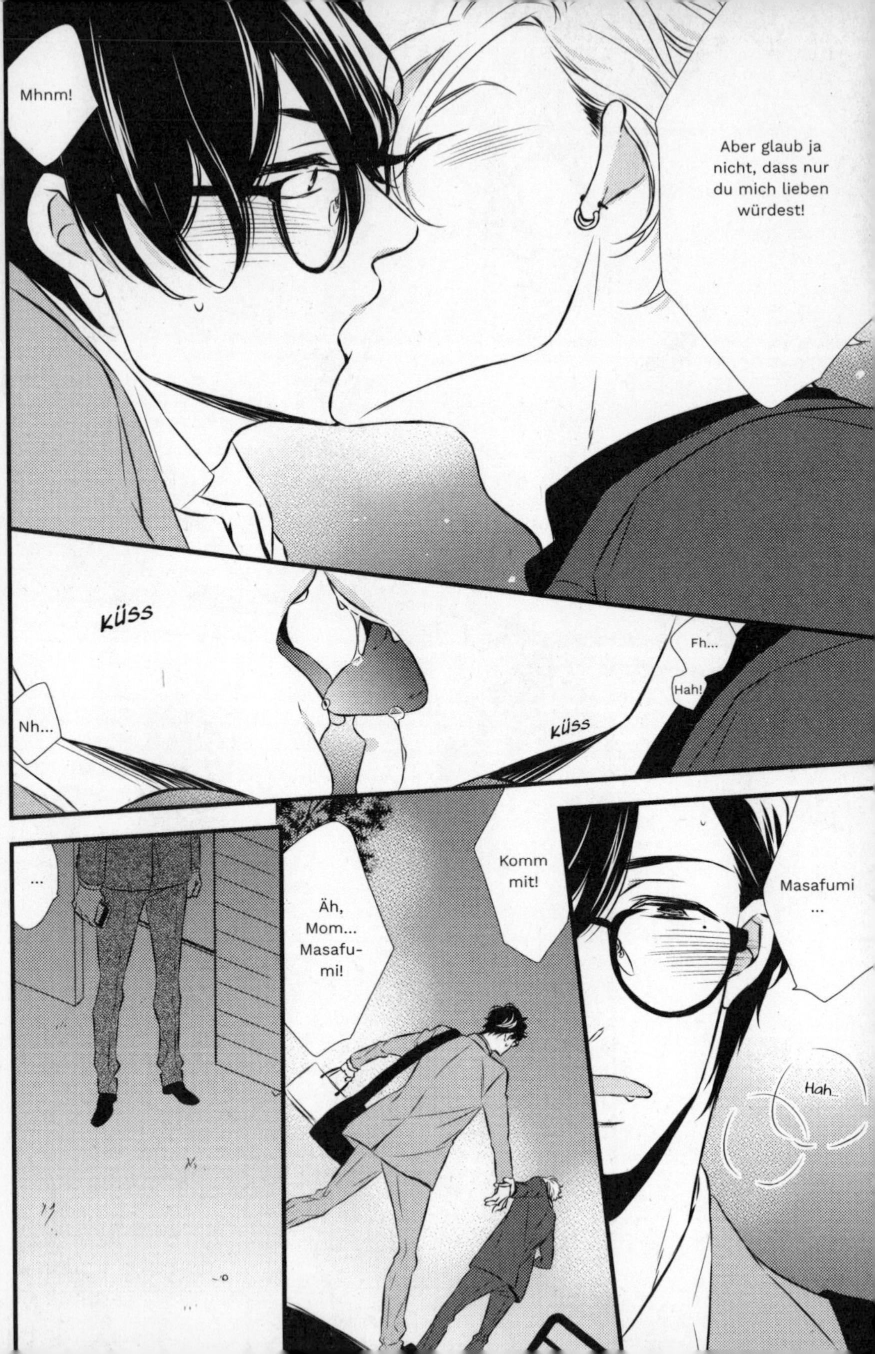

Aber glaub ja nicht, dass nur du mich lieben würdest!
Mhnm!
Fh...
Hah!
KÜSS
KÜSS
Nh...
Masafumi ...
Hah...
Komm mit!
Äh, Mom... Masafumi!
...

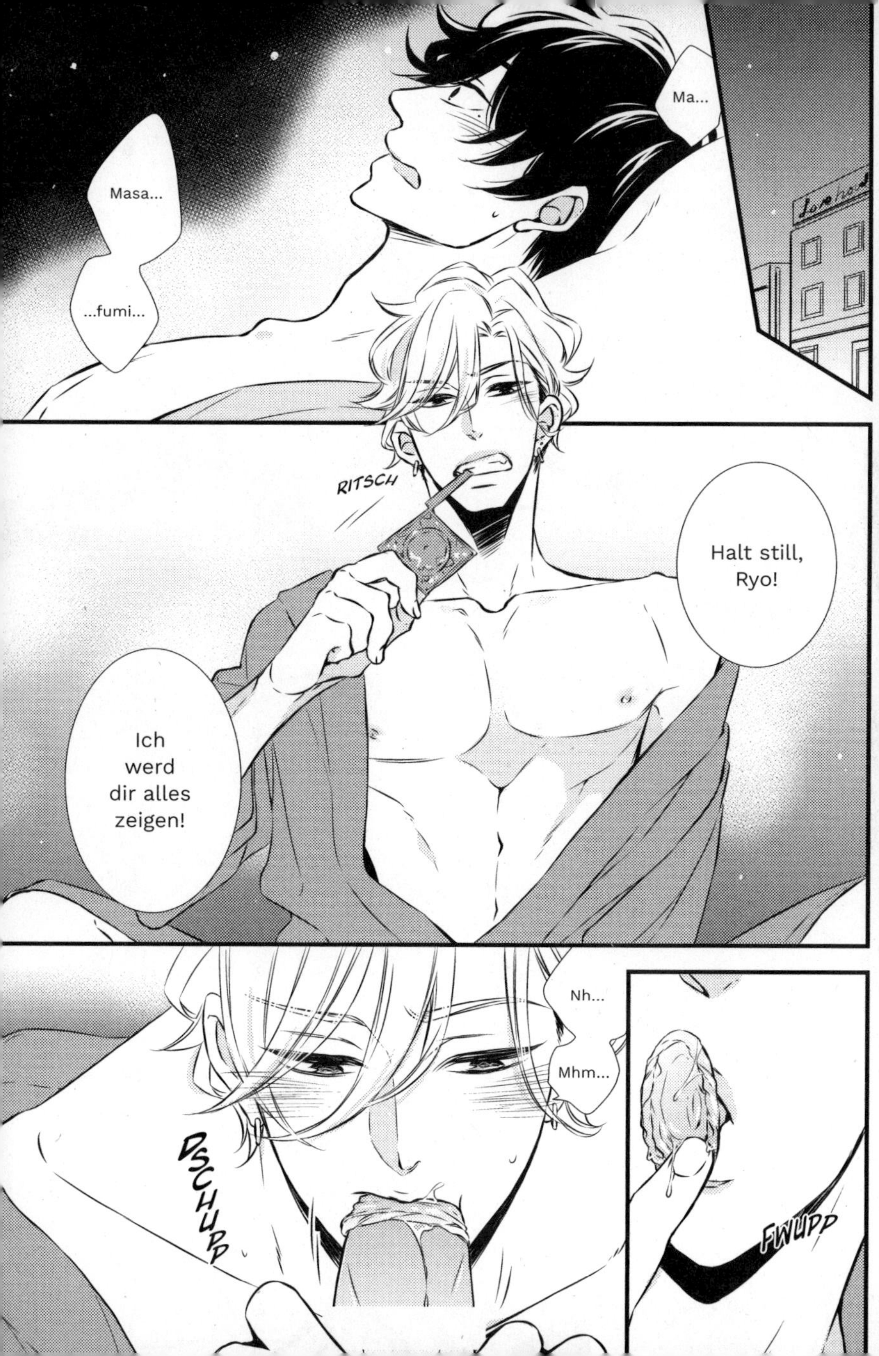
Ma...
Masa...
...fumi...
RITSCH
Halt still, Ryo!
Ich werd dir alles zeigen!
FWUPP
Nh...
Mhm...
DSCHUPP

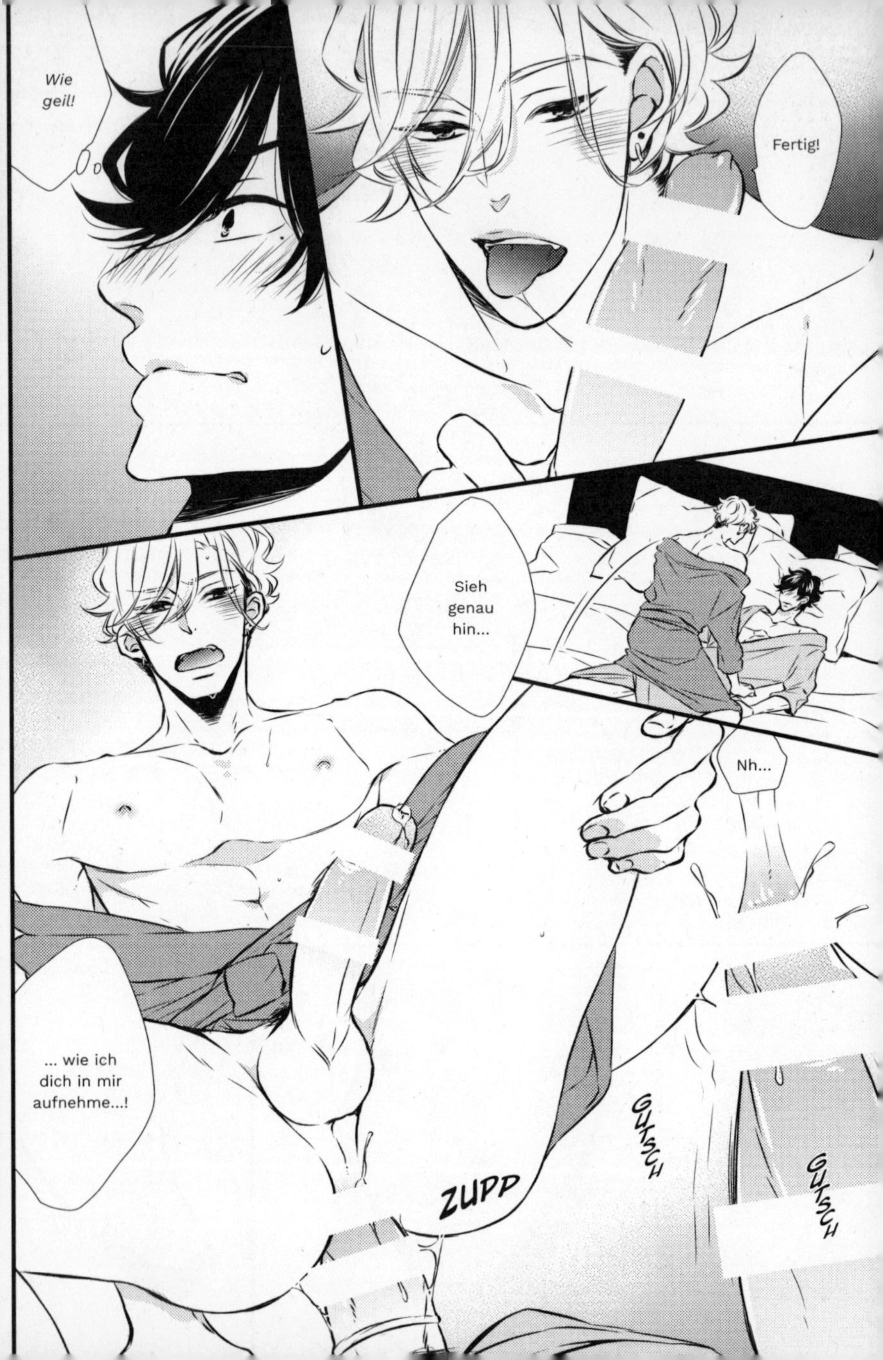
Fertig!
Wie geil!
Sieh genau hin...
Nh...
... wie ich dich in mir aufnehme...!
GUTSCH
GUTSCH
ZUPP

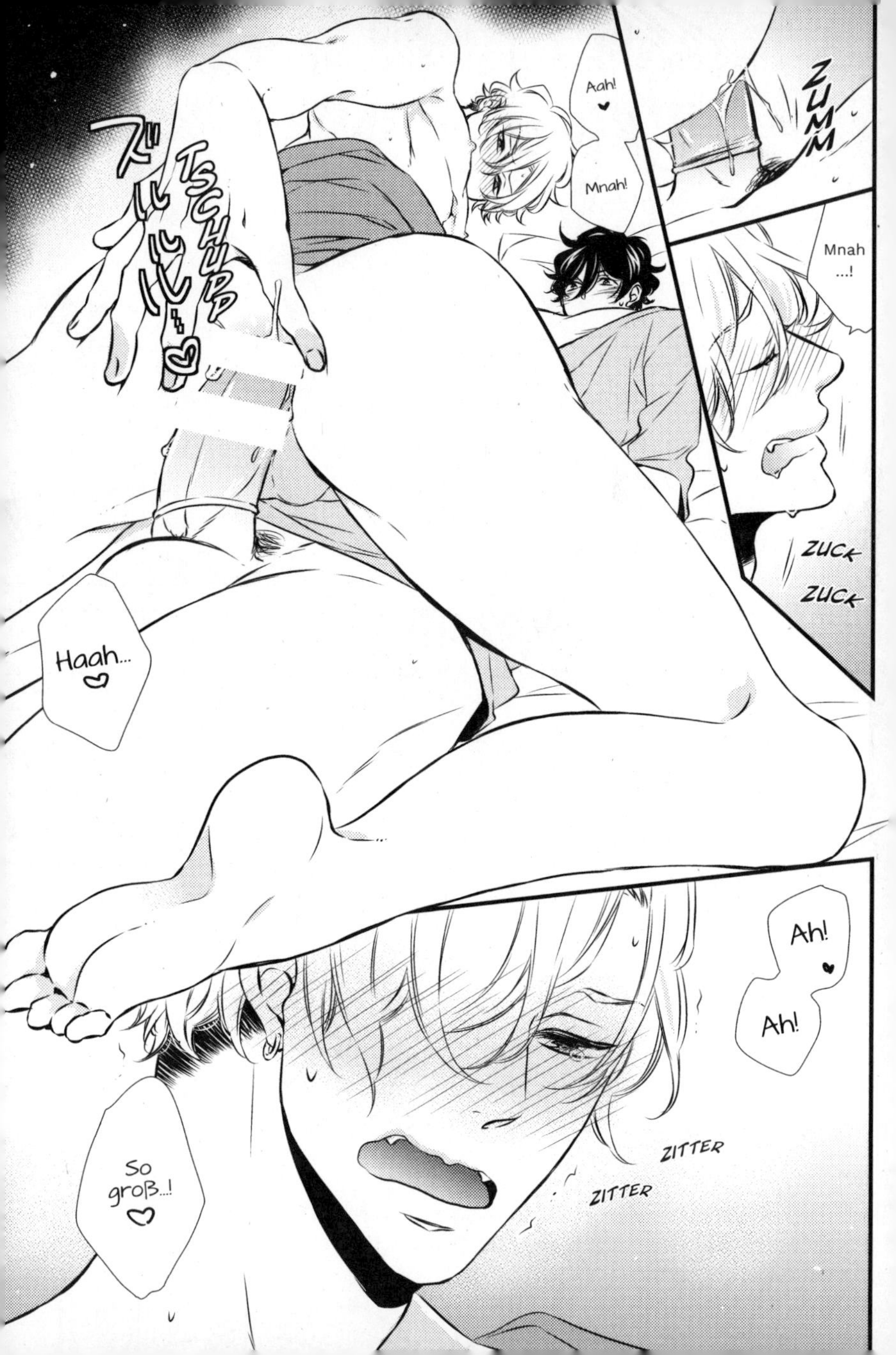
ZUMM
Mnah ...!
ZUCK
ZUCK
Aah! ♥
Mnah!
TSCHUPP ♥
Haah... ♥
Ah! ♥
Ah!
ZITTER
ZITTER
So groß...! ♥

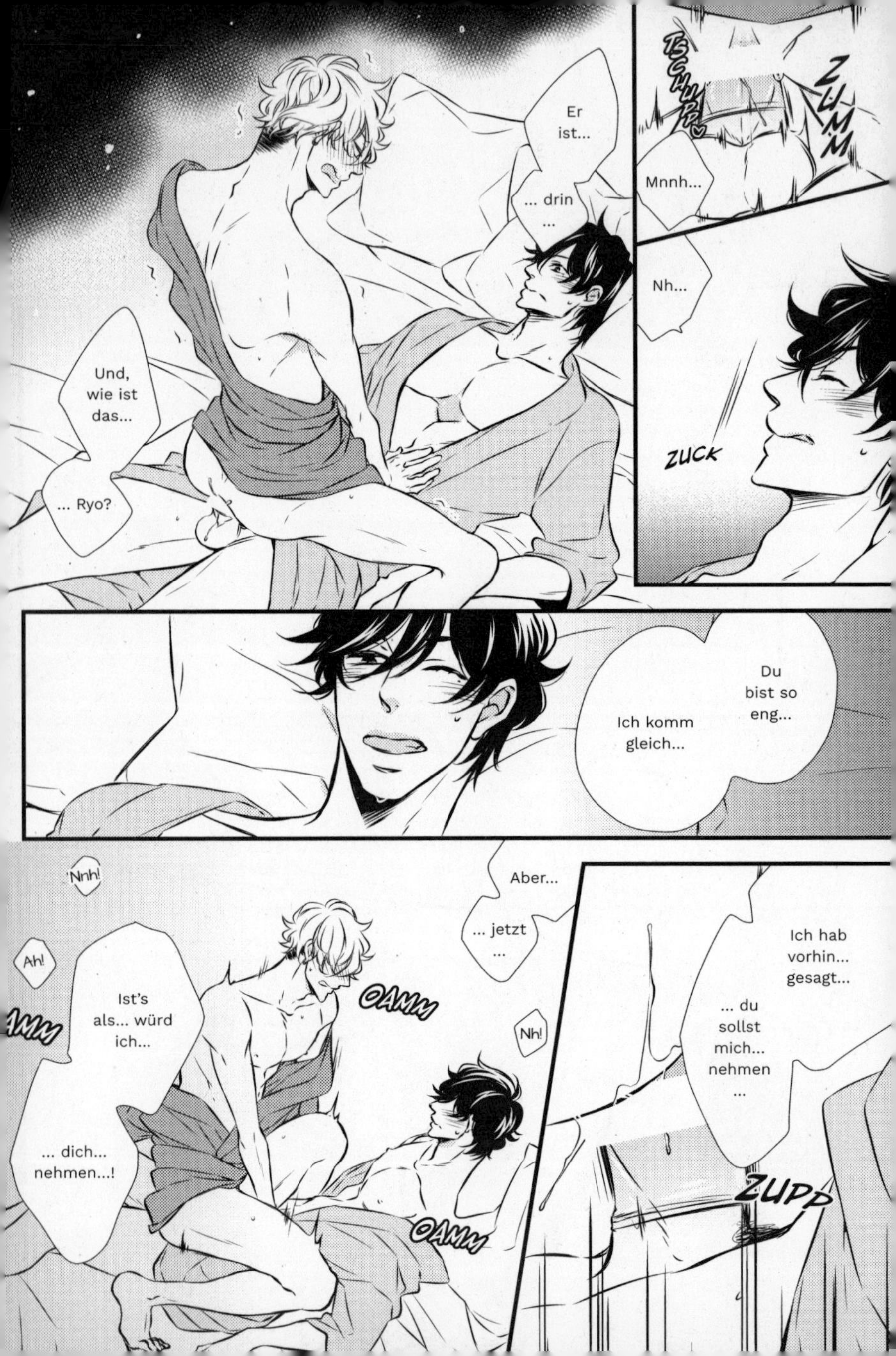
TSCHUPP♡
ZUMM
Mnnh...
Nh...
ZUCK
Er ist...
... drin ...
Und, wie ist das...
... Ryo?
Du bist so eng...
Ich komm gleich...
Ich hab vorhin... gesagt...
... du sollst mich... nehmen ...
ZUPP
Aber...
... jetzt ...
Nh!
OAMM
OAMM
Nnh!
Ist's als... würd ich...
... dich... nehmen...!
Ah!

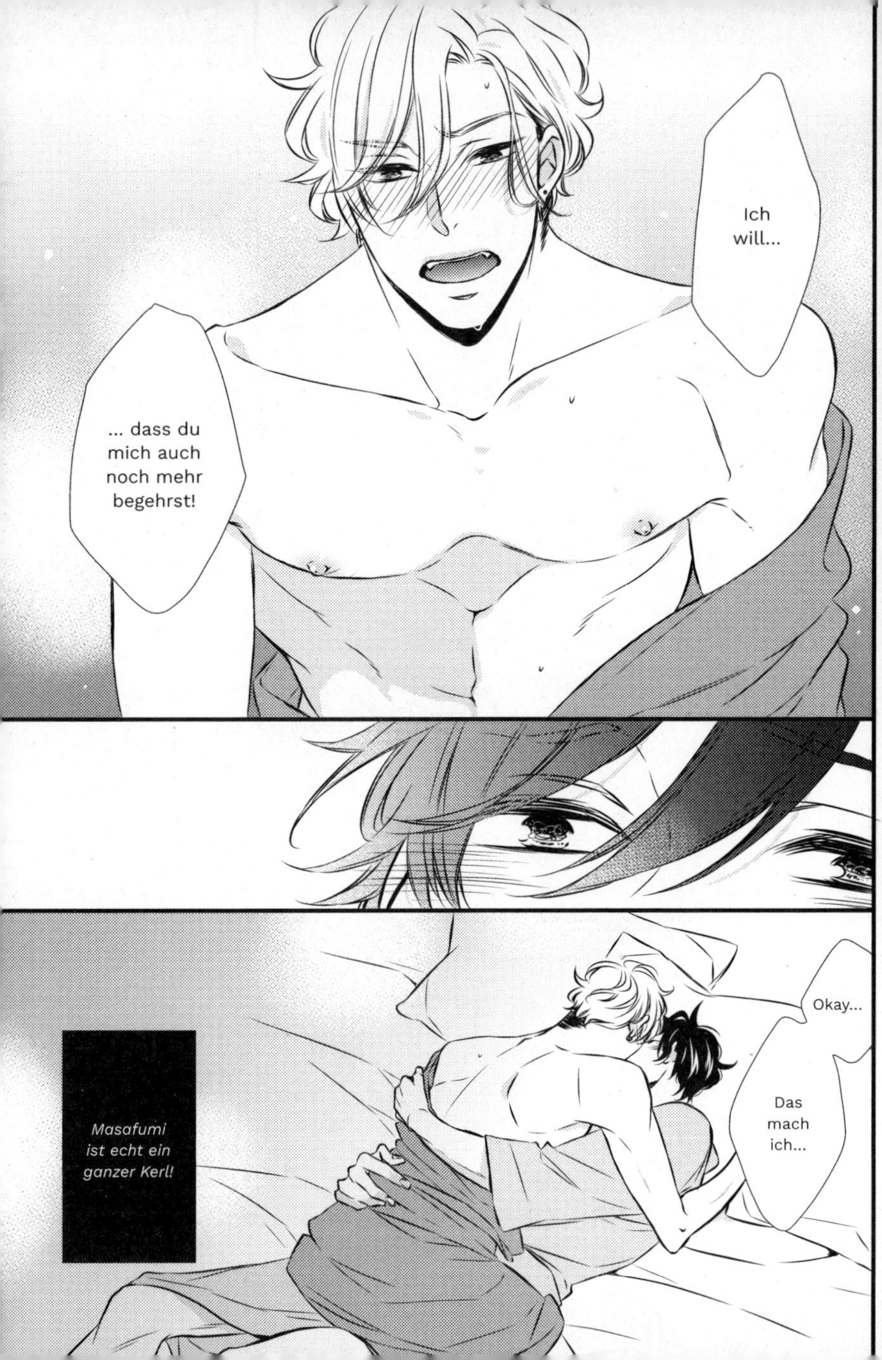
Ich will...
... dass du mich auch noch mehr begehrst!
Okay...
Das mach ich...
Masafumi ist echt ein ganzer Kerl!

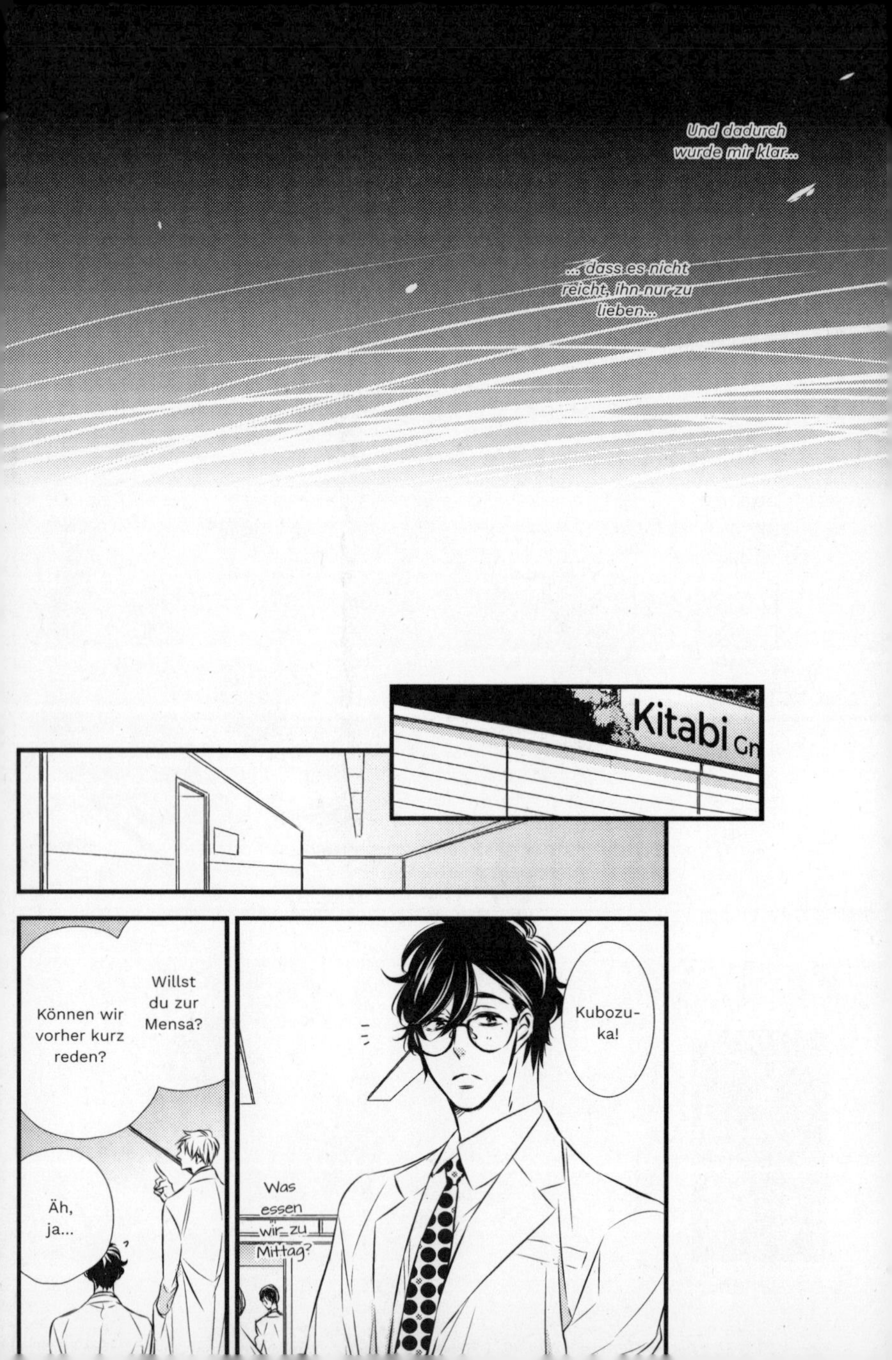
Und dadurch wurde mir klar...
... dass es nicht reicht, ihn nur zu lieben...
Kitabi
Kubozu-ka!
Was essen wir zu Mittag?
Willst du zur Mensa?
Können wir vorher kurz reden?
Äh, ja...

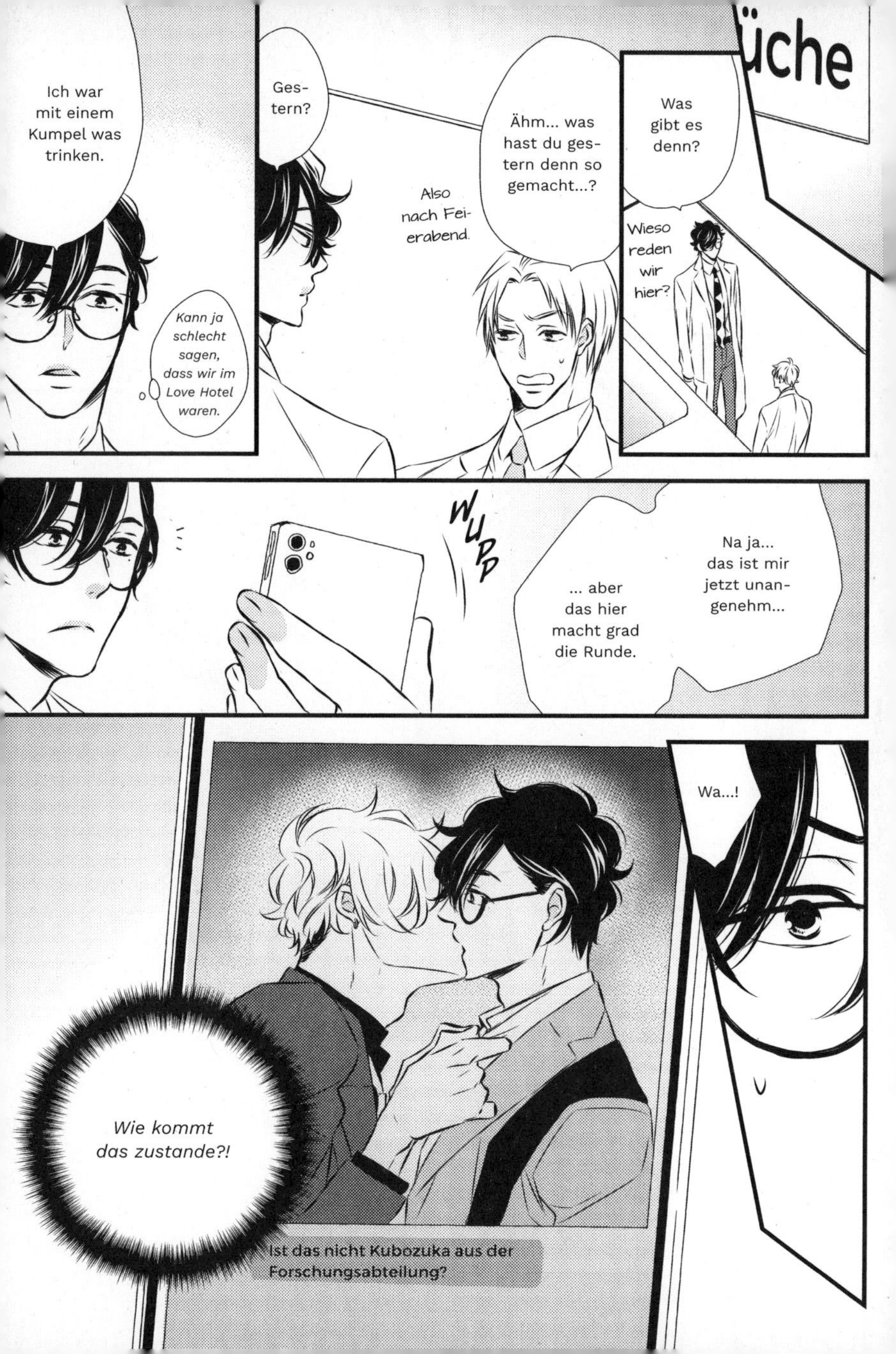
üche
Was gibt es denn?
Wieso reden wir hier?
Ähm... was hast du gestern denn so gemacht...?
Also nach Feierabend.
Gestern?
Ich war mit einem Kumpel was trinken.
Kann ja schlecht sagen, dass wir im Love Hotel waren.
Na ja... das ist mir jetzt unangenehm...
... aber das hier macht grad die Runde.
WUPP
Wa...!
Wie kommt das zustande?!
Ist das nicht Kubozuka aus der Forschungsabteilung?

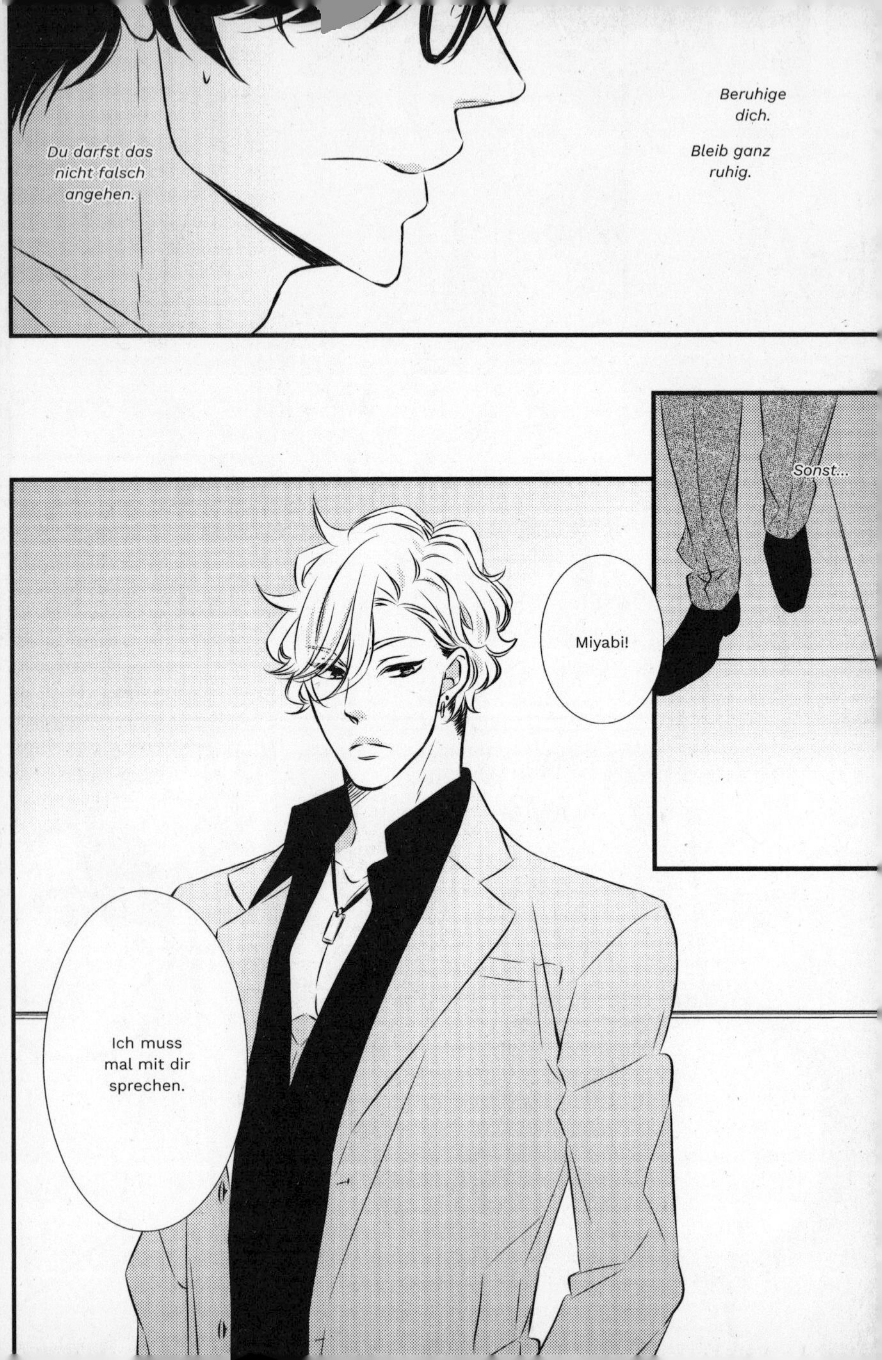
Beruhige dich.
Bleib ganz ruhig.
Du darfst das nicht falsch angehen.
Sonst...
Miyabi!
Ich muss mal mit dir sprechen.

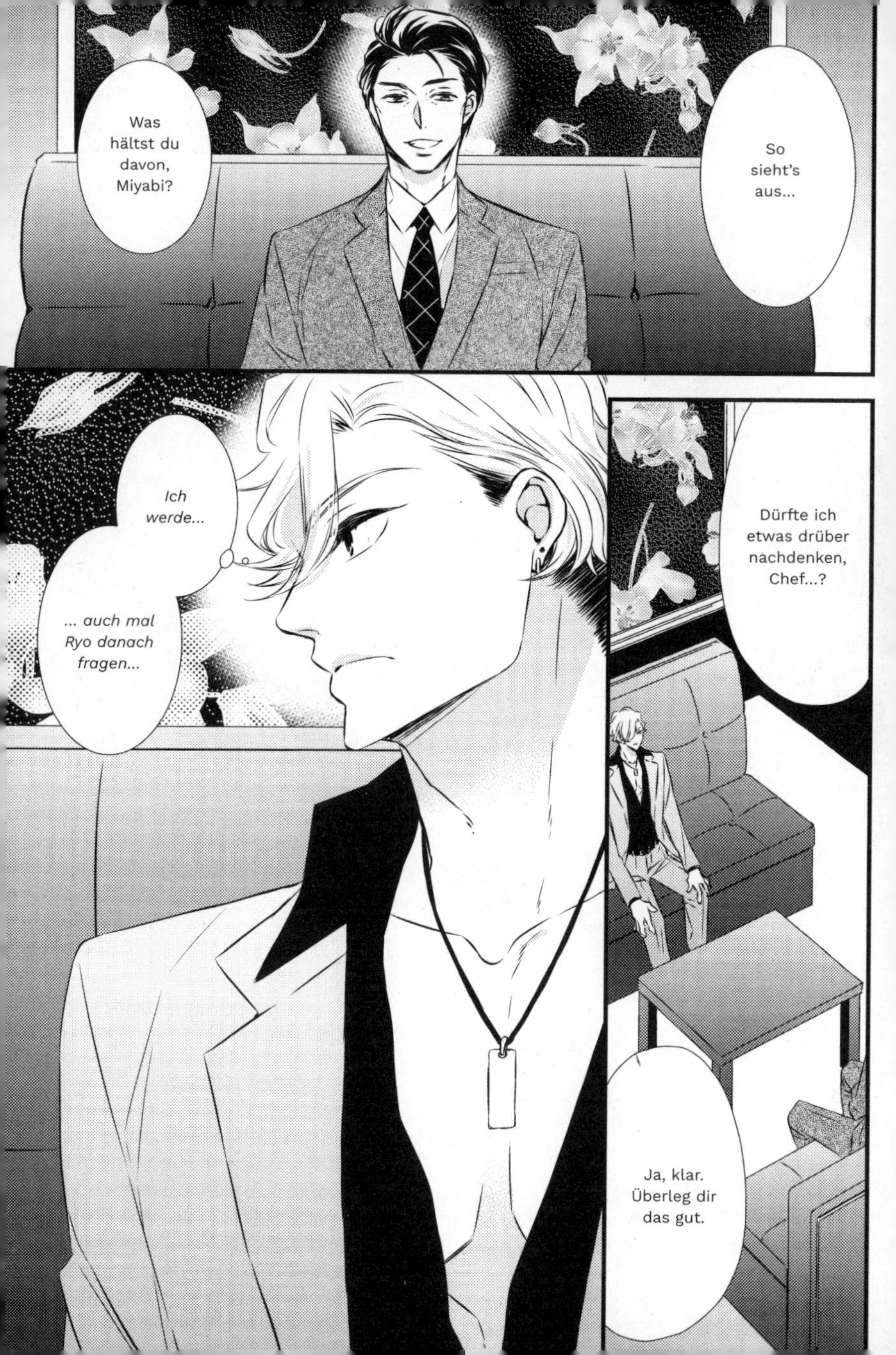
So sieht's aus...
Was hältst du davon, Miyabi?
Dürfte ich etwas drüber nachdenken, Chef...?
Ja, klar. Überleg dir das gut.
Ich werde...
... auch mal Ryo danach fragen...

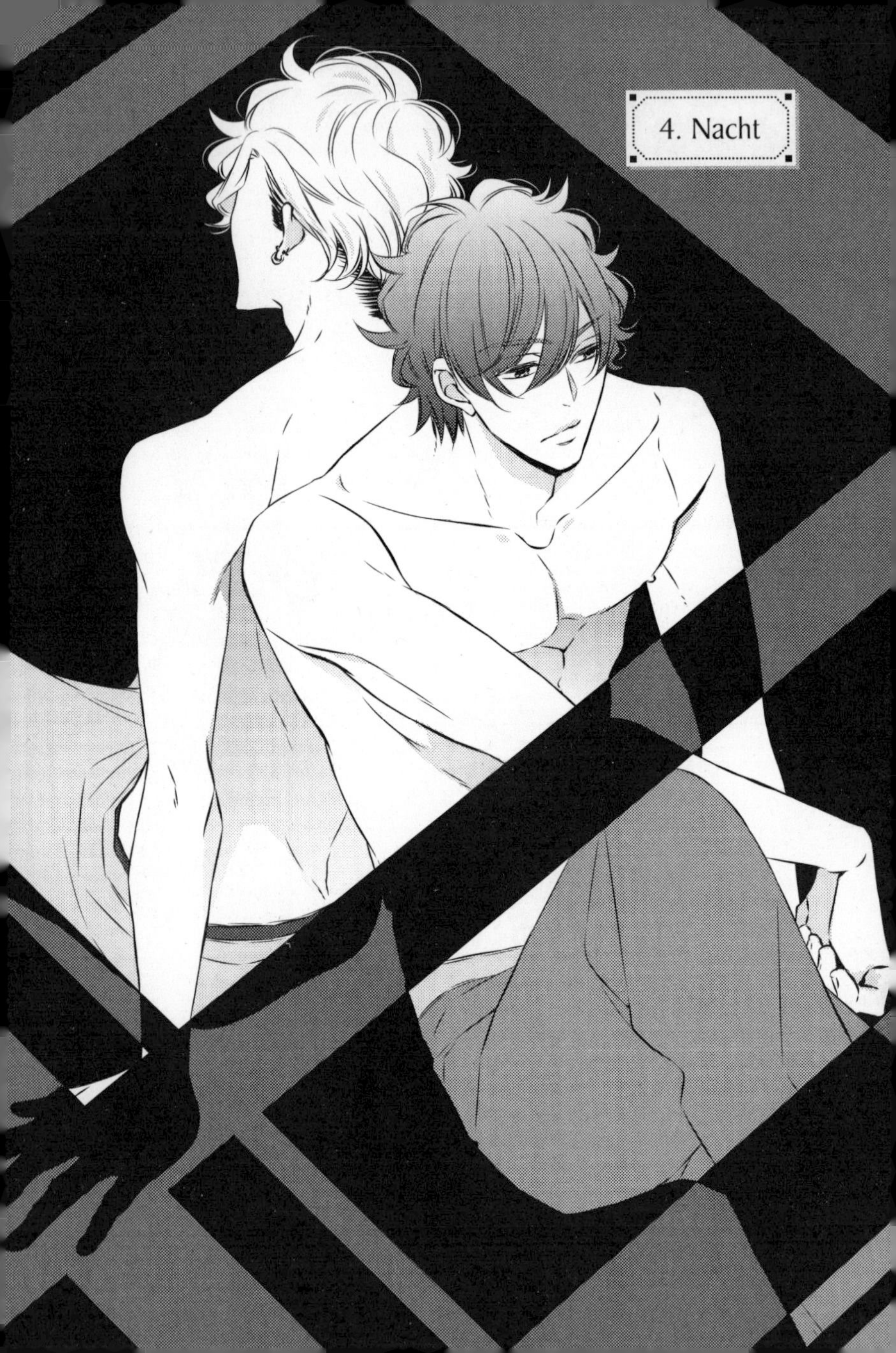
4. Nacht

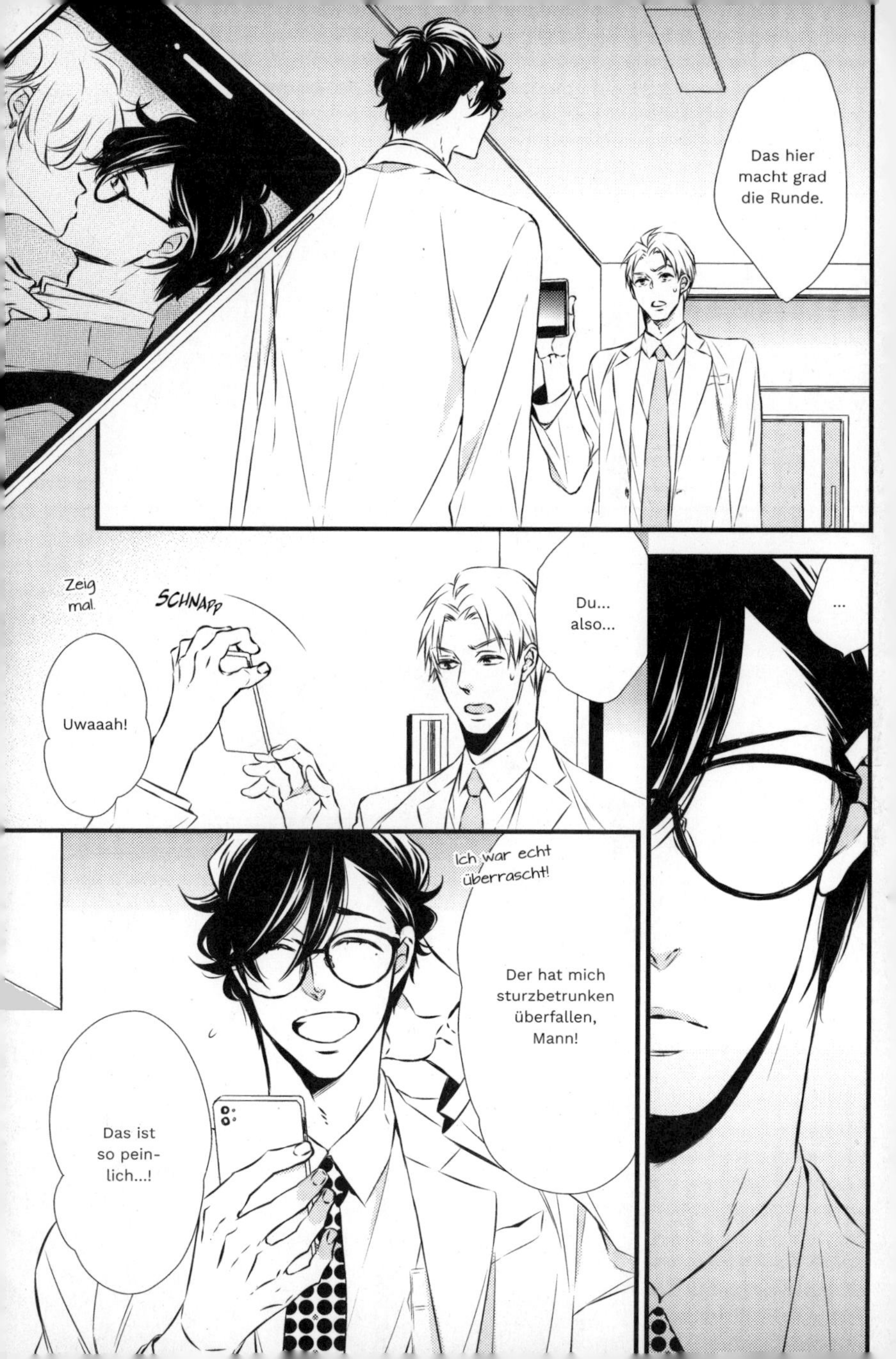

Das hier macht grad die Runde.
Du... also...
Zeig mal.
SCHNAPP
Uwaaah!
...
Ich war echt überrascht!
Der hat mich sturzbetrunken überfallen, Mann!
Das ist so pein-lich...!

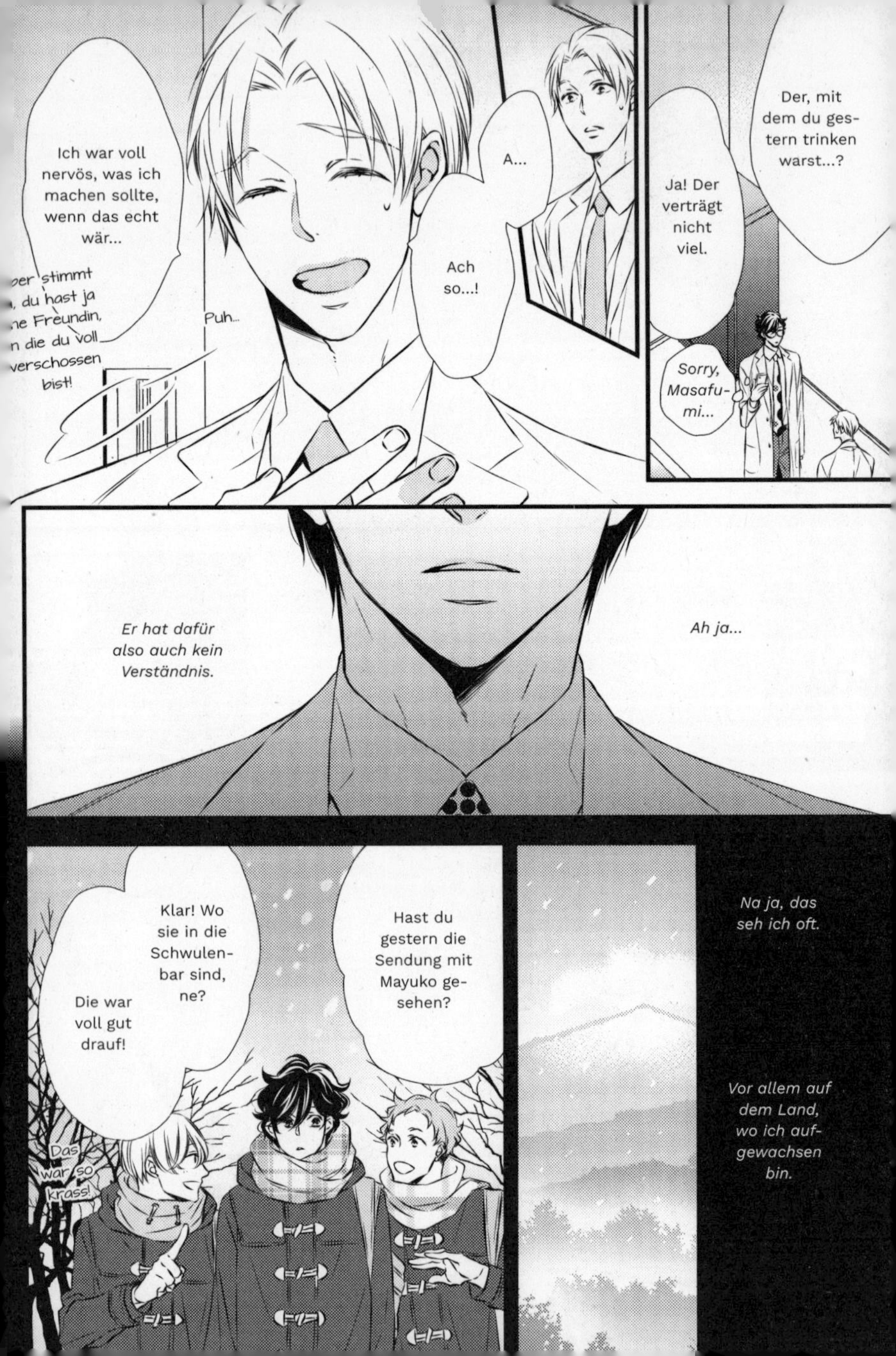

Der, mit dem du gestern trinken warst...?
Ja! Der verträgt nicht viel.
Sorry, Masafumi...
A...
Ach so...!
Ich war voll nervös, was ich machen sollte, wenn das echt wär...
Puh...
er stimmt , du hast ja ne Freundin, n die du voll verschossen bist!
Ah ja...
Er hat dafür also auch kein Verständnis.
Na ja, das seh ich oft.
Vor allem auf dem Land, wo ich aufgewachsen bin.
Hast du gestern die Sendung mit Mayuko gesehen?
Klar! Wo sie in die Schwulenbar sind, ne?
Die war voll gut drauf!
Das war so krass!

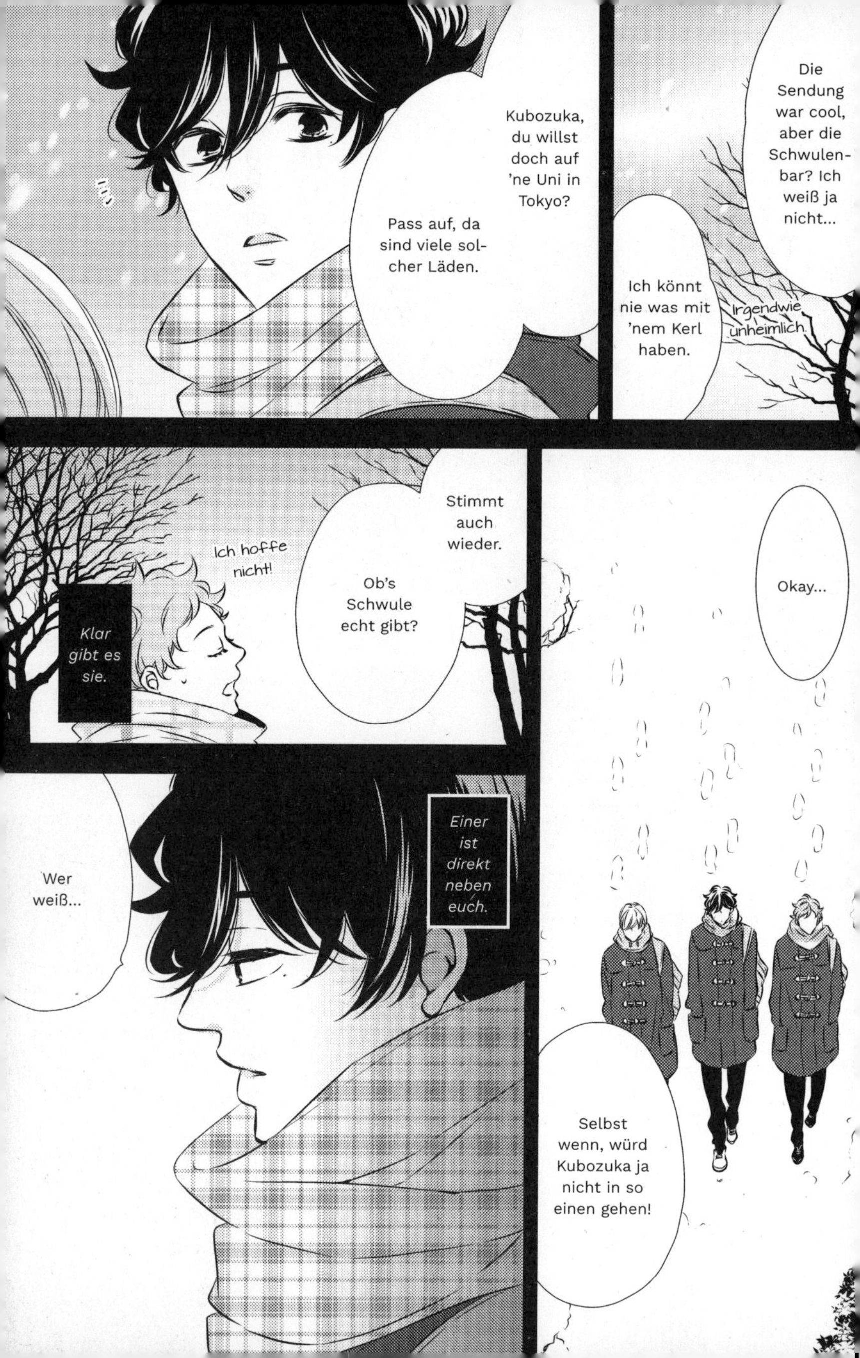
Die Sendung war cool, aber die Schwulenbar? Ich weiß ja nicht...
Irgendwie unheimlich.
Ich könnt nie was mit 'nem Kerl haben.
Kubozuka, du willst doch auf 'ne Uni in Tokyo?
Pass auf, da sind viele solcher Läden.
Stimmt auch wieder.
Ob's Schwule echt gibt?
Ich hoffe nicht!
Klar gibt es sie.
Einer ist direkt neben euch.
Wer weiß...
Okay...
Selbst wenn, würd Kubozuka ja nicht in so einen gehen!

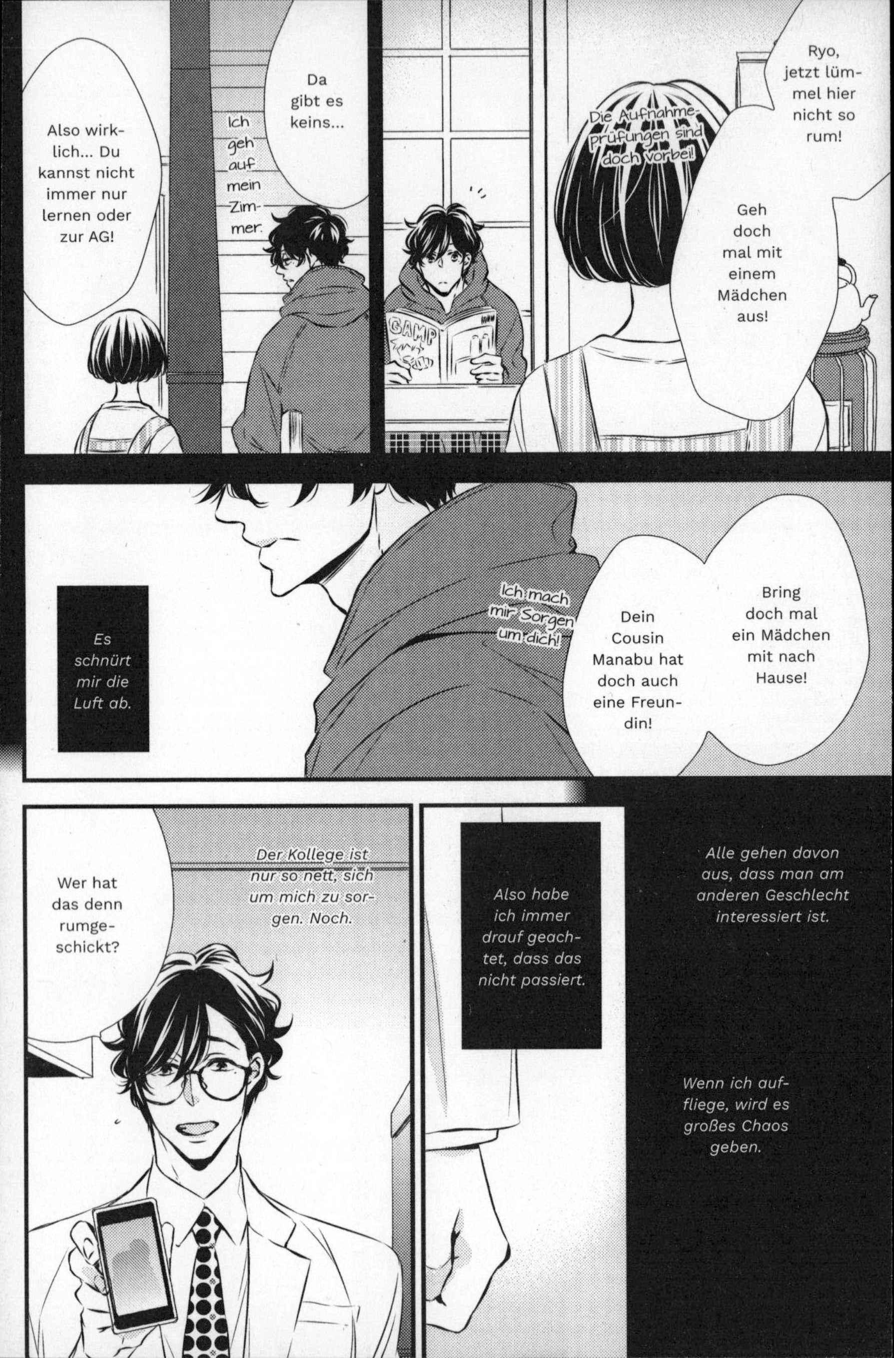

Ryo, jetzt lümmel hier nicht so rum!
Die Aufnahmeprüfungen sind doch vorbei!
Geh doch mal mit einem Mädchen aus!
Da gibt es keins...
Ich geh auf mein Zimmer.
Also wirklich... Du kannst nicht immer nur lernen oder zur AG!
Bring doch mal ein Mädchen mit nach Hause!
Dein Cousin Manabu hat doch auch eine Freundin!
Ich mach mir Sorgen um dich!
Es schnürt mir die Luft ab.
Alle gehen davon aus, dass man am anderen Geschlecht interessiert ist.
Also habe ich immer drauf geachtet, dass das nicht passiert.
Wenn ich auffliege, wird es großes Chaos geben.
Der Kollege ist nur so nett, sich um mich zu sorgen. Noch.
Wer hat das denn rumgeschickt?

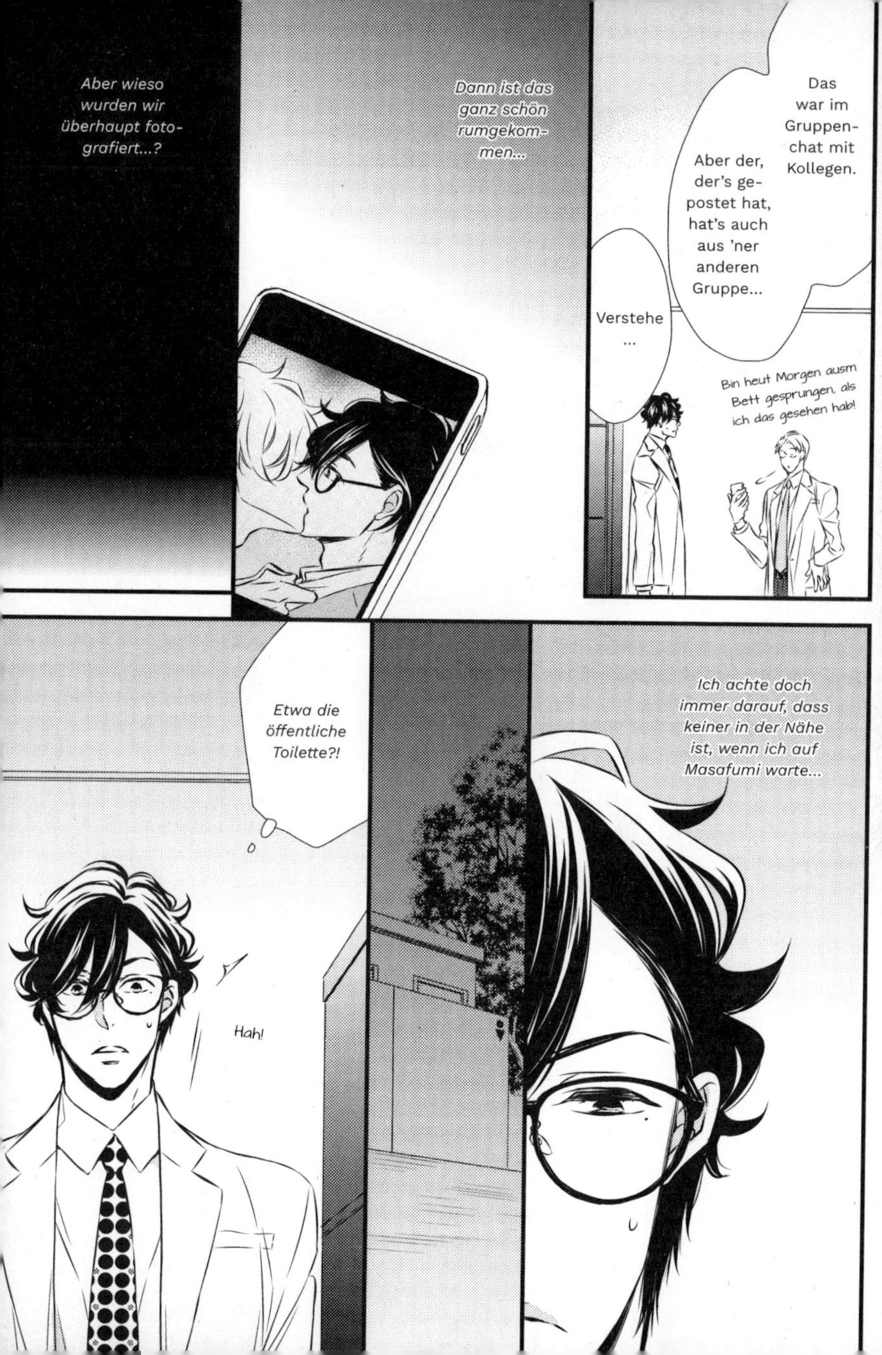
Das war im Gruppenchat mit Kollegen.
Aber der, der's gepostet hat, hat's auch aus 'ner anderen Gruppe...
Verstehe ...
Bin heut Morgen ausm Bett gesprungen, als ich das gesehen hab!
Dann ist das ganz schön rumgekommen...
Aber wieso wurden wir überhaupt fotografiert...?
Ich achte doch immer darauf, dass keiner in der Nähe ist, wenn ich auf Masafumi warte...
Etwa die öffentliche Toilette?!
Hah!

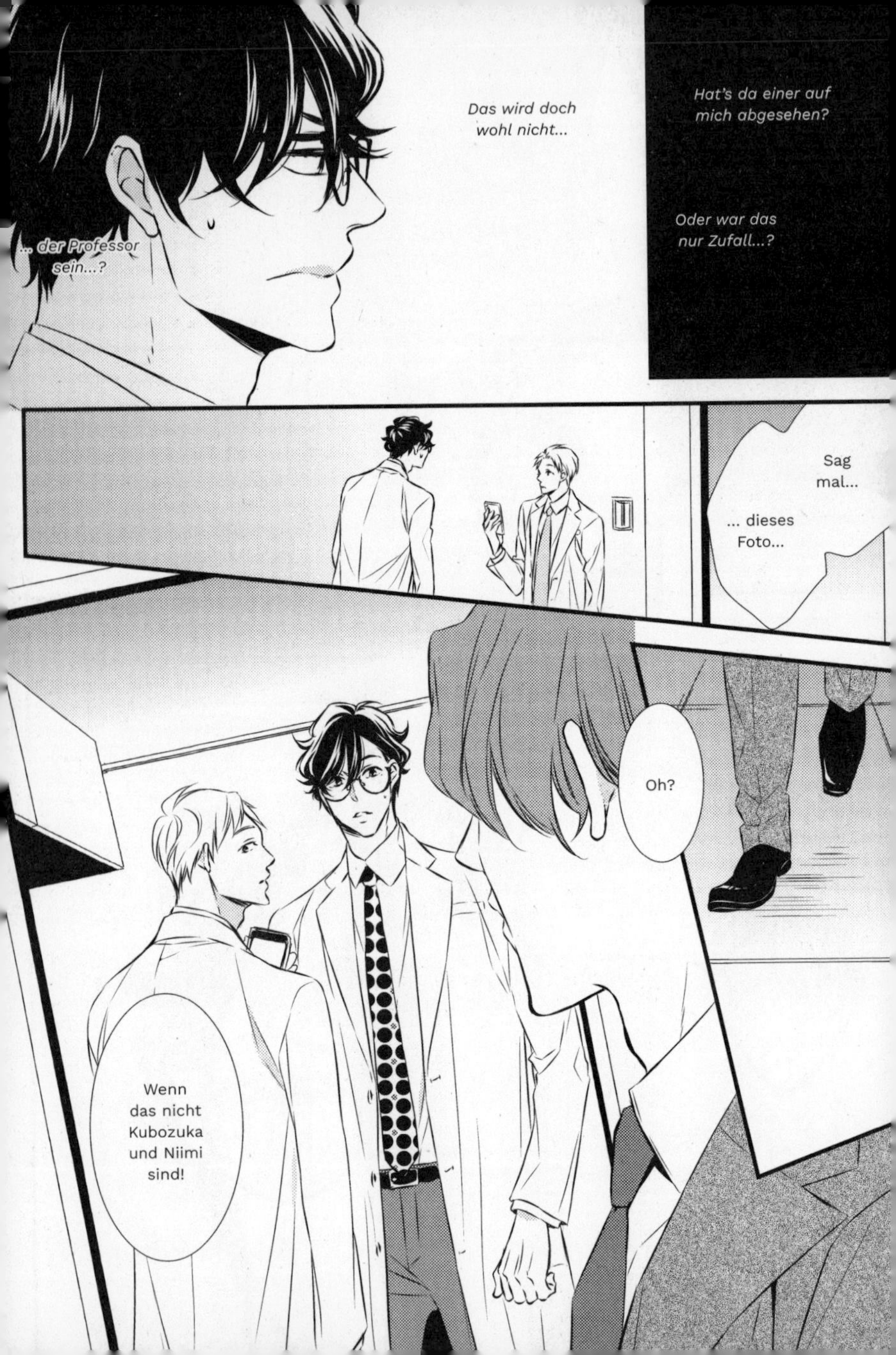

Hat's da einer auf mich abgesehen?
Oder war das nur Zufall...?
Das wird doch wohl nicht...
... der Professor sein...?
Sag mal...
... dieses Foto...
Oh?
Wenn das nicht Kubozuka und Niimi sind!

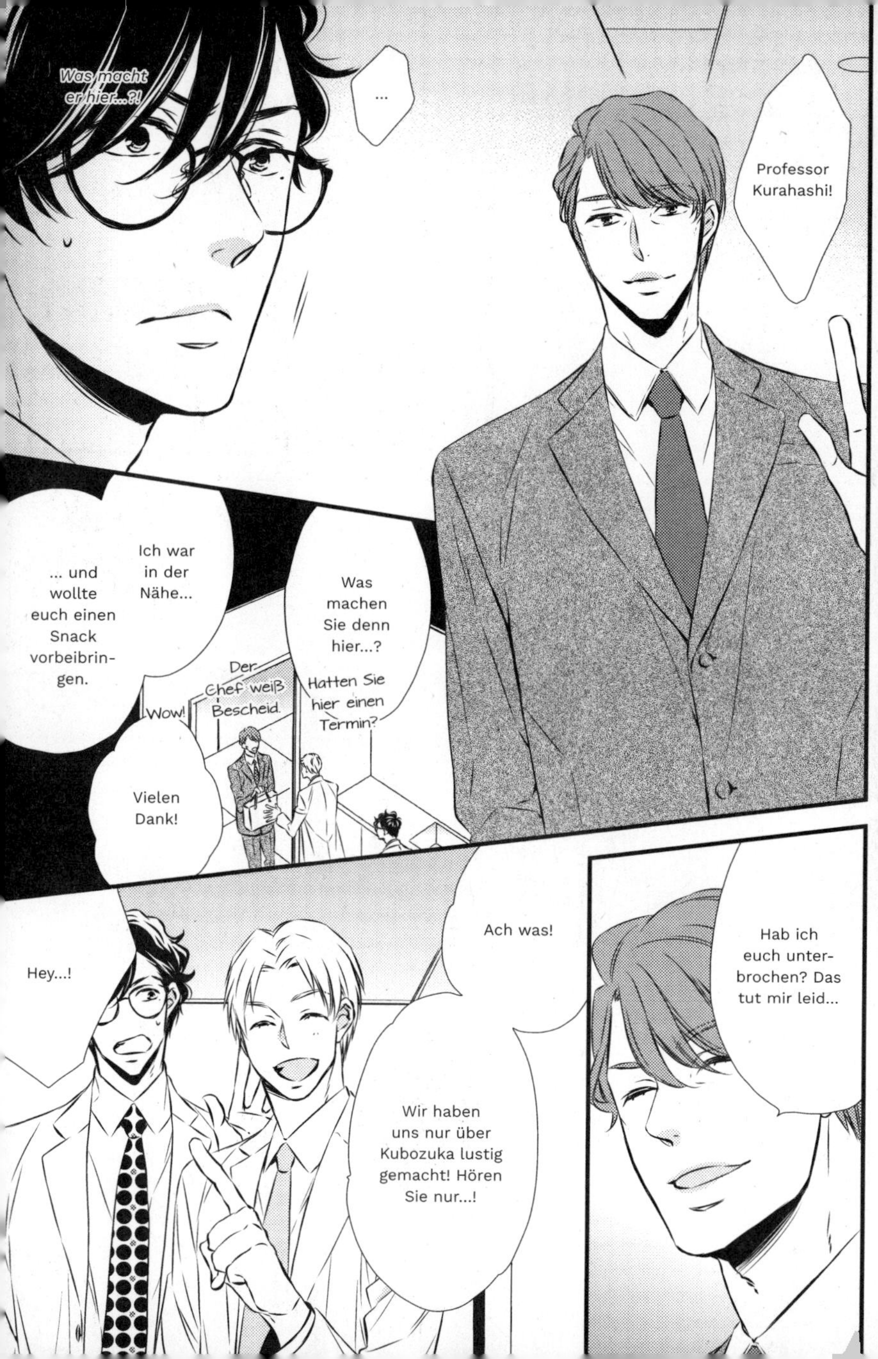

Professor Kurahashi!
...
Was macht er hier...?!
Was machen Sie denn hier...?
Hatten Sie hier einen Termin?
Ich war in der Nähe...
... und wollte euch einen Snack vorbeibrin-gen.
Der Chef weiß Bescheid.
Wow!
Vielen Dank!
Hab ich euch unter-brochen? Das tut mir leid...
Ach was!
Wir haben uns nur über Kubozuka lustig gemacht! Hören Sie nur...!
Hey...!

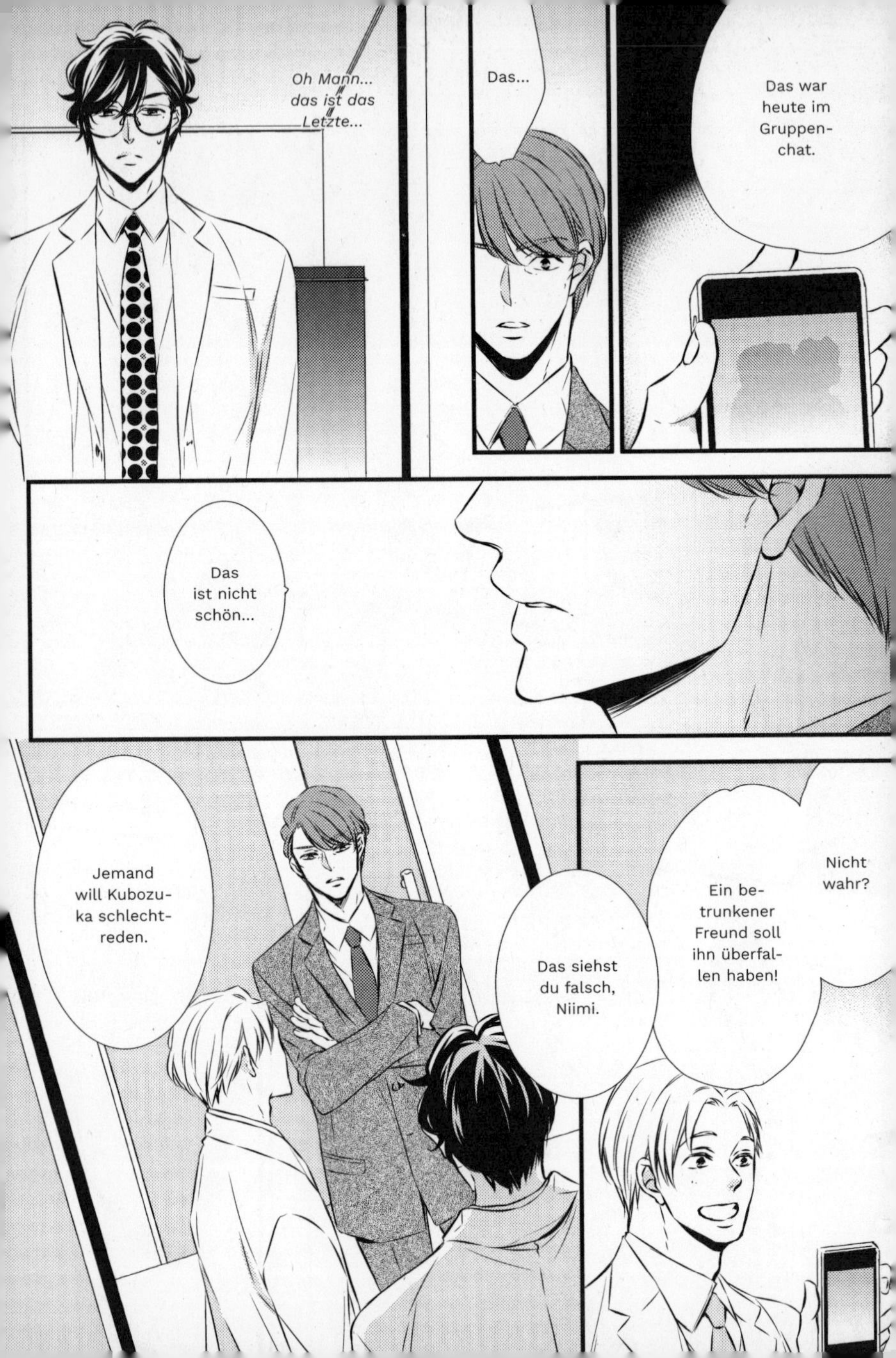
Das war heute im Gruppenchat.
Das...
Oh Mann... das ist das Letzte...
Das ist nicht schön...
Nicht wahr?
Ein betrunkener Freund soll ihn überfallen haben!
Das siehst du falsch, Niimi.
Jemand will Kubozuka schlechtreden.

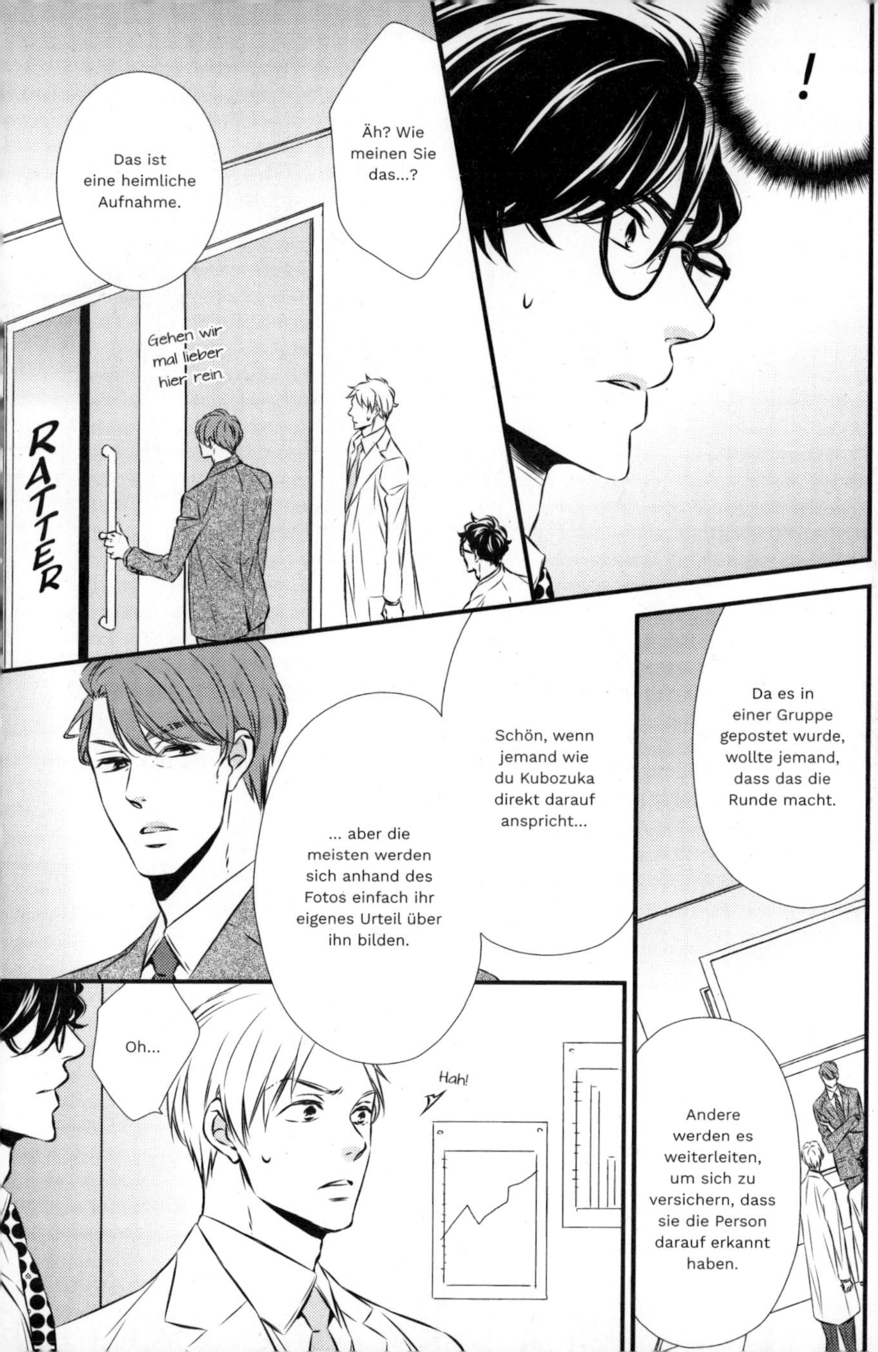
!
Äh? Wie meinen Sie das...?
Das ist eine heimliche Aufnahme.
Gehen wir mal lieber hier rein.
RATTER
Da es in einer Gruppe gepostet wurde, wollte jemand, dass das die Runde macht.
Schön, wenn jemand wie du Kubozuka direkt darauf anspricht...
... aber die meisten werden sich anhand des Fotos einfach ihr eigenes Urteil über ihn bilden.
Andere werden es weiterleiten, um sich zu versichern, dass sie die Person darauf erkannt haben.
Hah!
Oh...

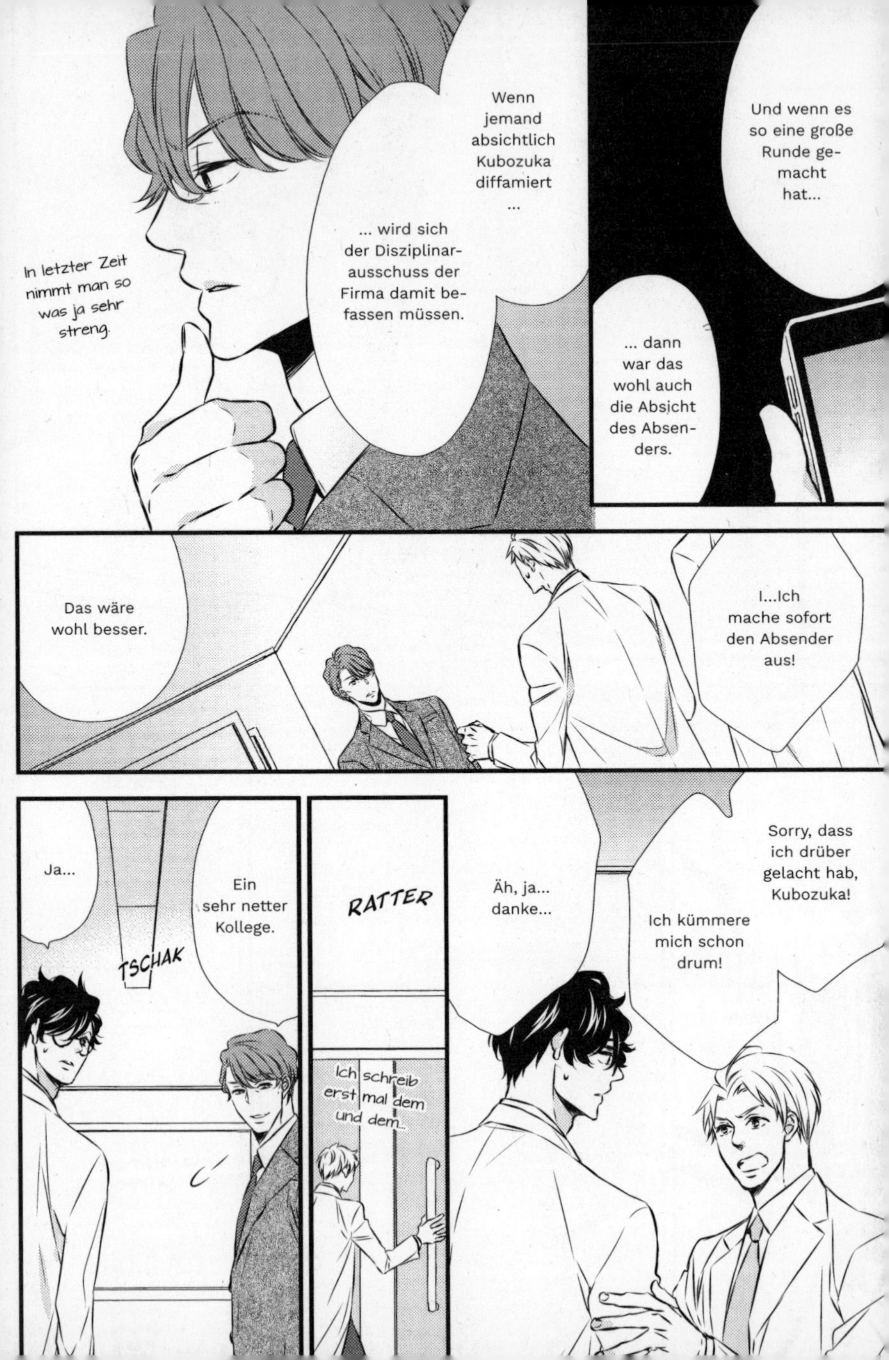
Und wenn es so eine große Runde gemacht hat...
... dann war das wohl auch die Absicht des Absenders.
Wenn jemand absichtlich Kubozuka diffamiert ...
... wird sich der Disziplinarausschuss der Firma damit befassen müssen.
In letzter Zeit nimmt man so was ja sehr streng.
I...Ich mache sofort den Absender aus!
Das wäre wohl besser.
Sorry, dass ich drüber gelacht hab, Kubozuka!
Ich kümmere mich schon drum!
Äh, ja... danke...
RATTER
Ich schreib erst mal dem und dem...
Ein sehr netter Kollege.
Ja...
TSCHAK

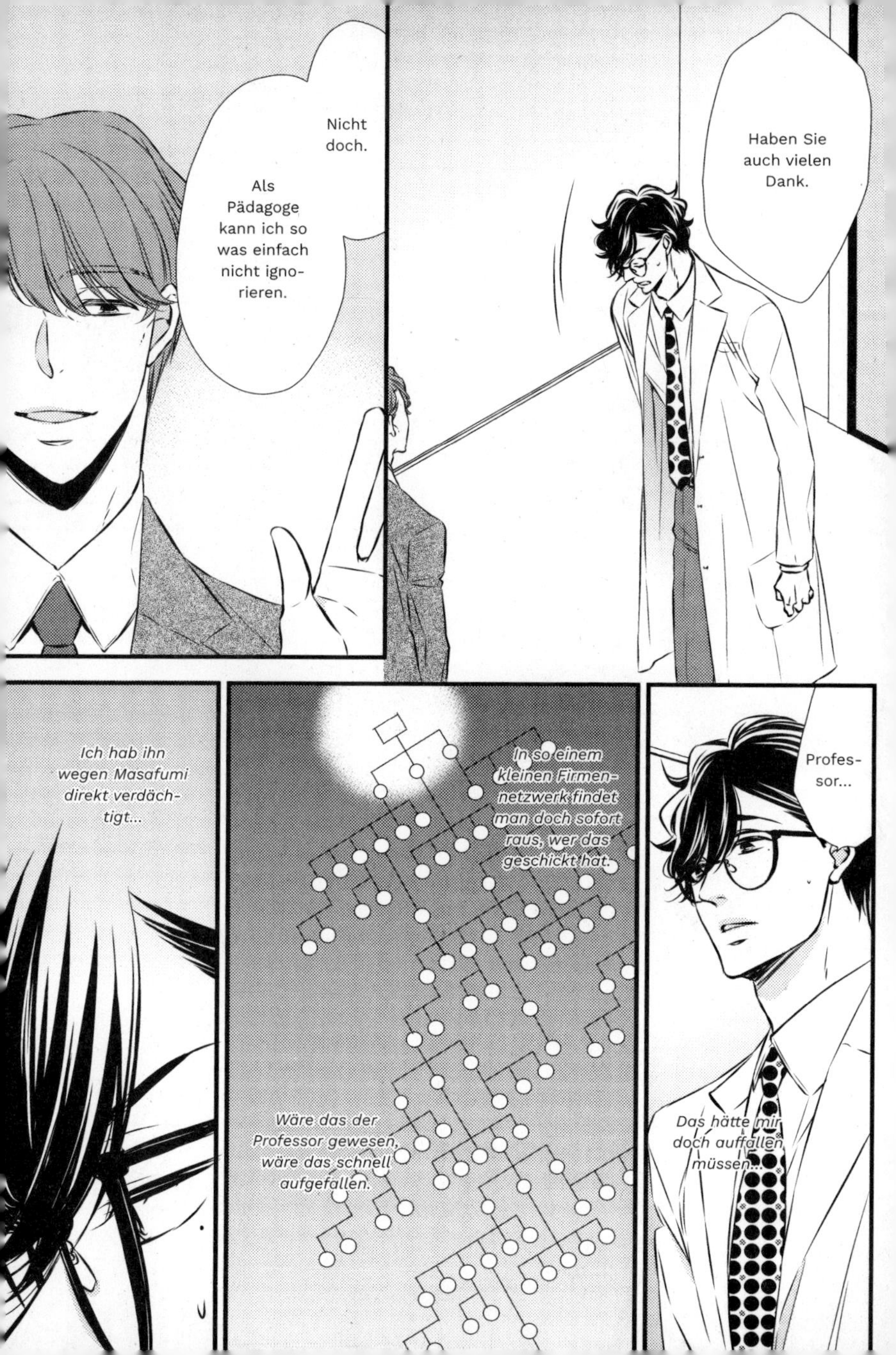
Haben Sie auch vielen Dank.
Nicht doch.
Als Pädagoge kann ich so was einfach nicht ignorieren.
Professor...
Das hätte mir doch auffallen müssen...
In so einem kleinen Firmennetzwerk findet man doch sofort raus, wer das geschickt hat.
Wäre das der Professor gewesen, wäre das schnell aufgefallen.
Ich hab ihn wegen Masafumi direkt verdächtigt...

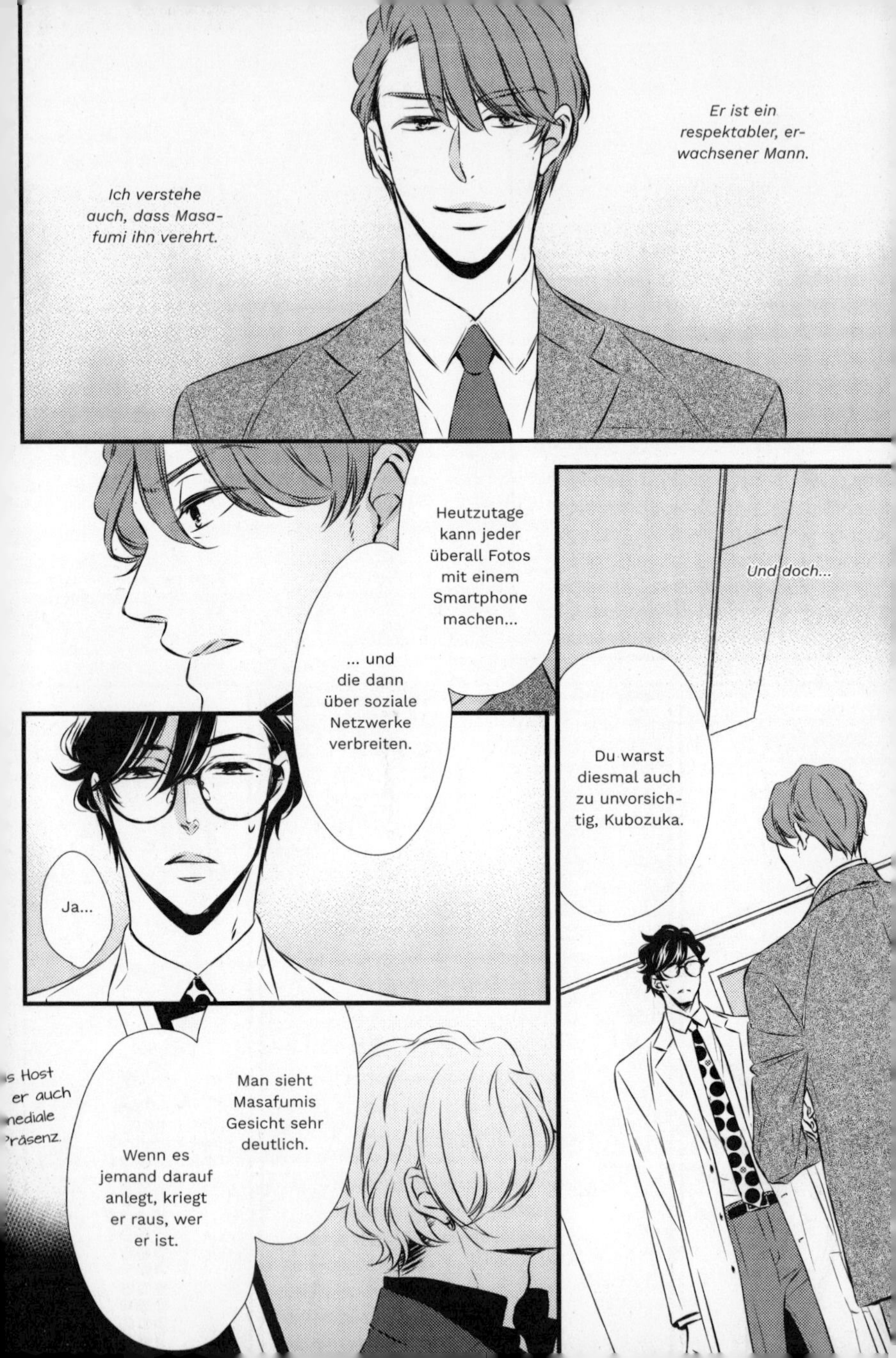
Er ist ein respektabler, erwachsener Mann.
Ich verstehe auch, dass Masafumi ihn verehrt.
Und doch...
Du warst diesmal auch zu unvorsichtig, Kubozuka.
Heutzutage kann jeder überall Fotos mit einem Smartphone machen...
... und die dann über soziale Netzwerke verbreiten.
Ja...
Man sieht Masafumis Gesicht sehr deutlich.
Wenn es jemand darauf anlegt, kriegt er raus, wer er ist.

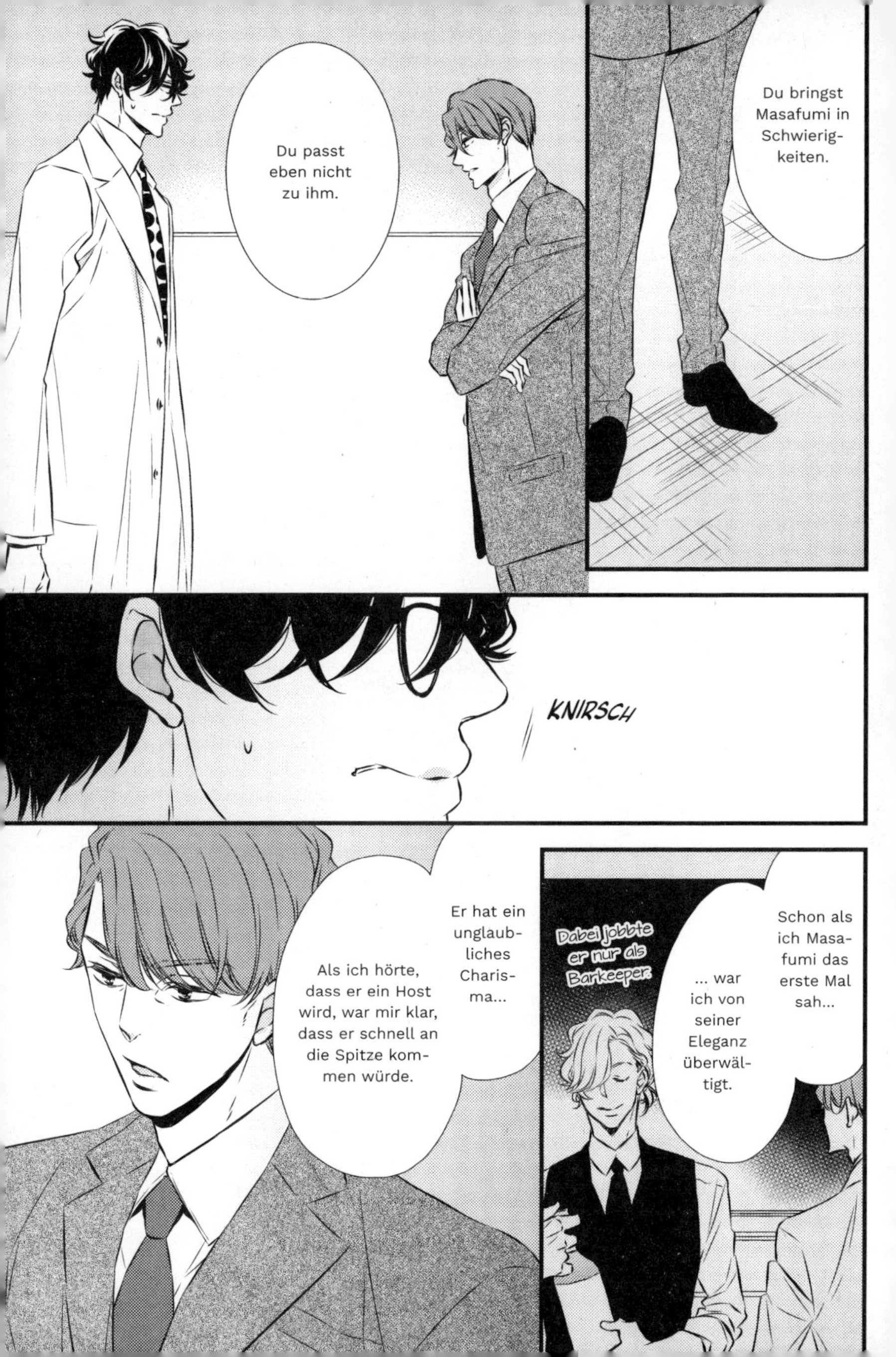

Du bringst Masafumi in Schwierigkeiten.
Du passt eben nicht zu ihm.
KNIRSCH
Schon als ich Masafumi das erste Mal sah...
... war ich von seiner Eleganz überwältigt.
Dabei jobbte er nur als Barkeeper.
Er hat ein unglaubliches Charisma...
Als ich hörte, dass er ein Host wird, war mir klar, dass er schnell an die Spitze kommen würde.

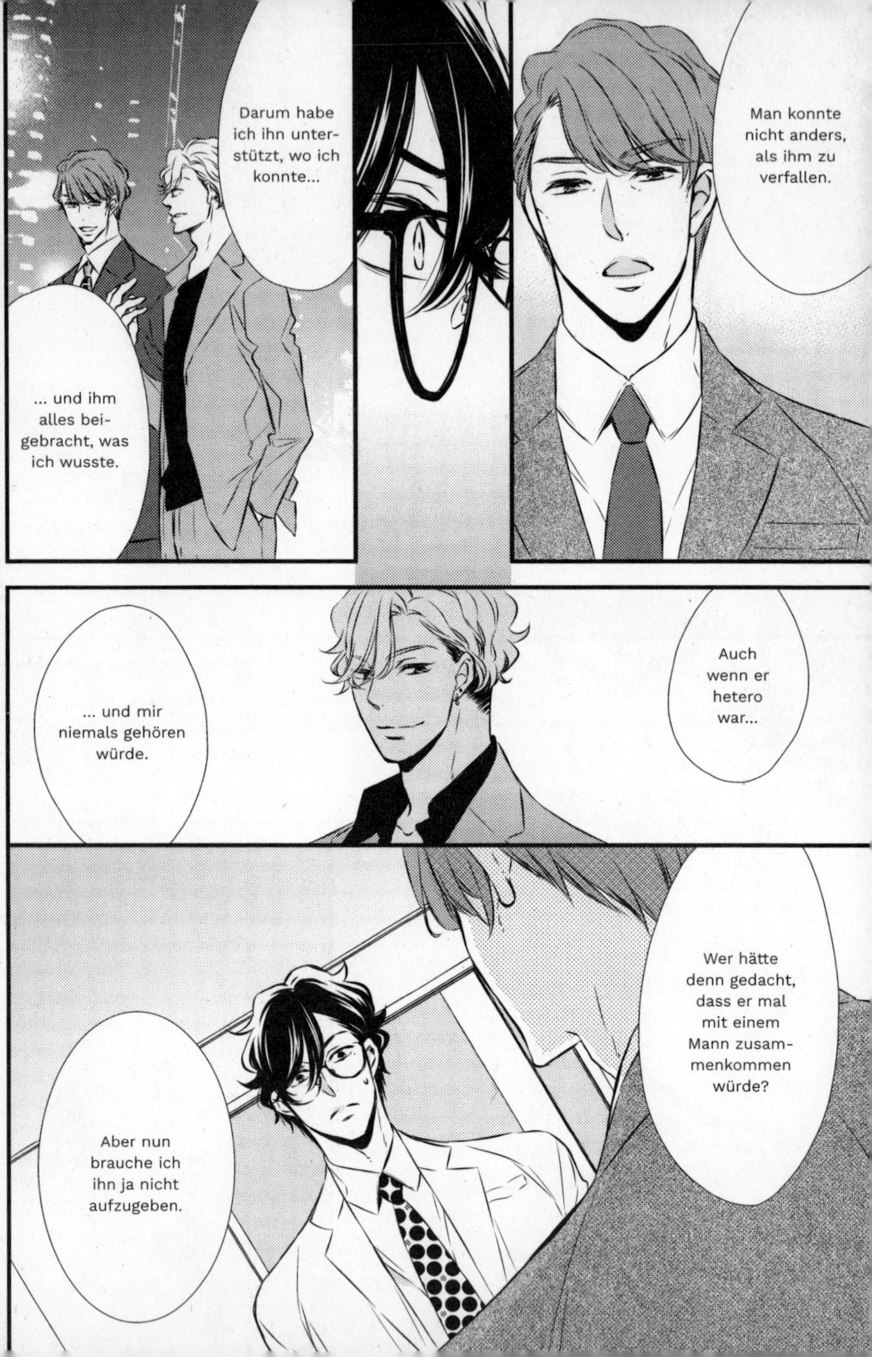
Man konnte nicht anders, als ihm zu verfallen.
Darum habe ich ihn unterstützt, wo ich konnte...
... und ihm alles beigebracht, was ich wusste.
Auch wenn er hetero war...
... und mir niemals gehören würde.
Wer hätte denn gedacht, dass er mal mit einem Mann zusammenkommen würde?
Aber nun brauche ich ihn ja nicht aufzugeben.

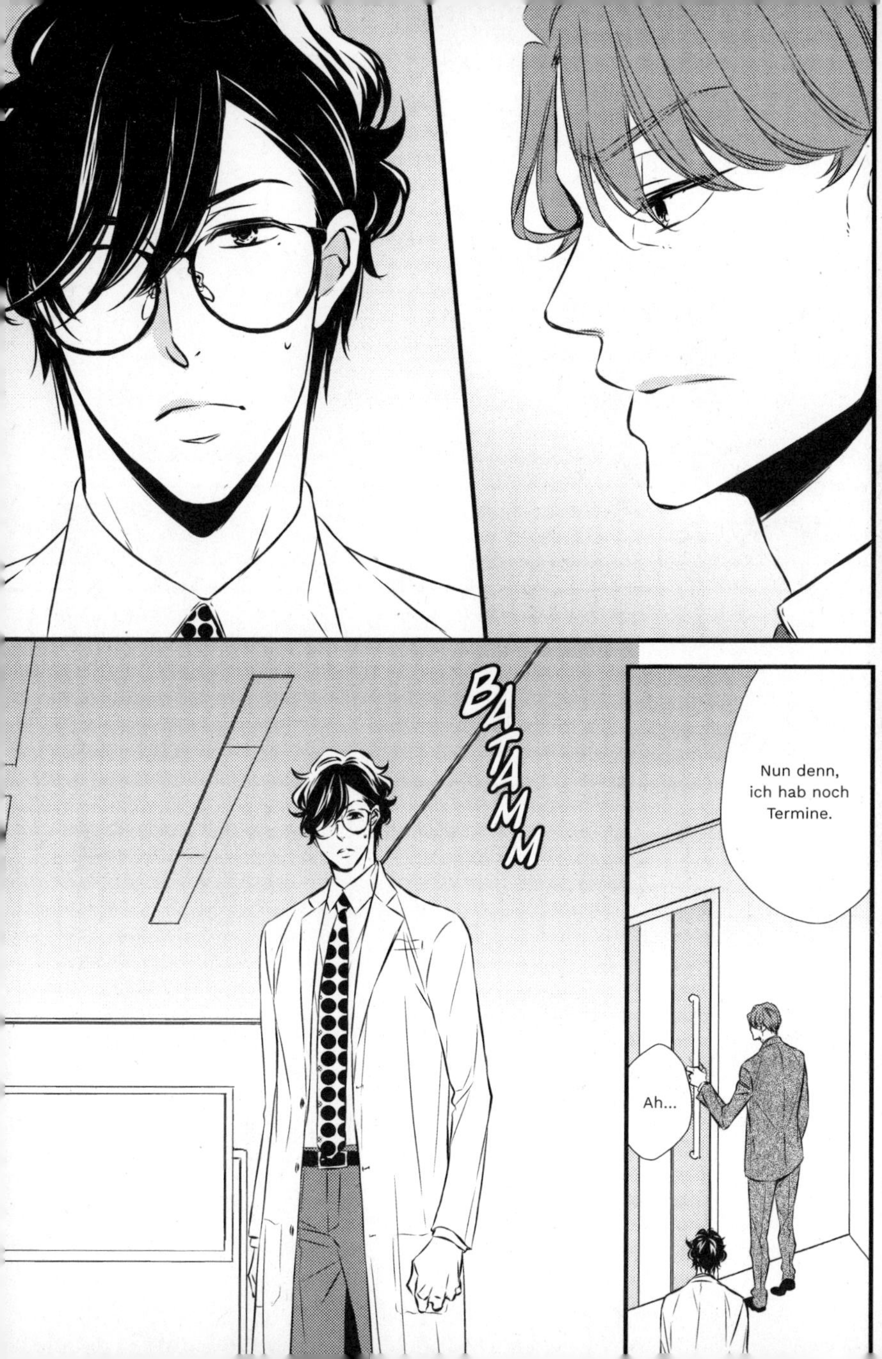
Nun denn,
ich hab noch
Termine.
Ah...
BATAMM

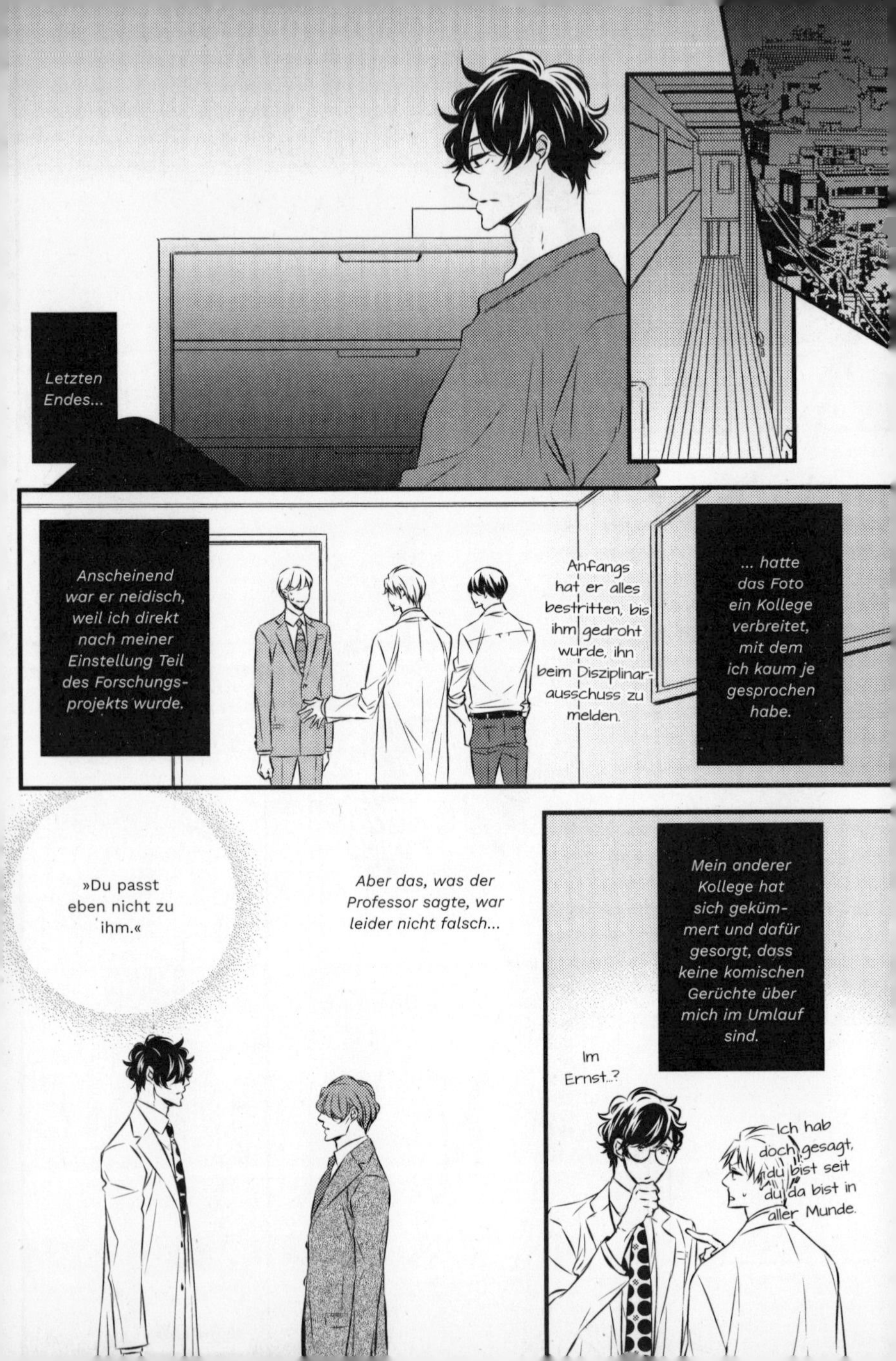
Letzten Endes...
... hatte das Foto ein Kollege verbreitet, mit dem ich kaum je gesprochen habe.
Anfangs hat er alles bestritten, bis ihm gedroht wurde, ihn beim Disziplinarausschuss zu melden.
Anscheinend war er neidisch, weil ich direkt nach meiner Einstellung Teil des Forschungsprojekts wurde.
Mein anderer Kollege hat sich gekümmert und dafür gesorgt, dass keine komischen Gerüchte über mich im Umlauf sind.
Im Ernst..?
Ich hab doch gesagt, du bist seit du da bist in aller Munde.
Aber das, was der Professor sagte, war leider nicht falsch...
»Du passt eben nicht zu ihm.«

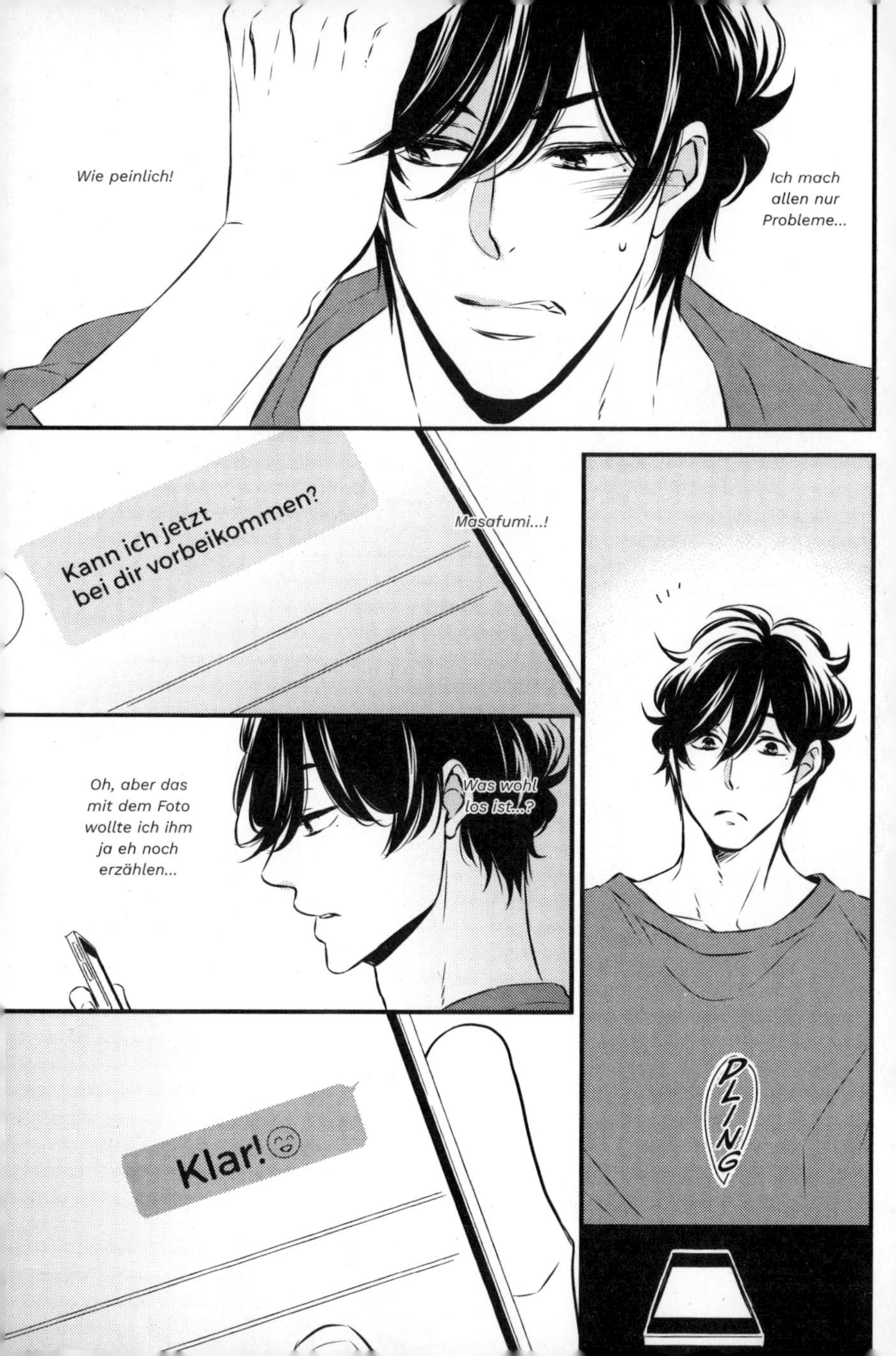
Ich mach allen nur Probleme...
Wie peinlich!
DLING
Masafumi...!
Kann ich jetzt bei dir vorbeikommen?
Was wohl los ist...?
Oh, aber das mit dem Foto wollte ich ihm ja eh noch erzählen...
Klar!

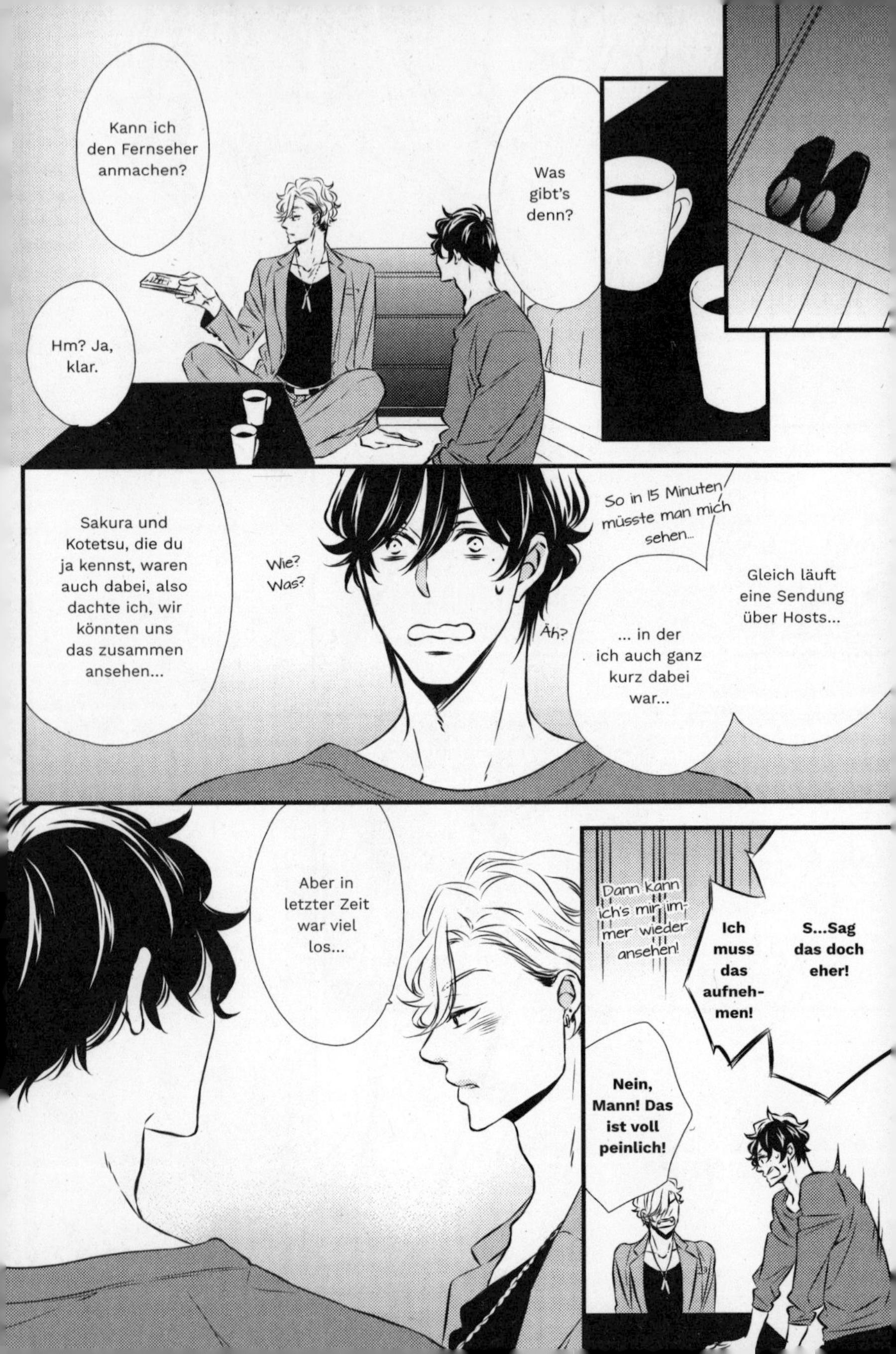
Kann ich den Fernseher anmachen?
Hm? Ja, klar.
Was gibt's denn?
Gleich läuft eine Sendung über Hosts...
... in der ich auch ganz kurz dabei war...
So in 15 Minuten müsste man mich sehen...
Äh?
Wie? Was?
Sakura und Kotetsu, die du ja kennst, waren auch dabei, also dachte ich, wir könnten uns das zusammen ansehen...
Aber in letzter Zeit war viel los...
S...Sag das doch eher!
Ich muss das aufnehmen!
Dann kann ich's mir immer wieder ansehen!
Nein, Mann! Das ist voll peinlich!

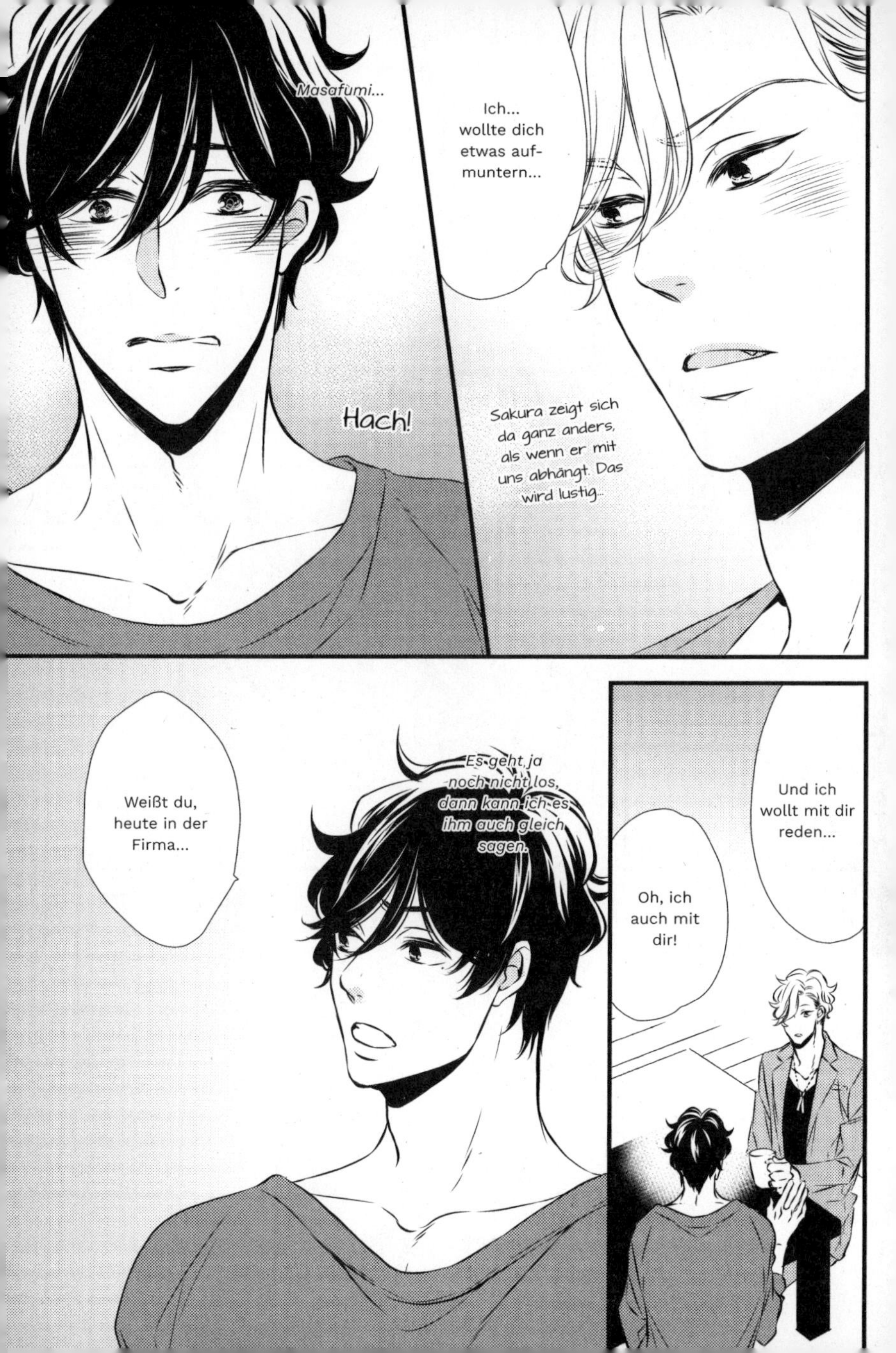
Ich... wollte dich etwas aufmuntern...
Sakura zeigt sich da ganz anders, als wenn er mit uns abhängt. Das wird lustig...
Masafumi...
Hach!
Und ich wollt mit dir reden...
Oh, ich auch mit dir!
Es geht ja noch nicht los, dann kann ich es ihm auch gleich sagen.
Weißt du, heute in der Firma...

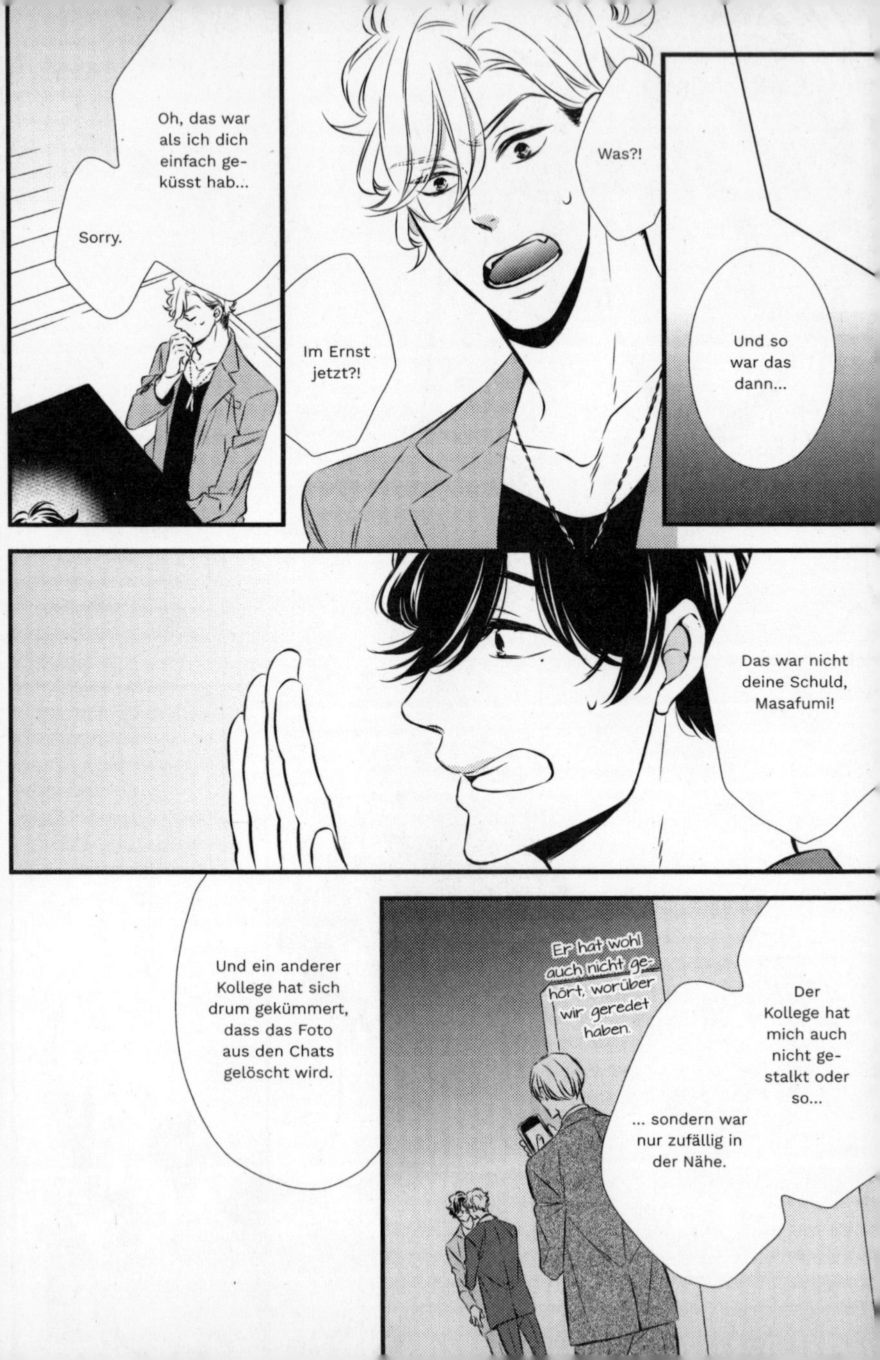
Und so war das dann...
Was?!
Im Ernst jetzt?!
Oh, das war als ich dich einfach geküsst hab...
Sorry.
Das war nicht deine Schuld, Masafumi!
Der Kollege hat mich auch nicht gestalkt oder so...
... sondern war nur zufällig in der Nähe.
Er hat wohl auch nicht gehört, worüber wir geredet haben.
Und ein anderer Kollege hat sich drum gekümmert, dass das Foto aus den Chats gelöscht wird.

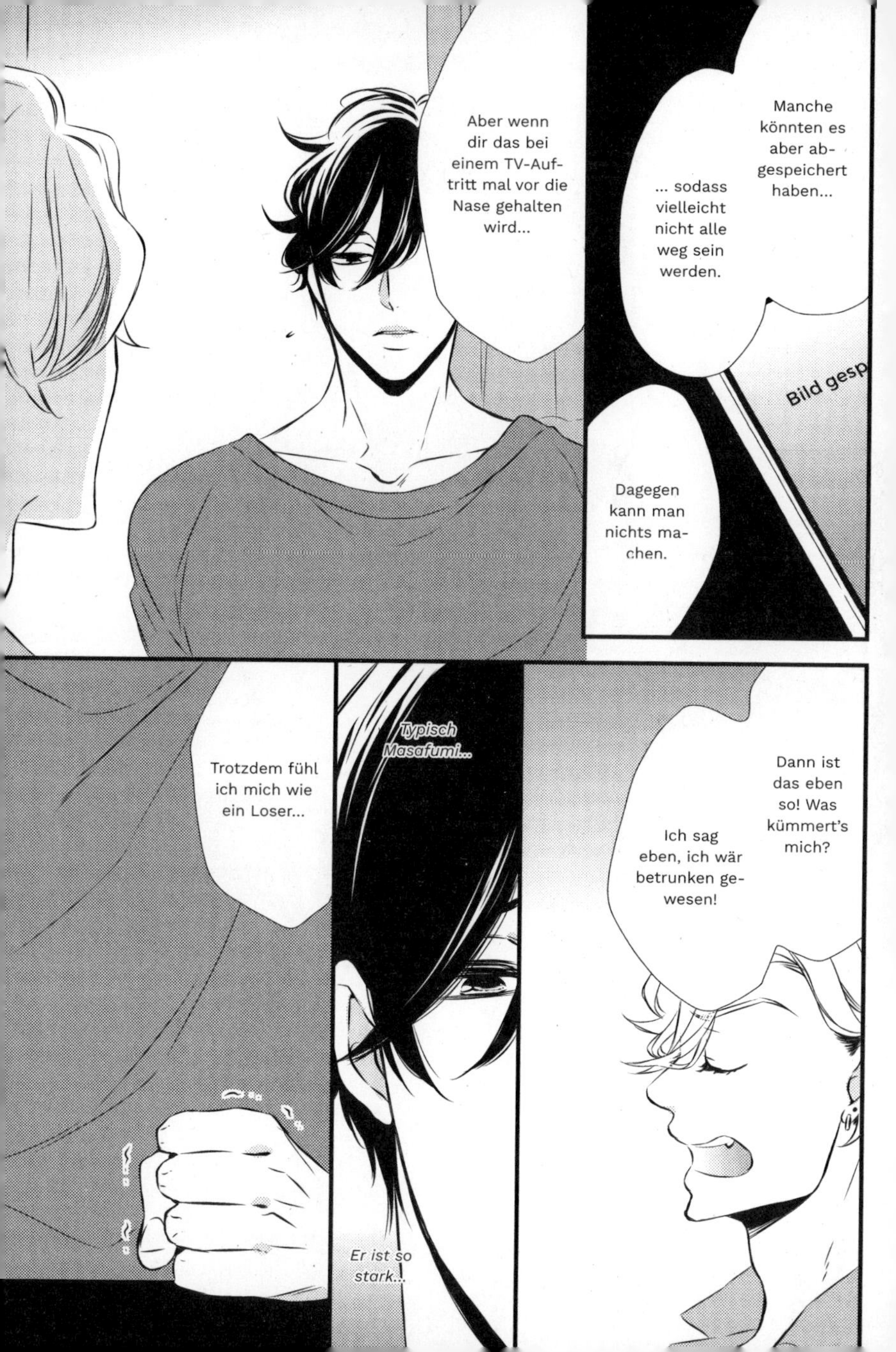
Manche könnten es aber abgespeichert haben...
... sodass vielleicht nicht alle weg sein werden.
Bild gesp
Dagegen kann man nichts machen.
Aber wenn dir das bei einem TV-Auftritt mal vor die Nase gehalten wird...
Dann ist das eben so! Was kümmert's mich?
Ich sag eben, ich wär betrunken gewesen!
Typisch Masafumi...
Er ist so stark...
Trotzdem fühl ich mich wie ein Loser...

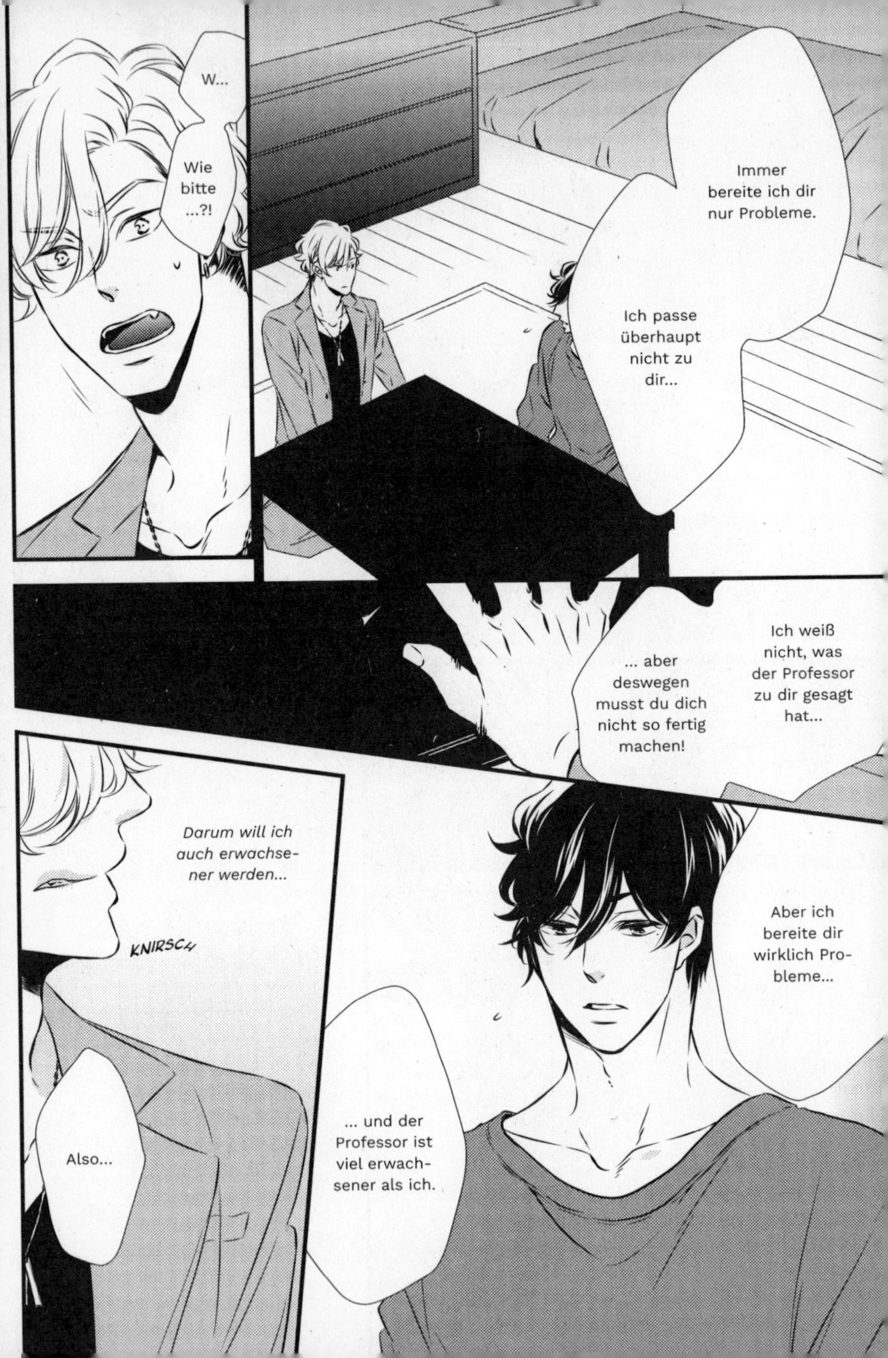
Immer bereite ich dir nur Probleme.
Ich passe überhaupt nicht zu dir...
W...
Wie bitte ...?!
Ich weiß nicht, was der Professor zu dir gesagt hat...
... aber deswegen musst du dich nicht so fertig machen!
Aber ich bereite dir wirklich Probleme...
... und der Professor ist viel erwachsener als ich.
Darum will ich auch erwachsener werden...
KNIRSCH
Also...

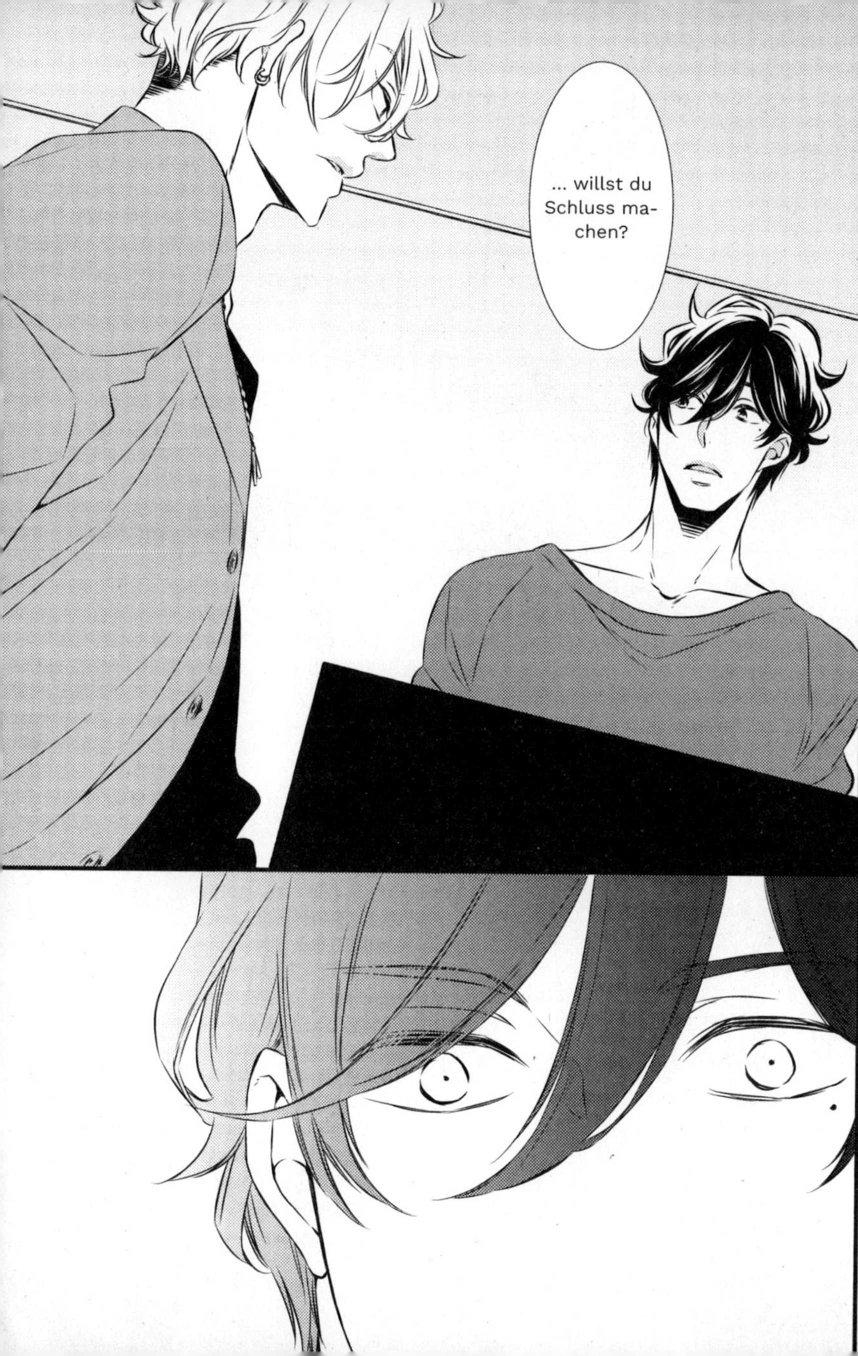
... willst du Schluss machen?

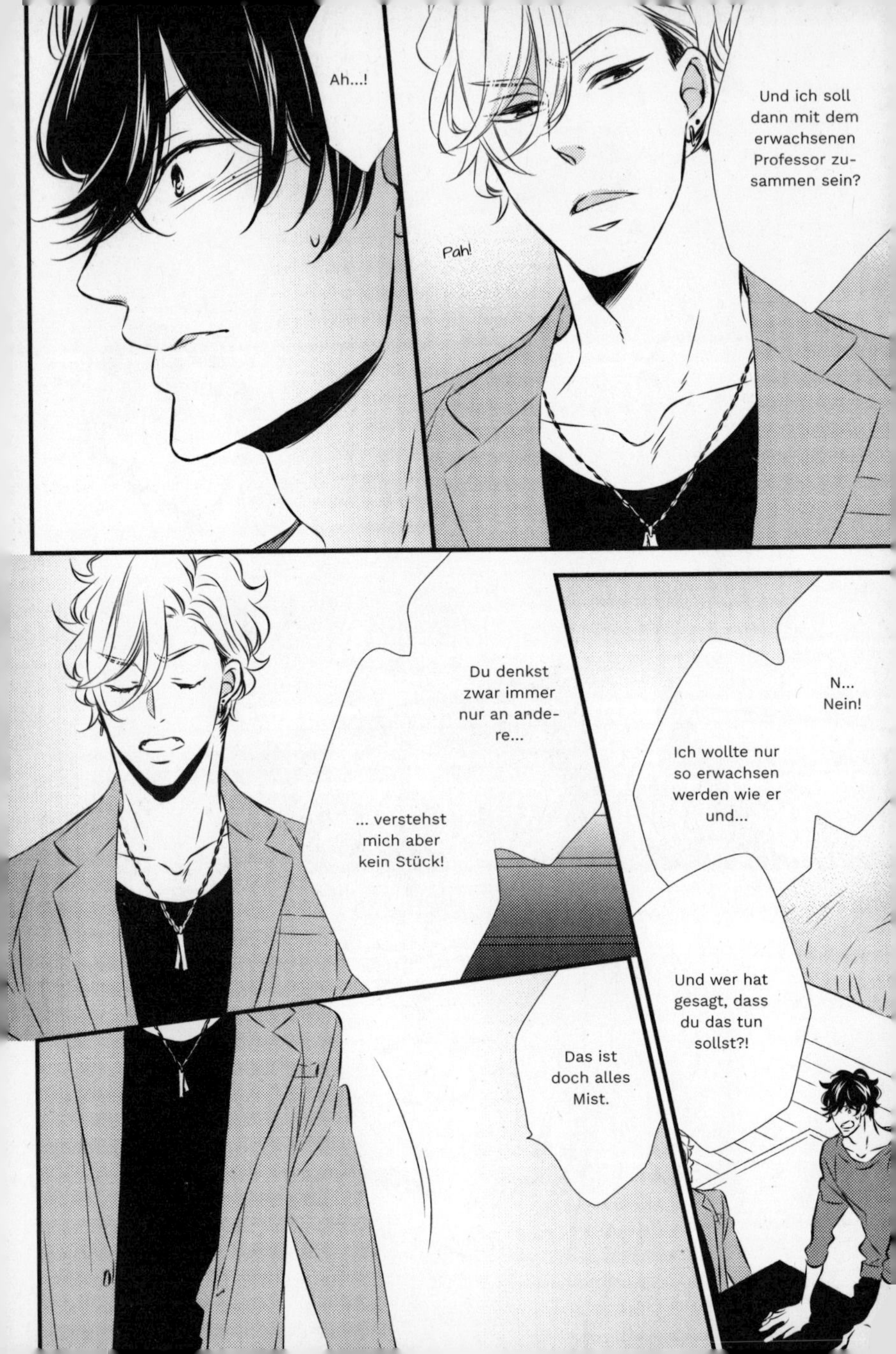

Und ich soll dann mit dem erwachsenen Professor zusammen sein?
Pah!
Ah...!
N... Nein!
Ich wollte nur so erwachsen werden wie er und...
Du denkst zwar immer nur an andere...
... verstehst mich aber kein Stück!
Und wer hat gesagt, dass du das tun sollst?!
Das ist doch alles Mist.

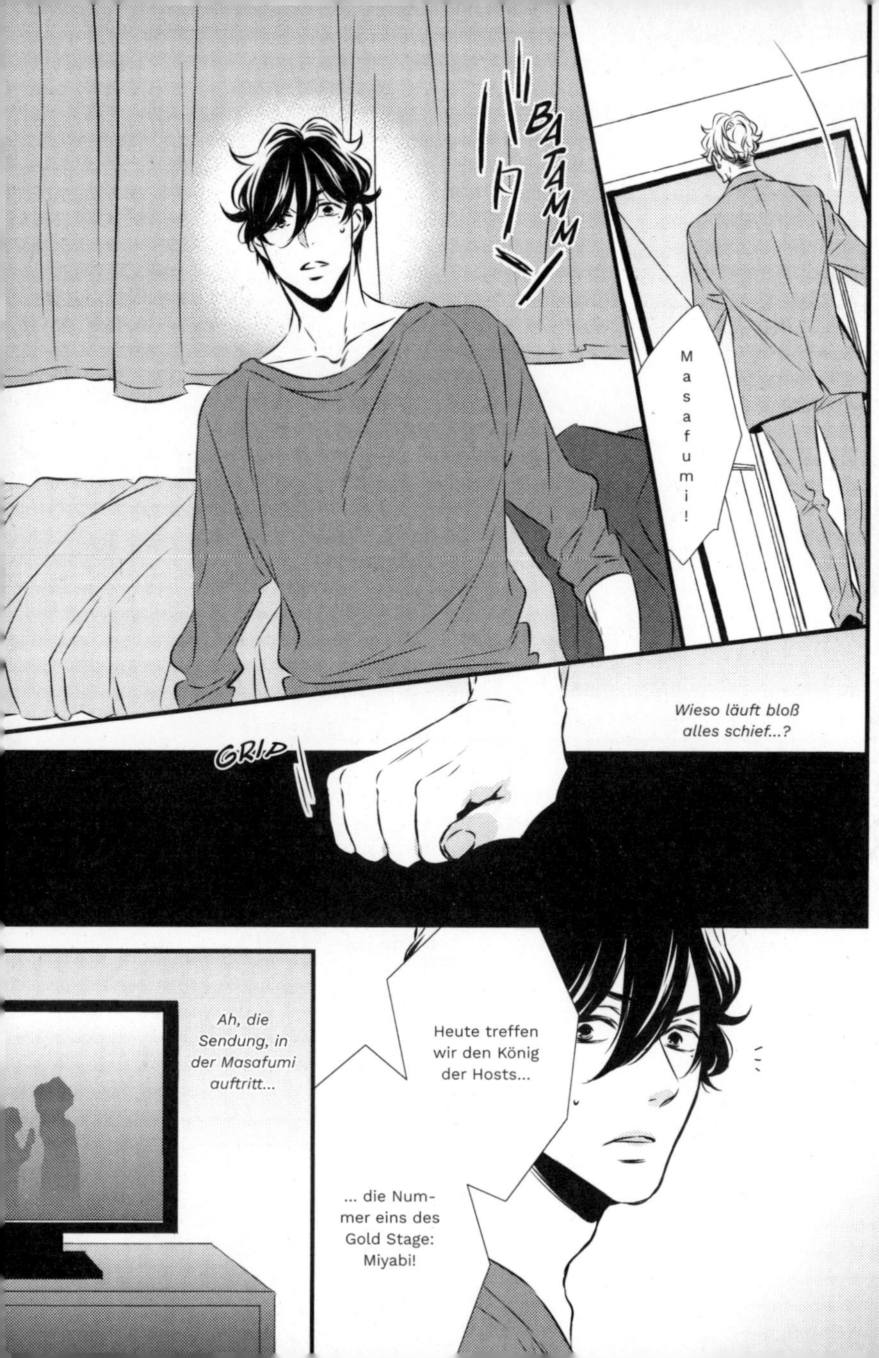
Masafumi!
BATAMM
Wieso läuft bloß alles schief...?
GRIP
Heute treffen wir den König der Hosts...
... die Num-mer eins des Gold Stage: Miyabi!
Ah, die Sendung, in der Masafumi auftritt...

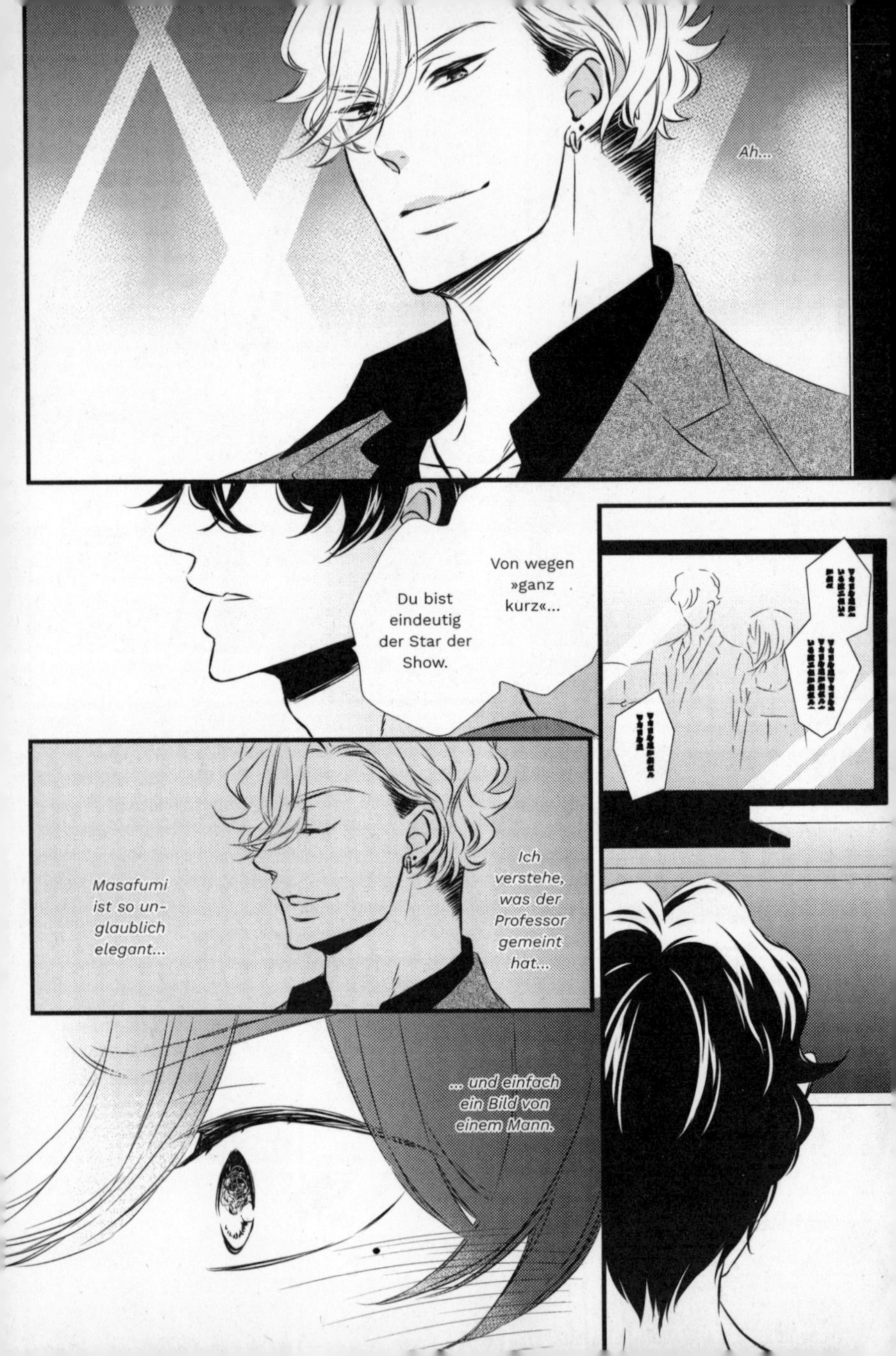
Ah...
Von wegen »ganz kurz«...
Du bist eindeutig der Star der Show.
Ich verstehe, was der Professor gemeint hat...
Masafumi ist so un-glaublich elegant...
... und einfach ein Bild von einem Mann.

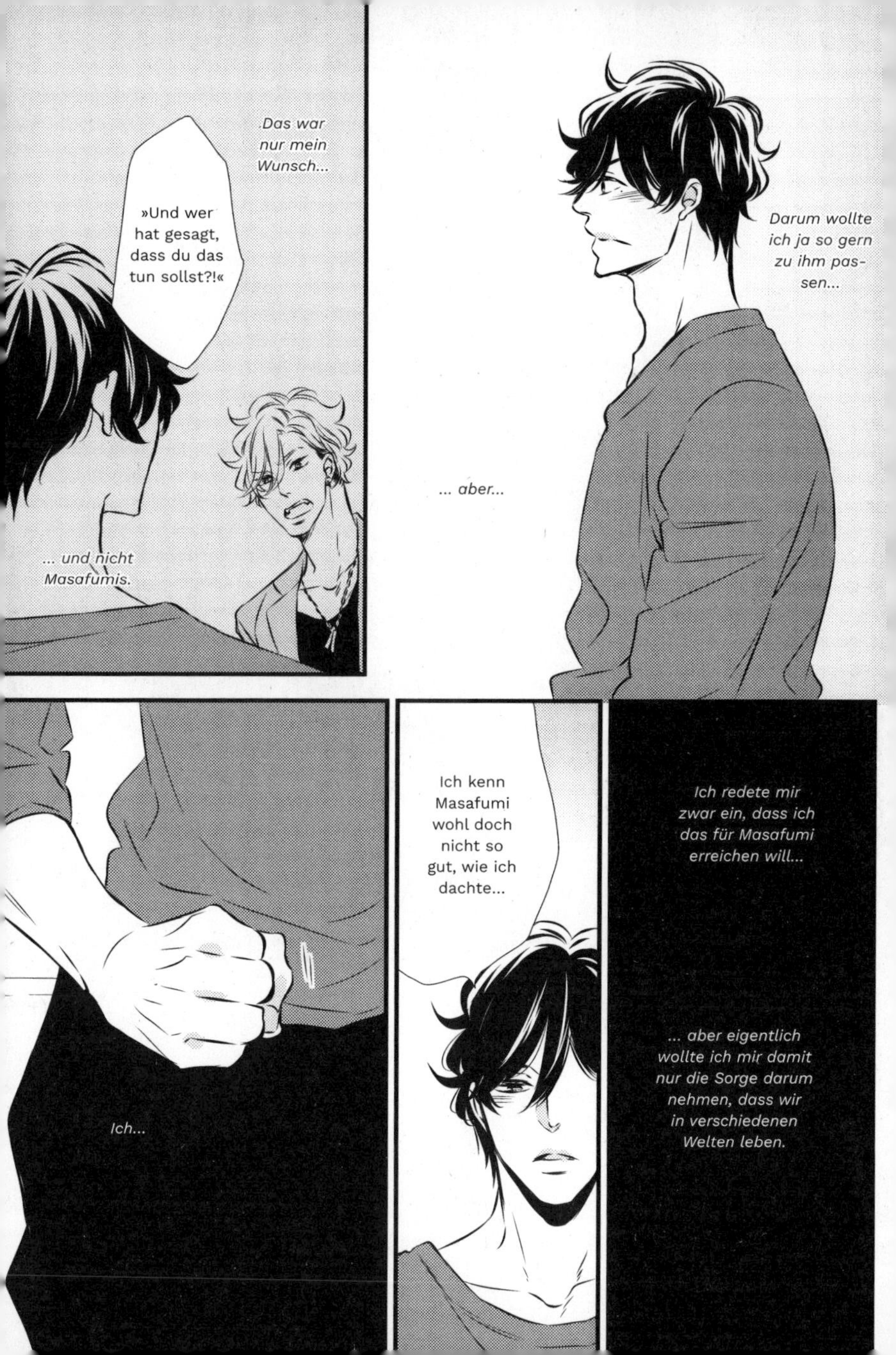
Darum wollte ich ja so gern zu ihm passen...
... aber...
Das war nur mein Wunsch...
»Und wer hat gesagt, dass du das tun sollst?!«
... und nicht Masafumis.
Ich redete mir zwar ein, dass ich das für Masafumi erreichen will...
... aber eigentlich wollte ich mir damit nur die Sorge darum nehmen, dass wir in verschiedenen Welten leben.
Ich kenn Masafumi wohl doch nicht so gut, wie ich dachte...
Ich...

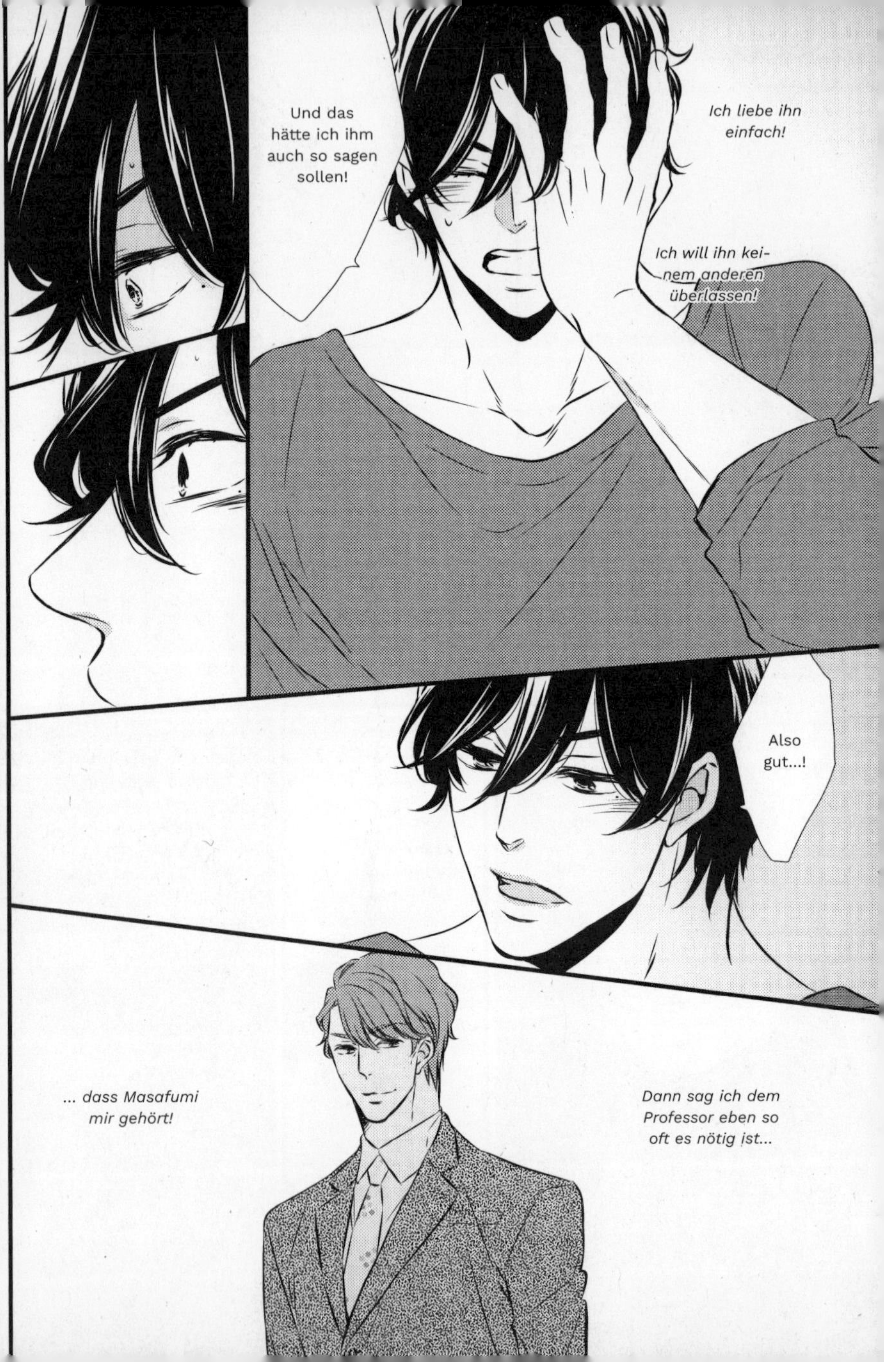
Ich liebe ihn einfach!
Ich will ihn keinem anderen überlassen!
Und das hätte ich ihm auch so sagen sollen!
Also gut...!
Dann sag ich dem Professor eben so oft es nötig ist...
... dass Masafumi mir gehört!

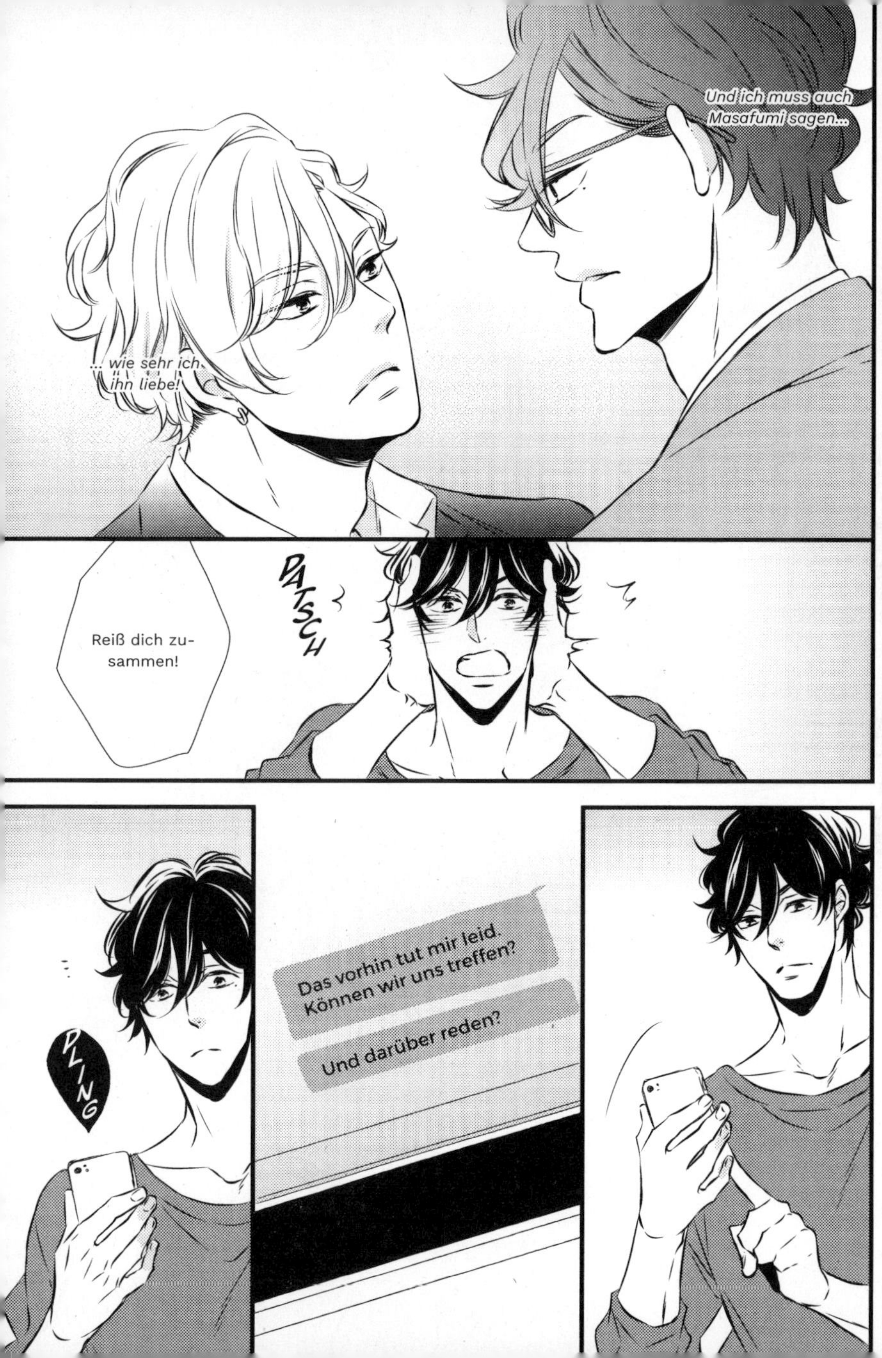
Und ich muss auch Masafumi sagen...
... wie sehr ich ihn liebe!
DATSCH
Reiß dich zusammen!
Das vorhin tut mir leid. Können wir uns treffen?
Und darüber reden?
DLING

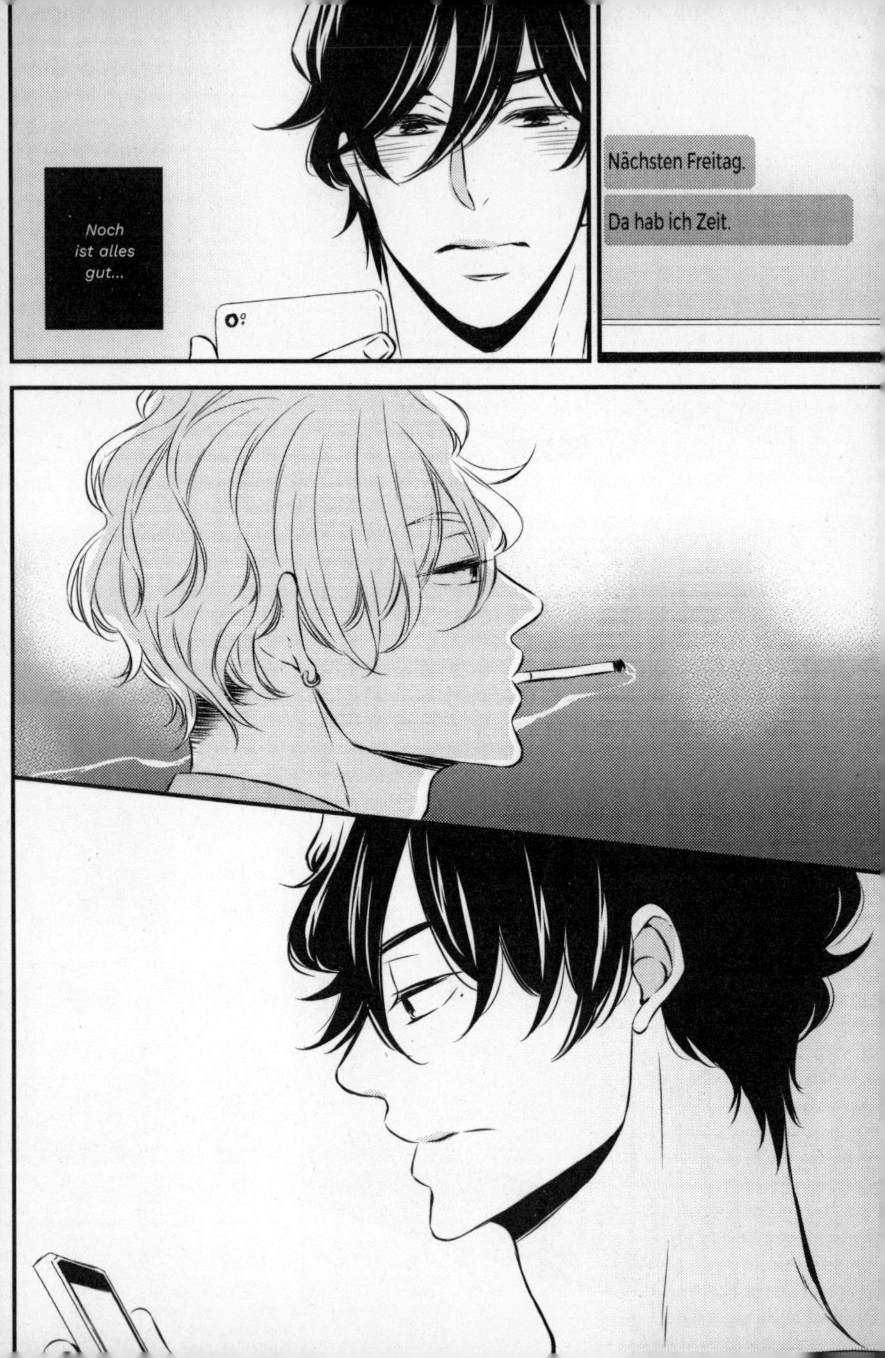
Nächsten Freitag.
Da hab ich Zeit.
Noch ist alles gut...

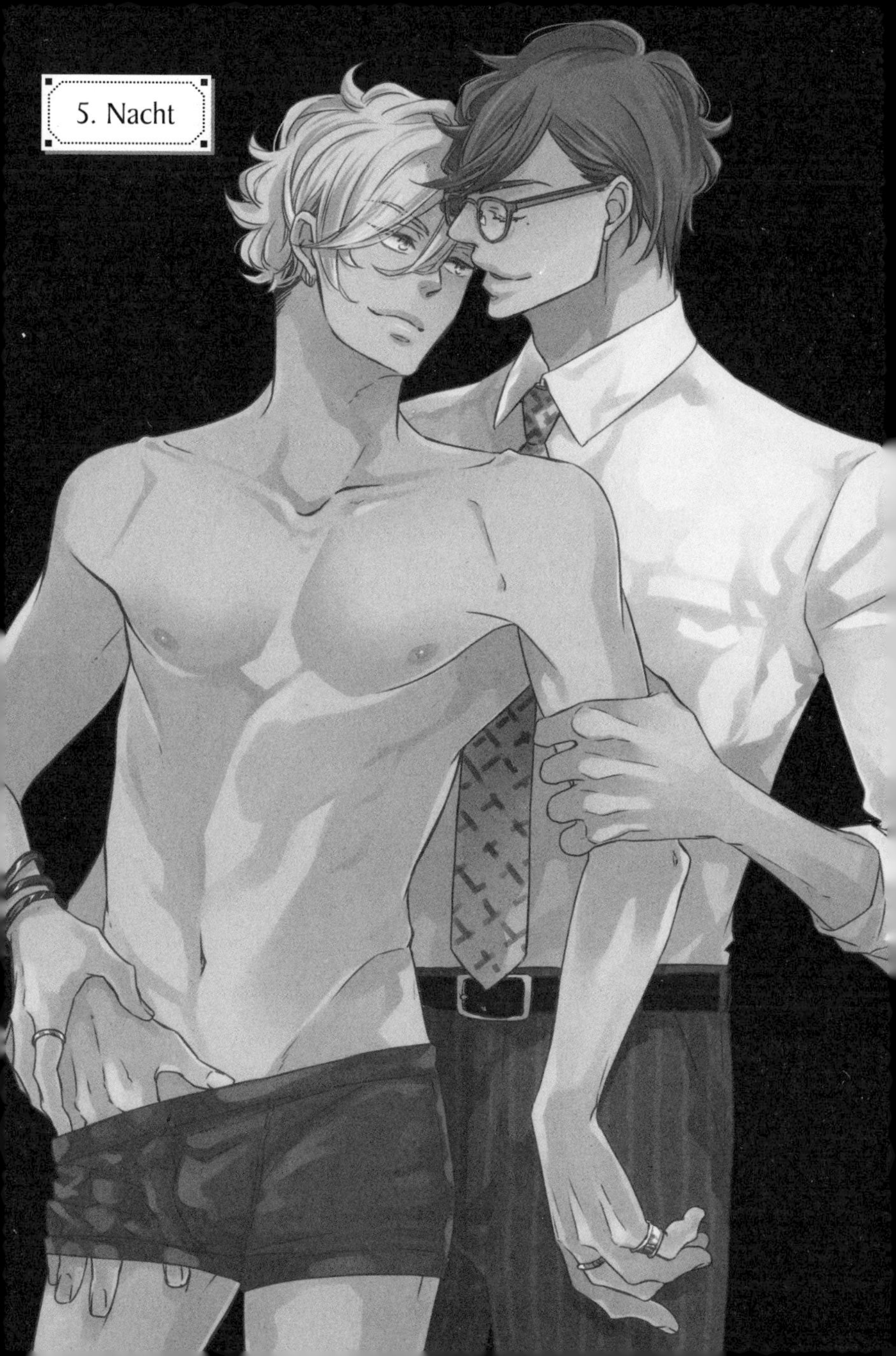
5. Nacht

MIDNIGHT Jealousy Sex

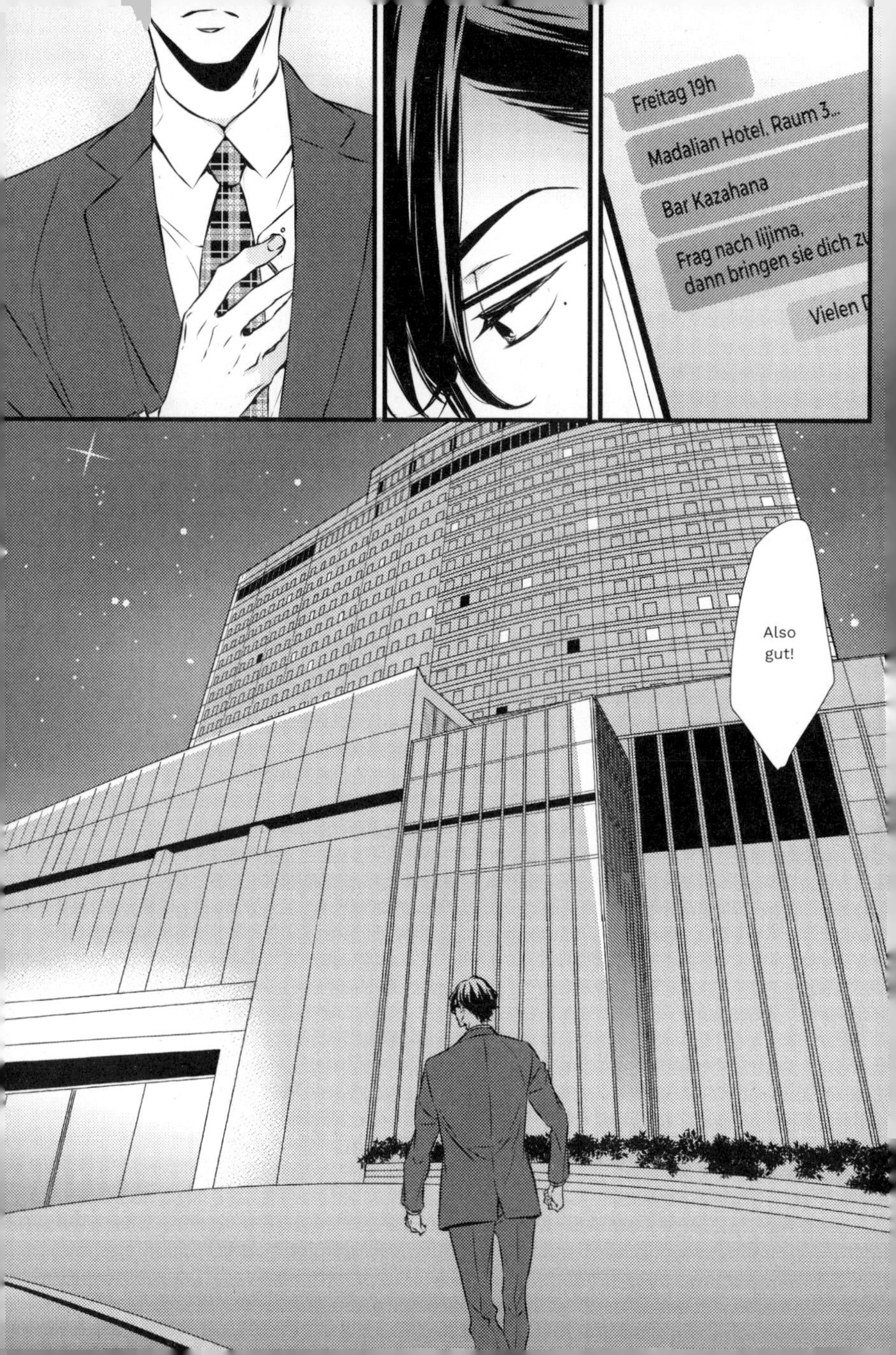
Freitag 19h
Madalian Hotel, Raum 3...
Bar Kazahana
Frag nach Iijima, dann bringen sie dich zu
Vielen D
Also gut!

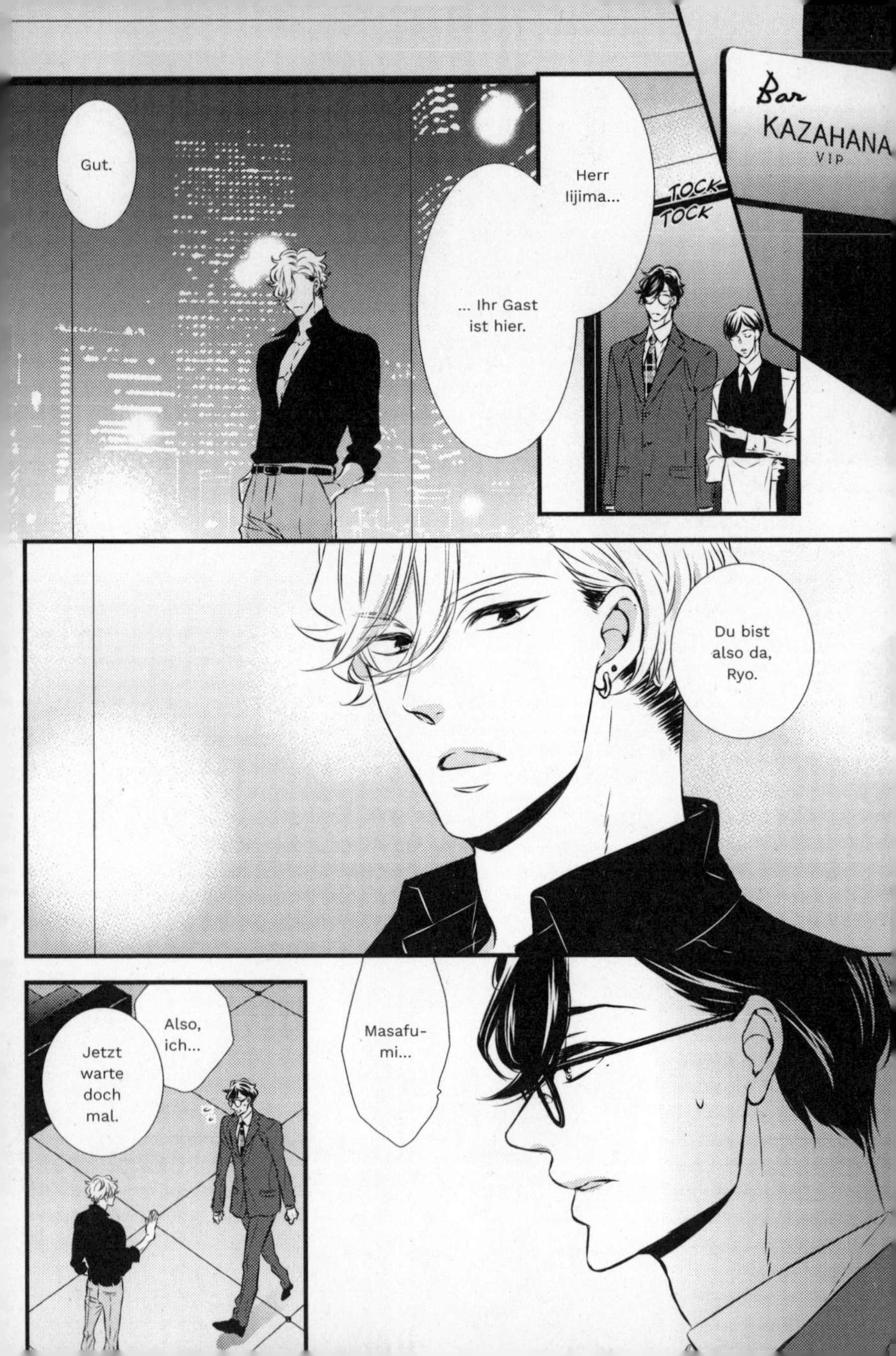
Bar
KAZAHANA
VIP
TOCK
TOCK
Herr Iijima...
... Ihr Gast ist hier.
Gut.
Du bist also da, Ryo.
Masafu-mi...
Also, ich...
Jetzt warte doch mal.

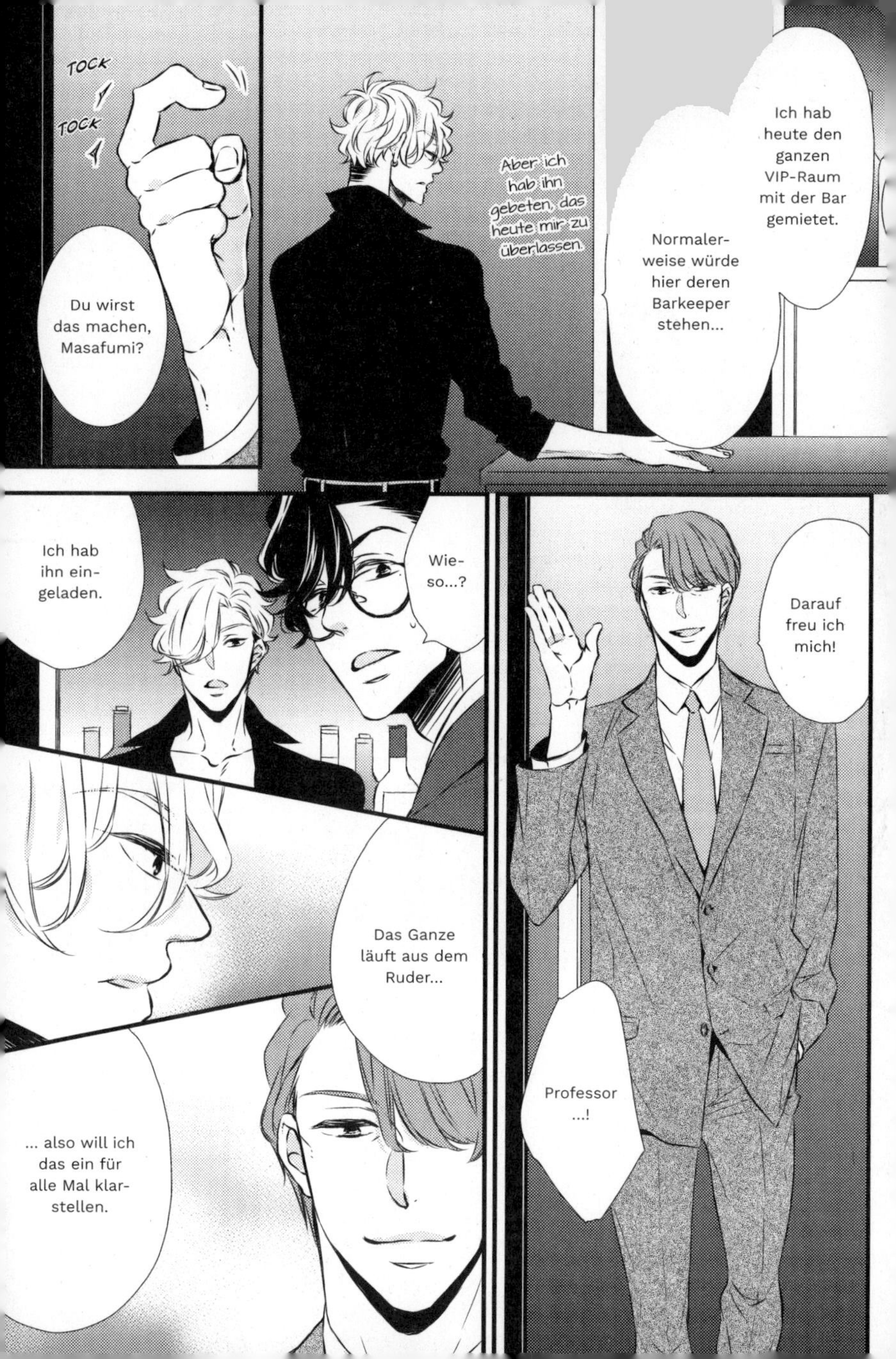
Ich hab heute den ganzen VIP-Raum mit der Bar gemietet.
Normaler-weise würde hier deren Barkeeper stehen...
Aber ich hab ihn gebeten, das heute mir zu überlassen.
TOCK TOCK
Du wirst das machen, Masafumi?
Darauf freu ich mich!
Professor ...!
Wie-so...?
Ich hab ihn ein-geladen.
Das Ganze läuft aus dem Ruder...
... also will ich das ein für alle Mal klar-stellen.

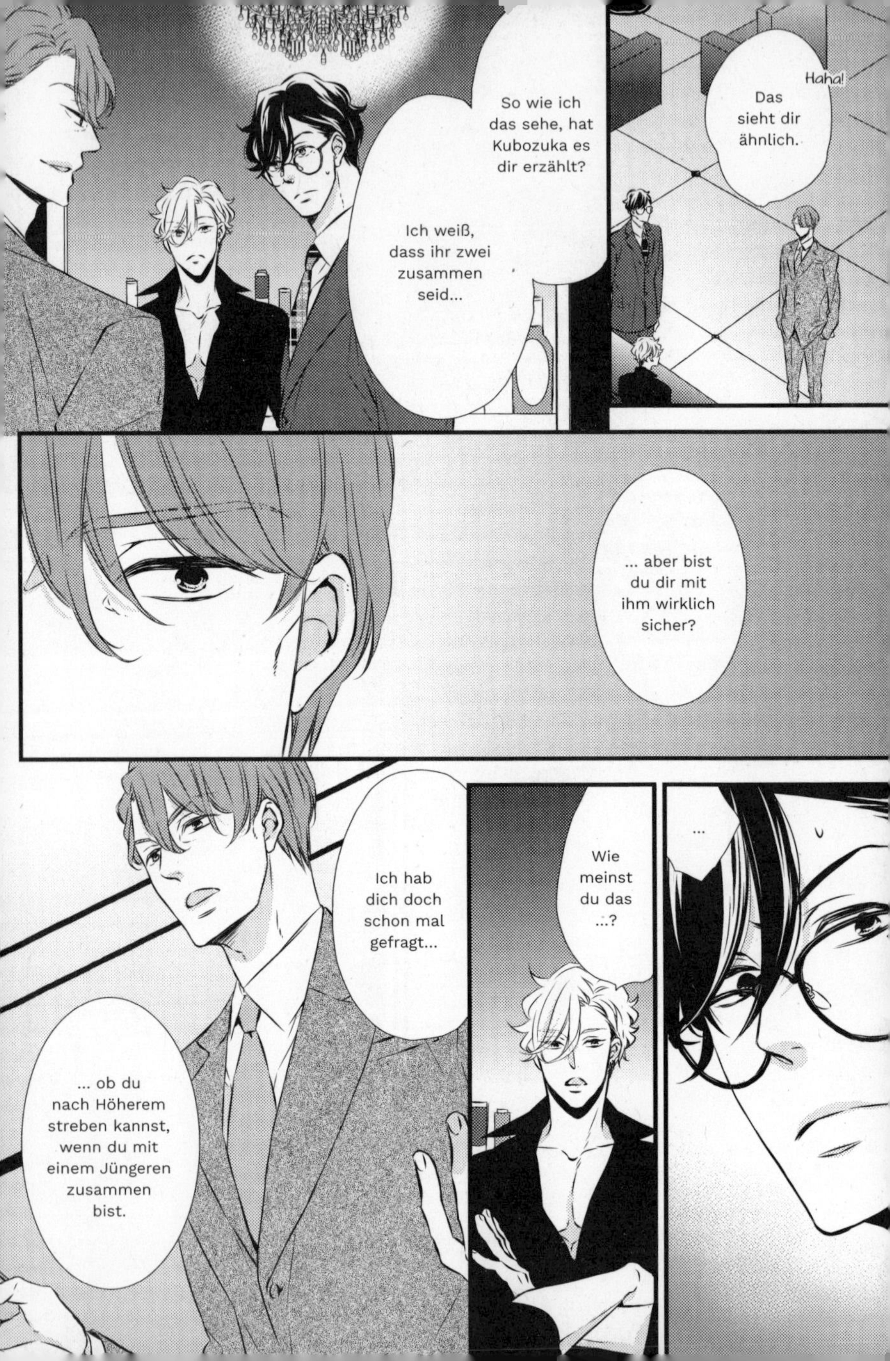
Haha!
Das sieht dir ähnlich.
So wie ich das sehe, hat Kubozuka es dir erzählt?
Ich weiß, dass ihr zwei zusammen seid...
... aber bist du dir mit ihm wirklich sicher?
...
Wie meinst du das ...?
Ich hab dich doch schon mal gefragt...
... ob du nach Höherem streben kannst, wenn du mit einem Jüngeren zusammen bist.

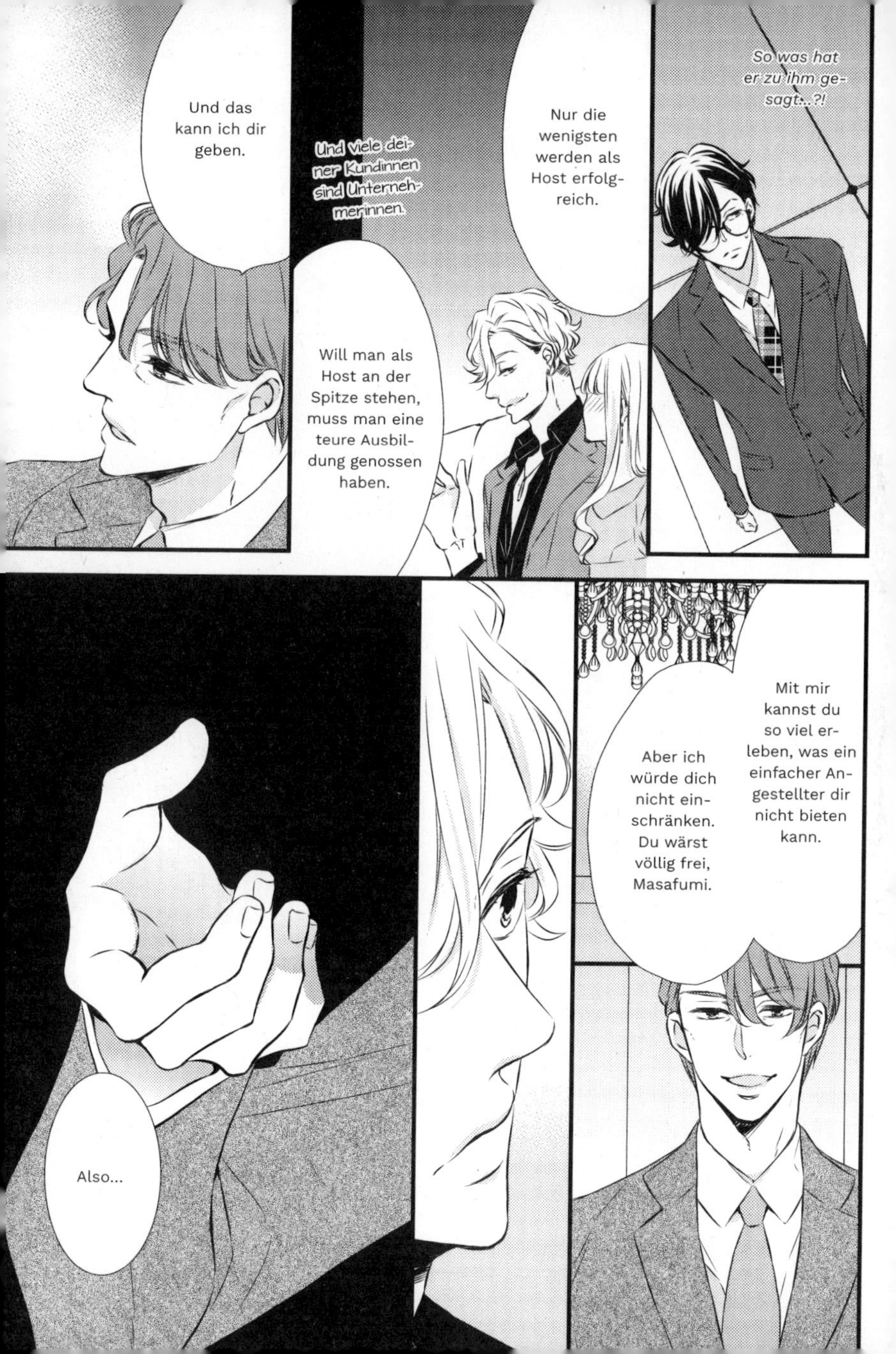

So was hat er zu ihm gesagt...?!
Nur die wenigsten werden als Host erfolgreich.
Will man als Host an der Spitze stehen, muss man eine teure Ausbildung genossen haben.
Und viele deiner Kundinnen sind Unternehmerinnen.
Und das kann ich dir geben.
Mit mir kannst du so viel erleben, was ein einfacher Angestellter dir nicht bieten kann.
Aber ich würde dich nicht einschränken. Du wärst völlig frei, Masafumi.
Also...

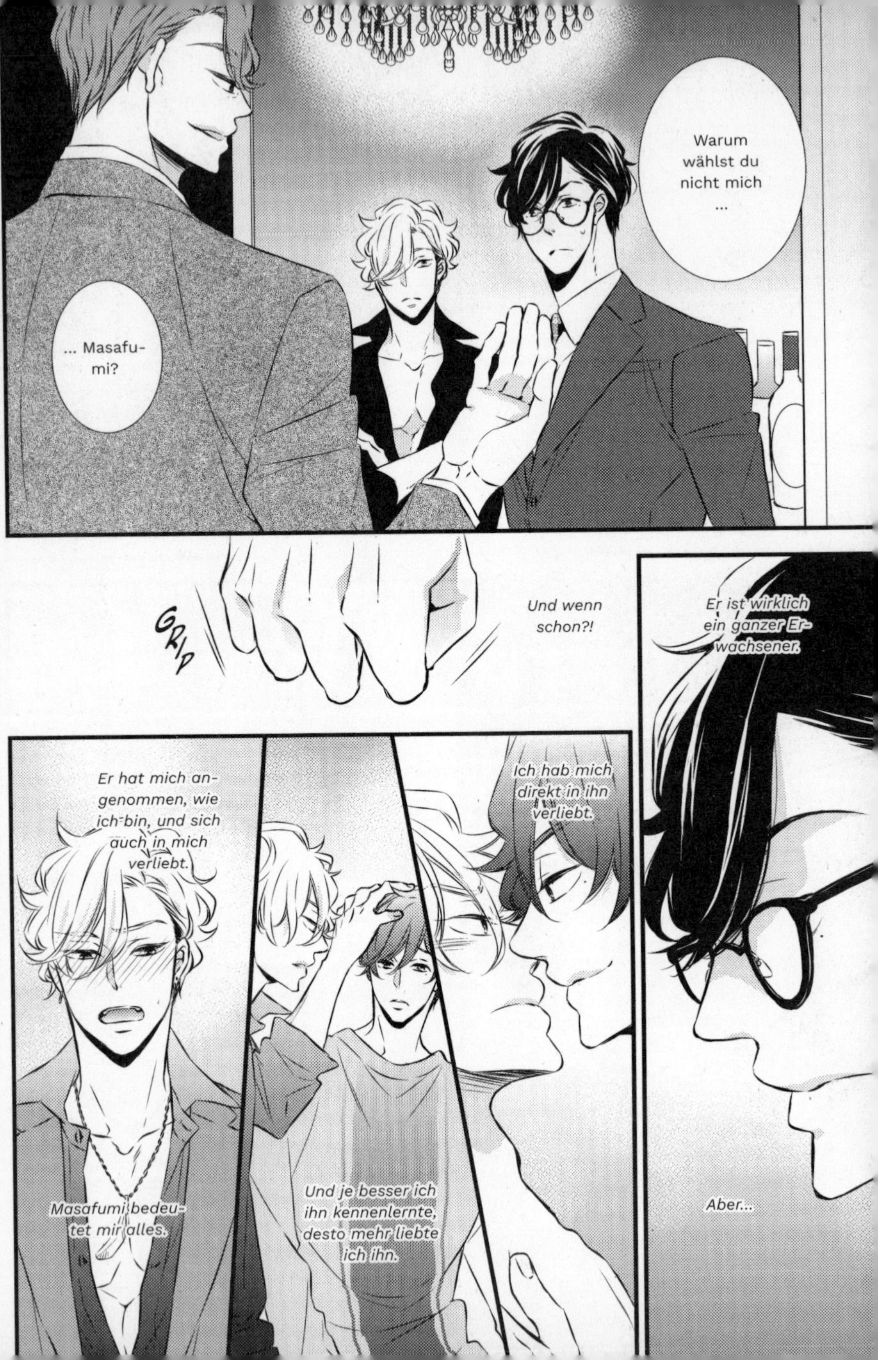
Warum wählst du nicht mich …
… Masafumi?
Er ist wirklich ein ganzer Erwachsener.
Und wenn schon?!
GRIP
Aber…
Ich hab mich direkt in ihn verliebt.
Und je besser ich ihn kennenlernte, desto mehr liebte ich ihn.
Er hat mich angenommen, wie ich bin, und sich auch in mich verliebt.
Masafumi bedeutet mir alles.

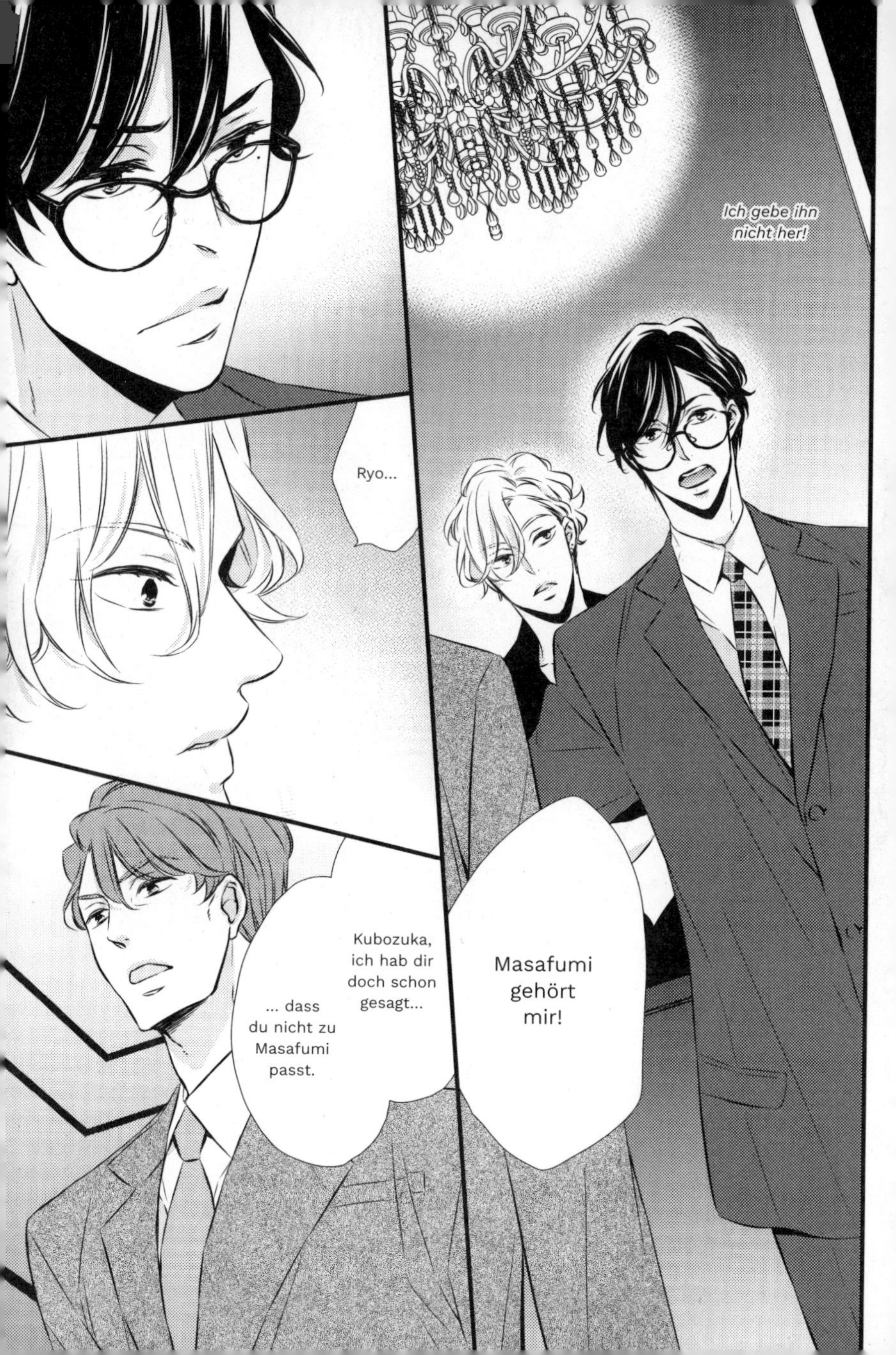
Ich gebe ihn nicht her!
Masafumi gehört mir!
Ryo...
Kubozuka, ich hab dir doch schon gesagt...
... dass du nicht zu Masafumi passt.

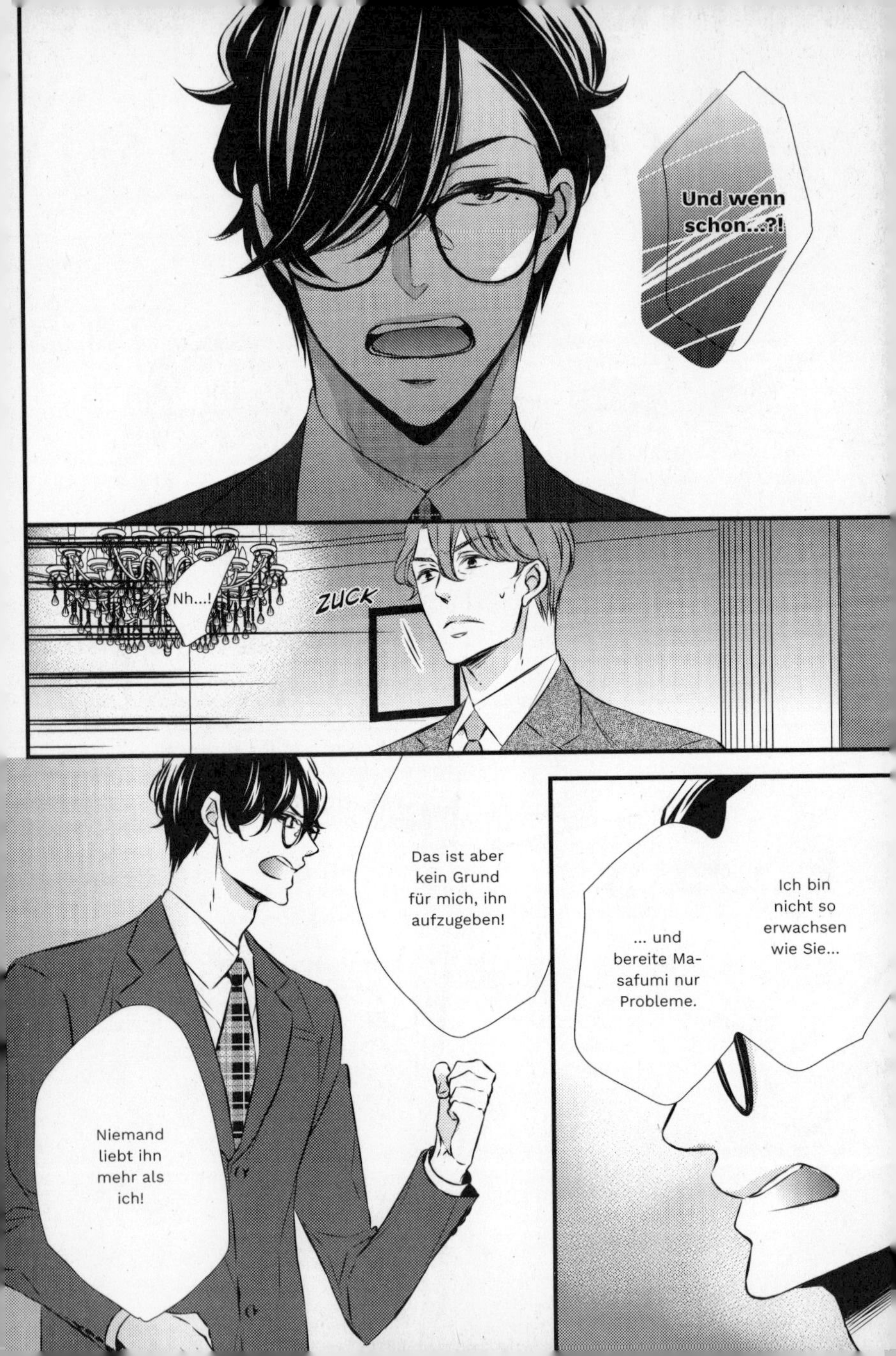
Und wenn schon...?!
Nh...!
ZUCK
Ich bin nicht so erwachsen wie Sie...
... und bereite Masafumi nur Probleme.
Das ist aber kein Grund für mich, ihn aufzugeben!
Niemand liebt ihn mehr als ich!

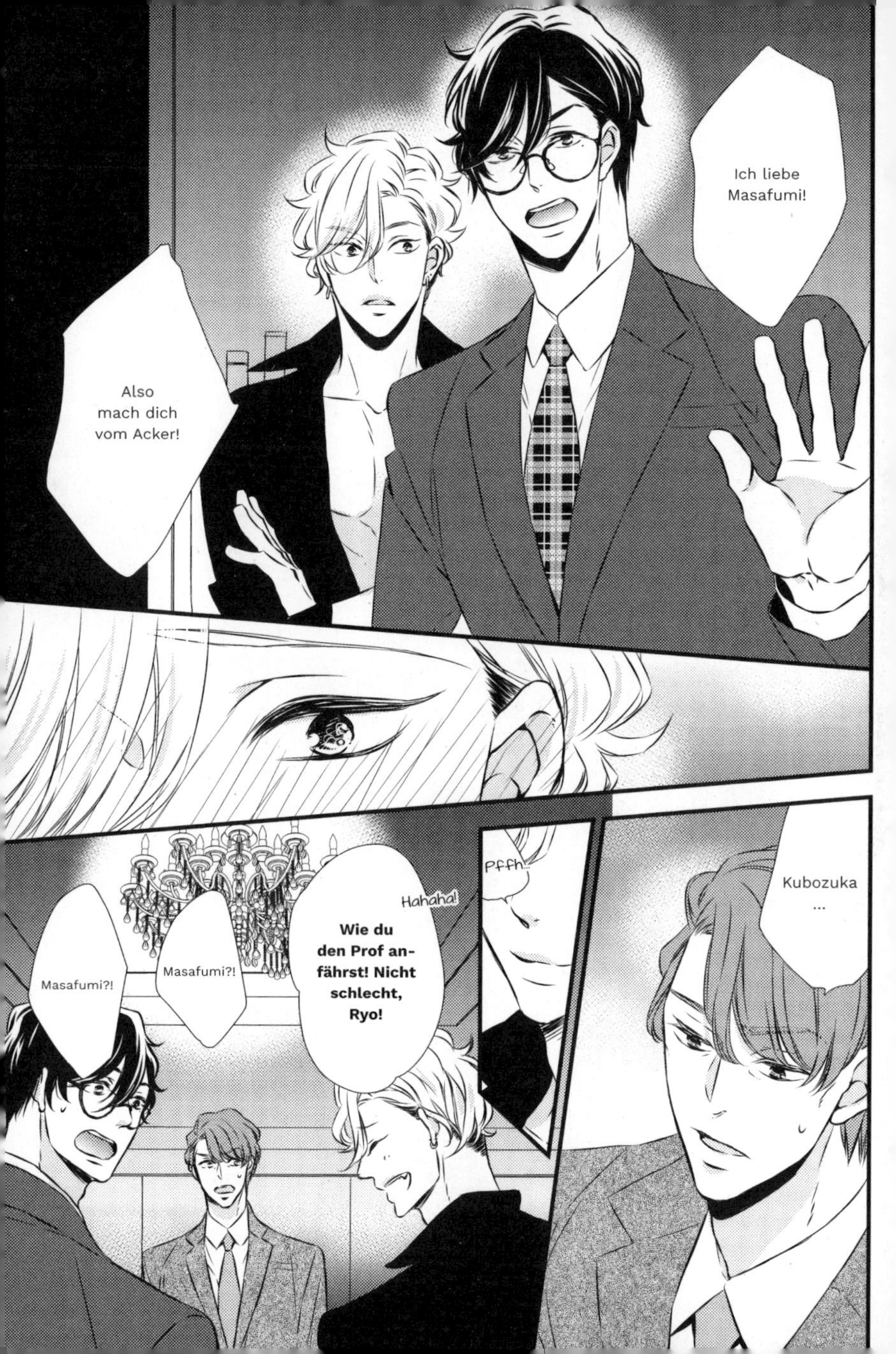
Ich liebe Masafumi!
Also mach dich vom Acker!
Kubozuka ...
Pffh...
Hahaha!
Wie du den Prof anfährst! Nicht schlecht, Ryo!
Masafumi?!
Masafumi?!

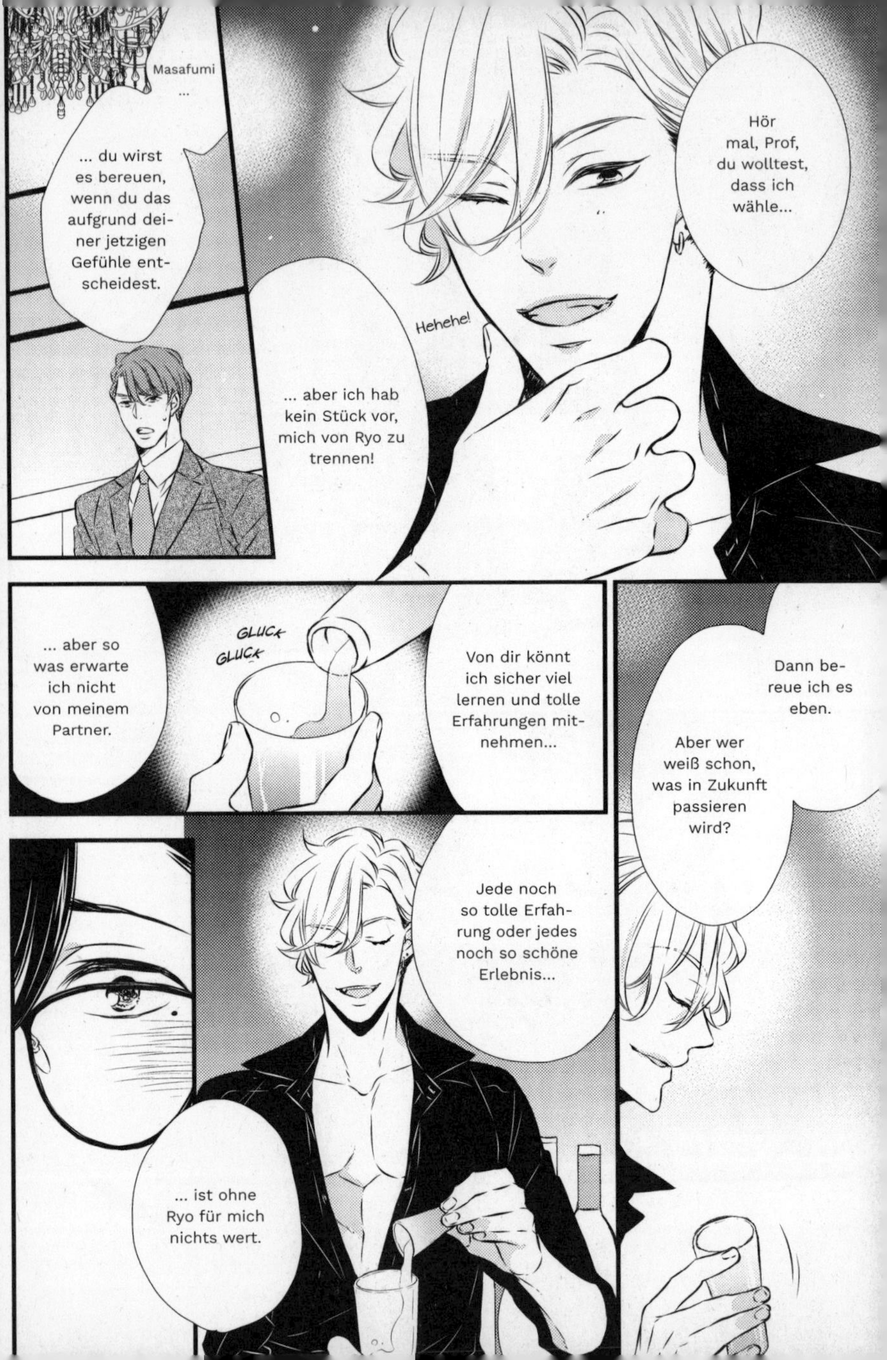
Hör mal, Prof, du wolltest, dass ich wähle...
Hehehe!
... aber ich hab kein Stück vor, mich von Ryo zu trennen!
Masafumi ...
... du wirst es bereuen, wenn du das aufgrund deiner jetzigen Gefühle entscheidest.
Dann bereue ich es eben.
Aber wer weiß schon, was in Zukunft passieren wird?
Von dir könnt ich sicher viel lernen und tolle Erfahrungen mitnehmen...
GLUCK
GLUCK
... aber so was erwarte ich nicht von meinem Partner.
Jede noch so tolle Erfahrung oder jedes noch so schöne Erlebnis...
... ist ohne Ryo für mich nichts wert.

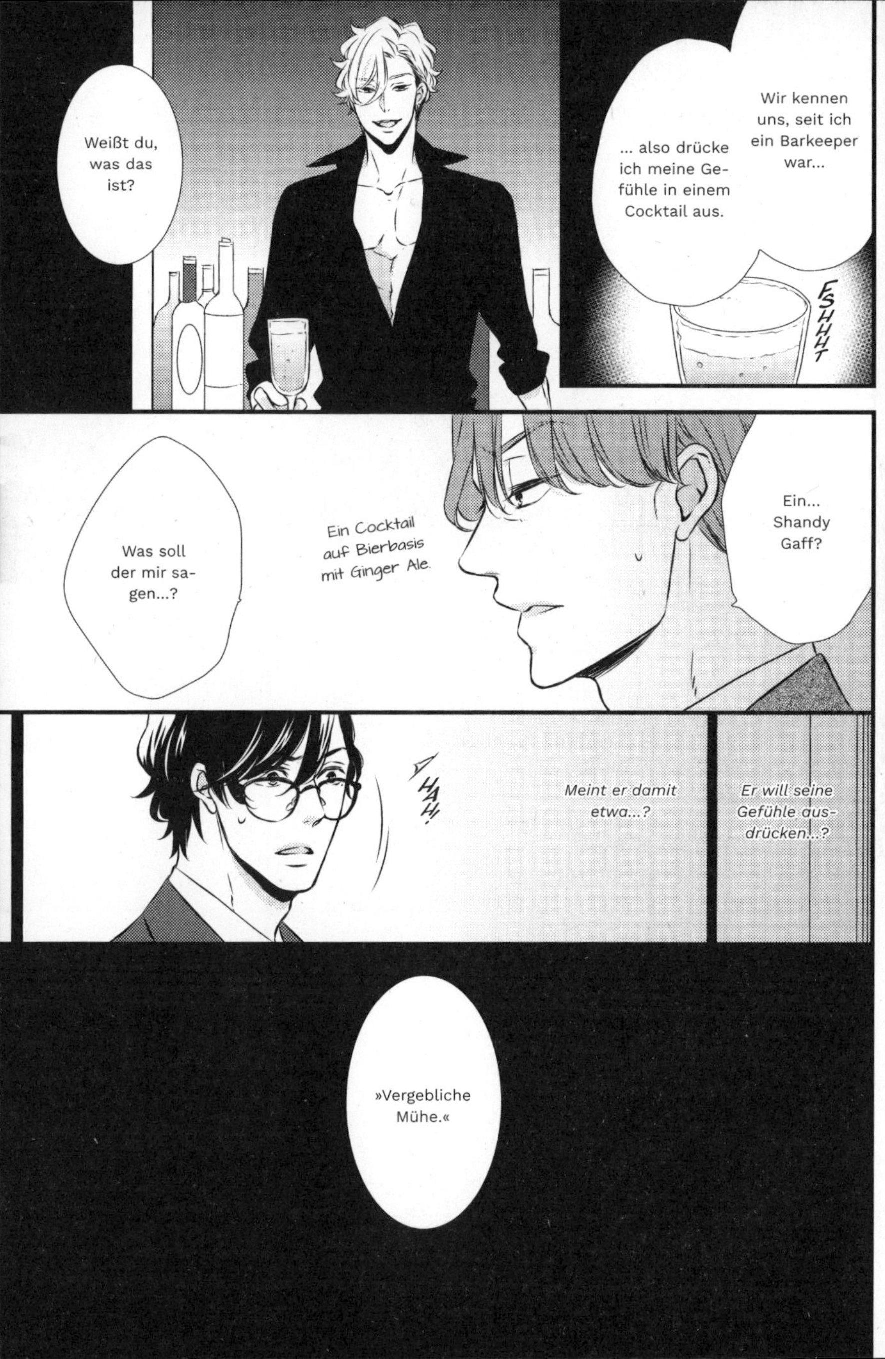

Wir kennen uns, seit ich ein Barkeeper war...
... also drücke ich meine Gefühle in einem Cocktail aus.
FSHHHT
Weißt du, was das ist?
Ein... Shandy Gaff?
Ein Cocktail auf Bierbasis mit Ginger Ale.
Was soll der mir sagen...?
Er will seine Gefühle ausdrücken...?
Meint er damit etwa...?
HAH!
»Vergebliche Mühe.«

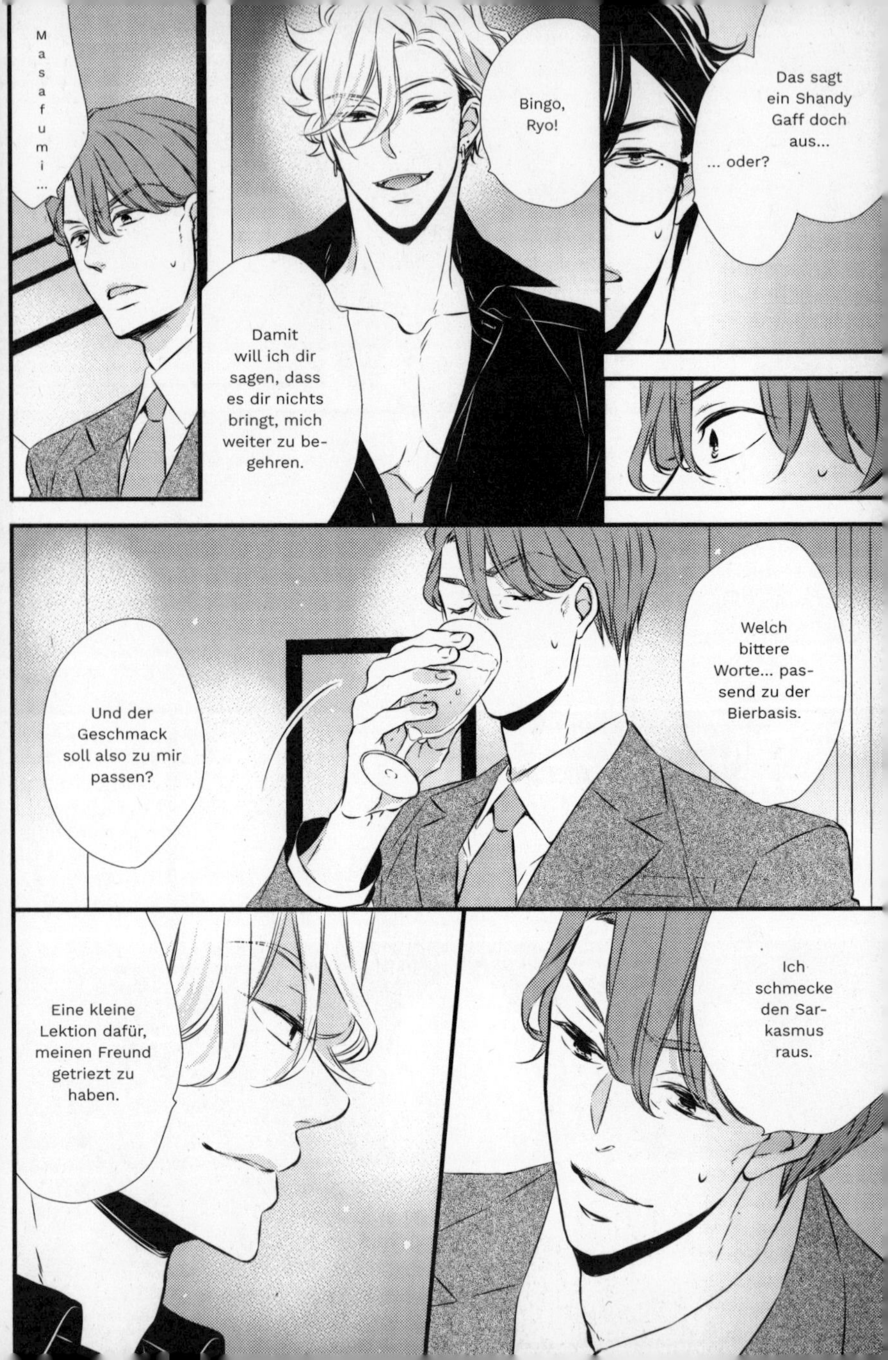
Das sagt ein Shandy Gaff doch aus...
... oder?
Bingo, Ryo!
Masafumi ...
Damit will ich dir sagen, dass es dir nichts bringt, mich weiter zu begehren.
Welch bittere Worte... passend zu der Bierbasis.
Und der Geschmack soll also zu mir passen?
Ich schmecke den Sarkasmus raus.
Eine kleine Lektion dafür, meinen Freund getriezt zu haben.

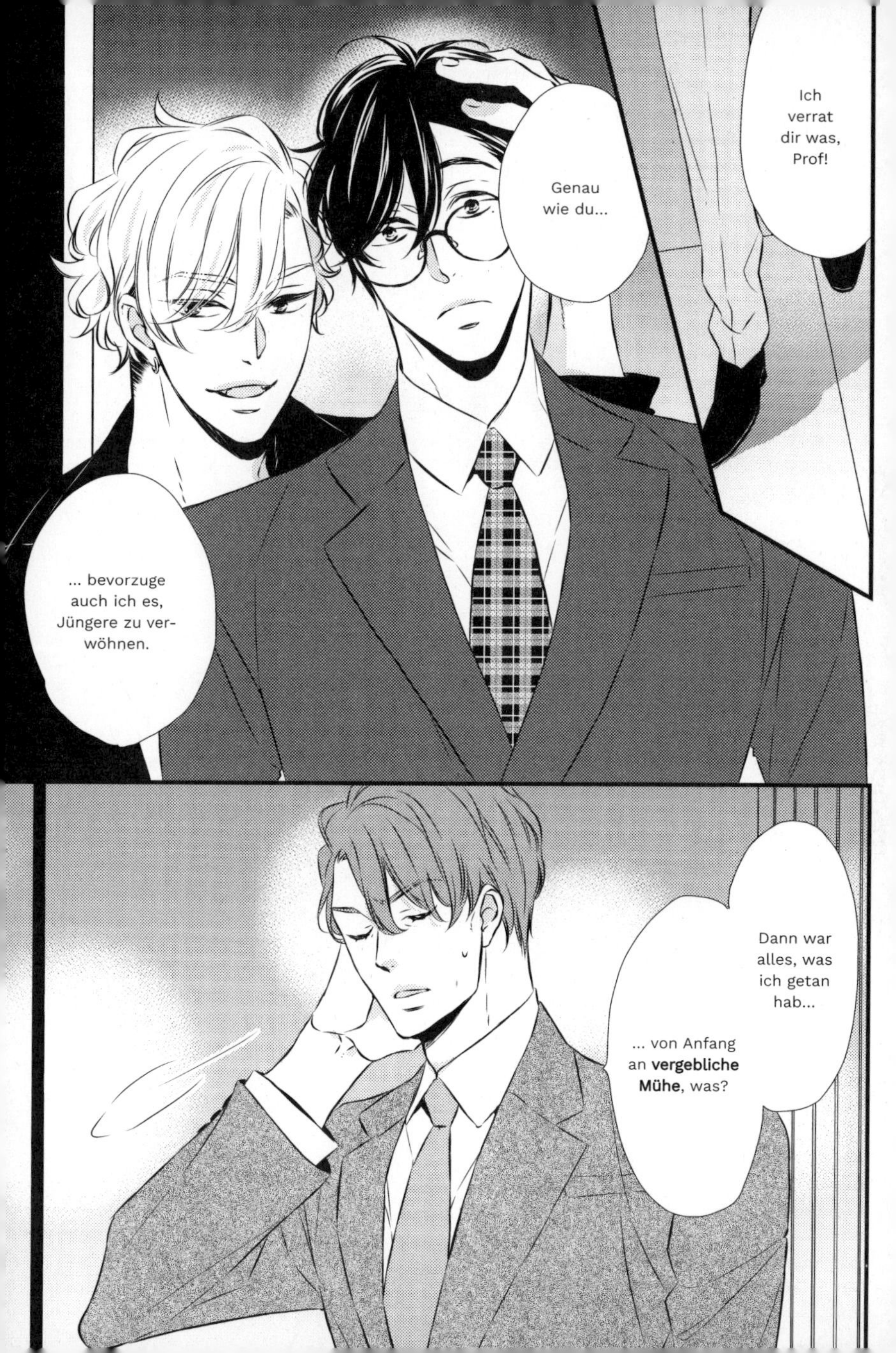
Ich verrat dir was, Prof!
Genau wie du...
... bevorzuge auch ich es, Jüngere zu verwöhnen.
Dann war alles, was ich getan hab...
... von Anfang an **vergebliche Mühe**, was?

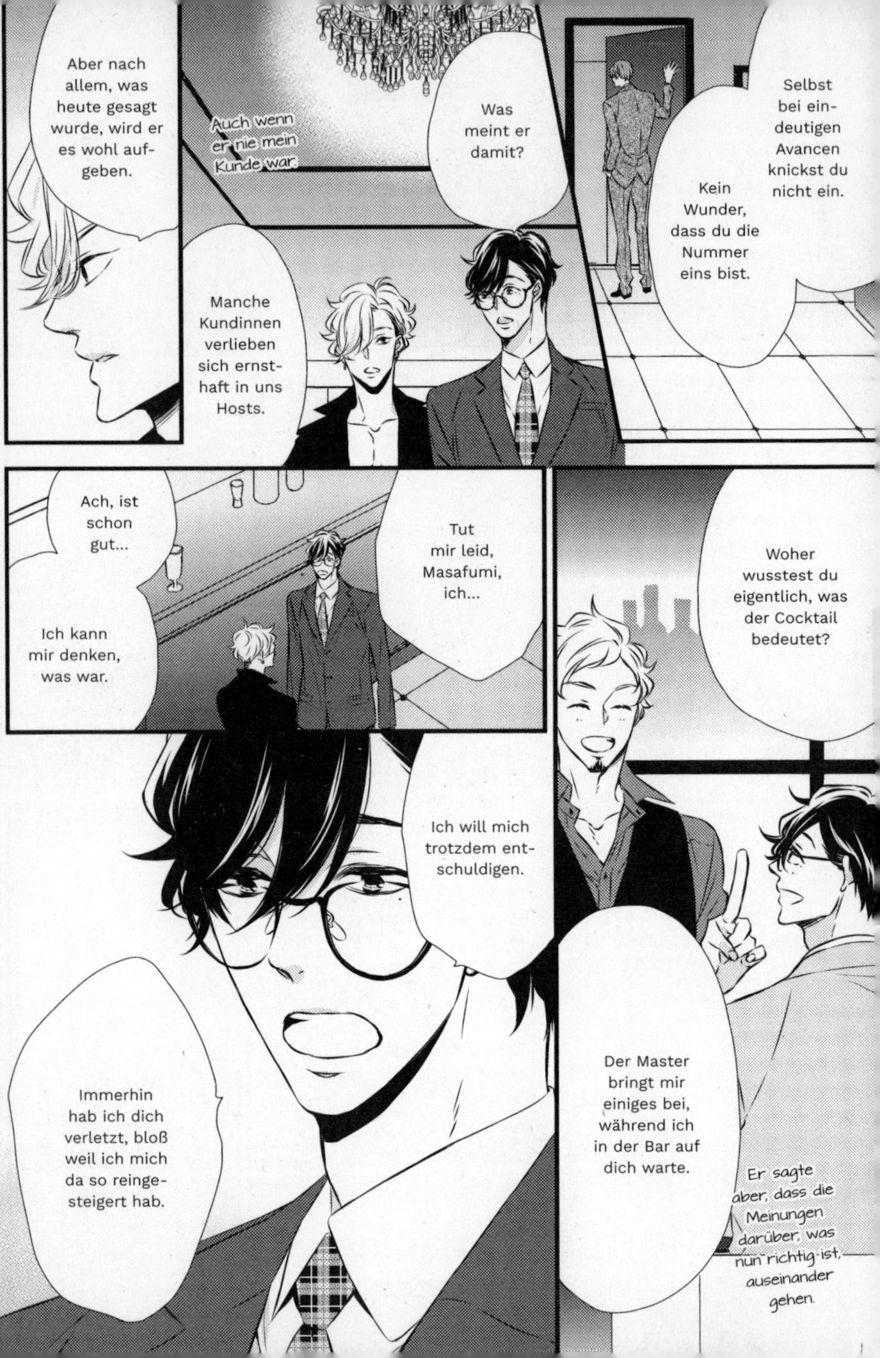
Selbst bei eindeutigen Avancen knickst du nicht ein.
Kein Wunder, dass du die Nummer eins bist.
Was meint er damit?
Auch wenn er nie mein Kunde war.
Manche Kundinnen verlieben sich ernsthaft in uns Hosts.
Aber nach allem, was heute gesagt wurde, wird er es wohl aufgeben.
Woher wusstest du eigentlich, was der Cocktail bedeutet?
Der Master bringt mir einiges bei, während ich in der Bar auf dich warte.
Er sagte aber, dass die Meinungen darüber, was nun richtig ist, auseinander gehen.
Tut mir leid, Masafumi, ich...
Ach, ist schon gut...
Ich kann mir denken, was war.
Ich will mich trotzdem entschuldigen.
Immerhin hab ich dich verletzt, bloß weil ich mich da so reingesteigert hab.

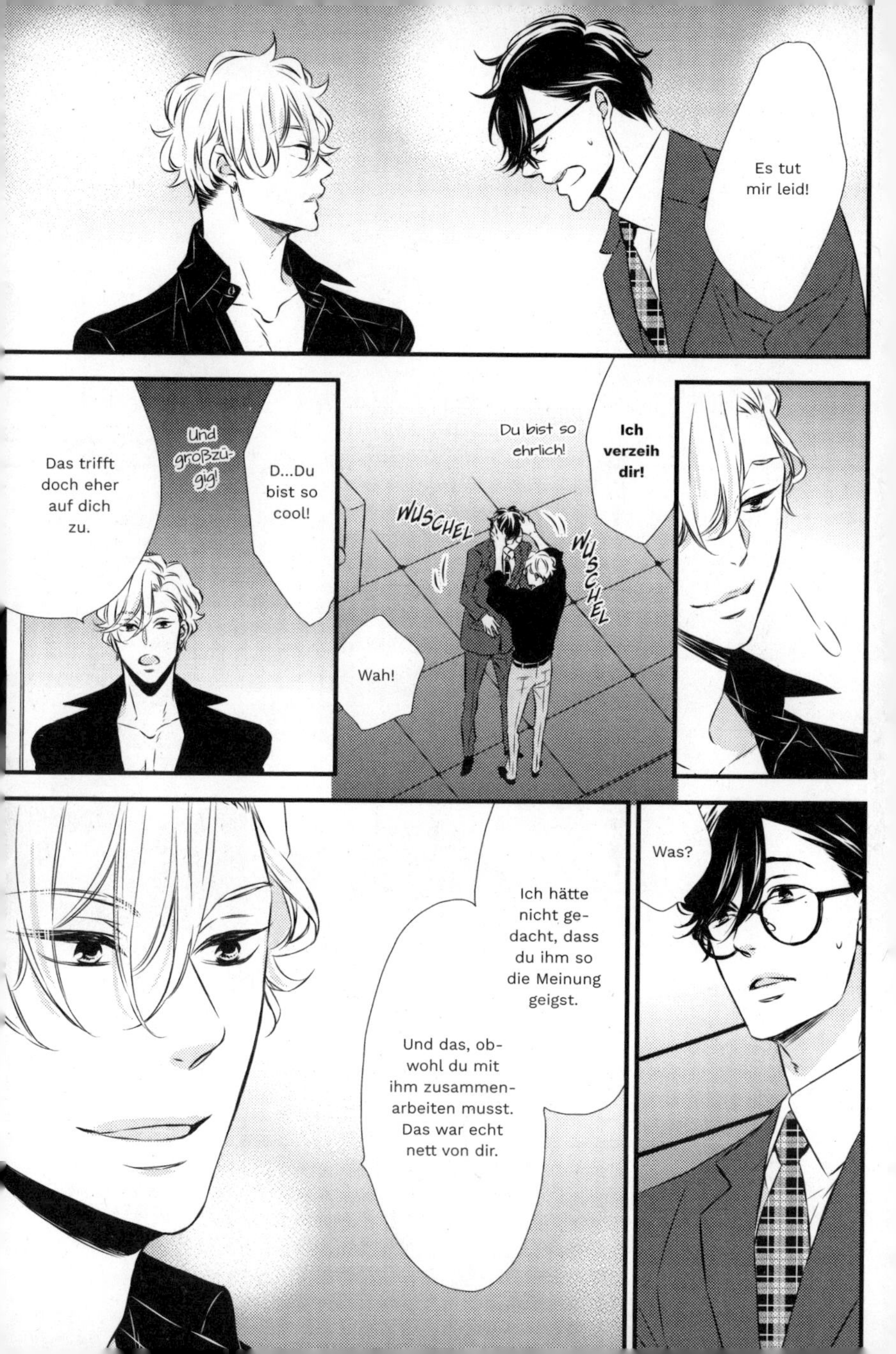
Es tut mir leid!
Ich verzeih dir!
Du bist so ehrlich!
WUSCHEL
WUSCHEL
Wah!
D...Du bist so cool!
Und großzügig!
Das trifft doch eher auf dich zu.
Was?
Ich hätte nicht gedacht, dass du ihm so die Meinung geigst.
Und das, obwohl du mit ihm zusammenarbeiten musst. Das war echt nett von dir.

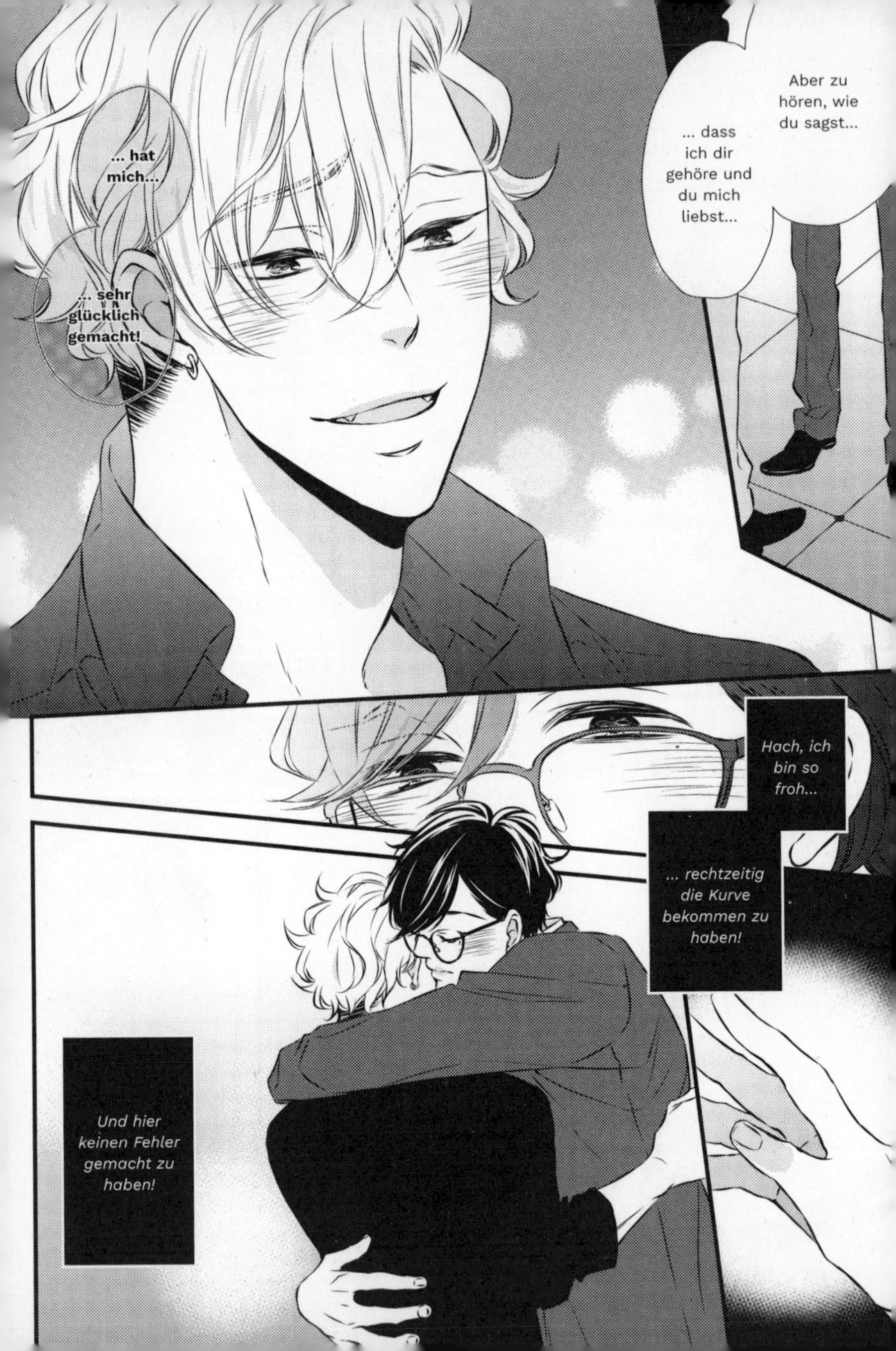
Aber zu hören, wie du sagst...
... dass ich dir gehöre und du mich liebst...
... hat mich...
... sehr glücklich gemacht!
Hach, ich bin so froh...
... rechtzeitig die Kurve bekommen zu haben!
Und hier keinen Fehler gemacht zu haben!

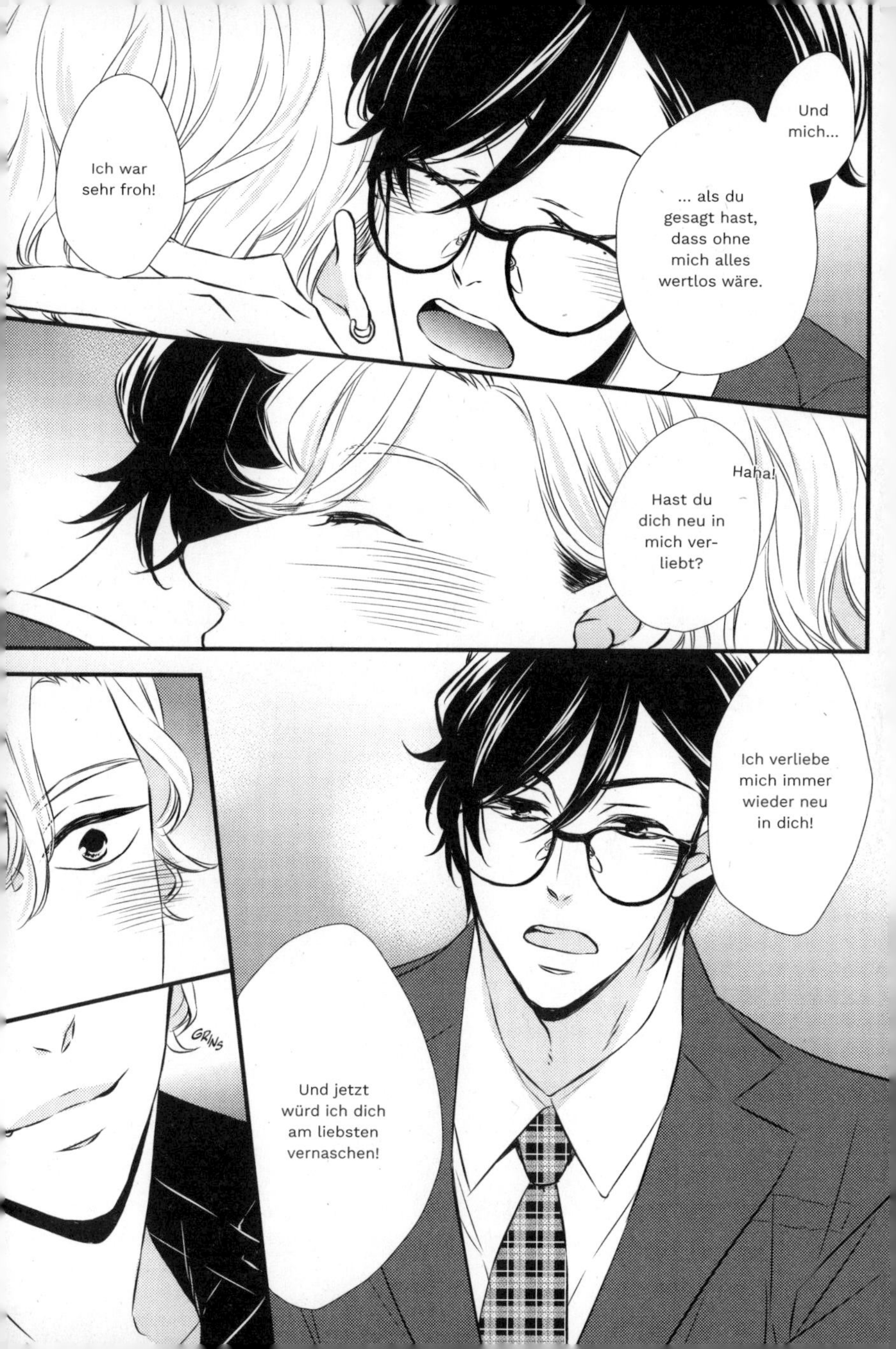
Und mich...
... als du gesagt hast, dass ohne mich alles wertlos wäre.
Ich war sehr froh!
Haha!
Hast du dich neu in mich ver-liebt?
Ich verliebe mich immer wieder neu in dich!
GRINS
Und jetzt würd ich dich am liebsten vernaschen!

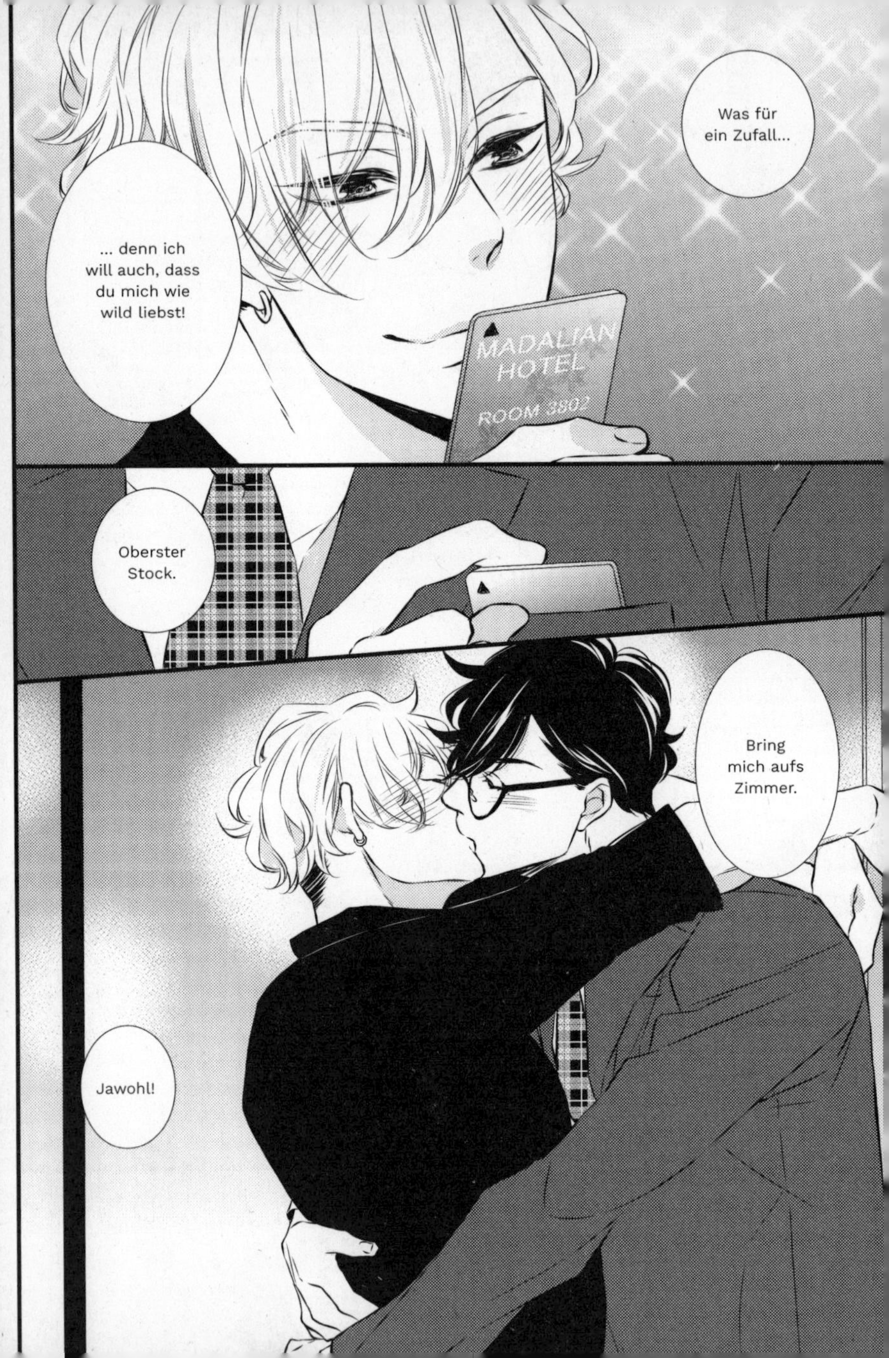
Was für ein Zufall...
... denn ich will auch, dass du mich wie wild liebst!
MADALIAN HOTEL
ROOM 3802
Oberster Stock.
Bring mich aufs Zimmer.
Jawohl!

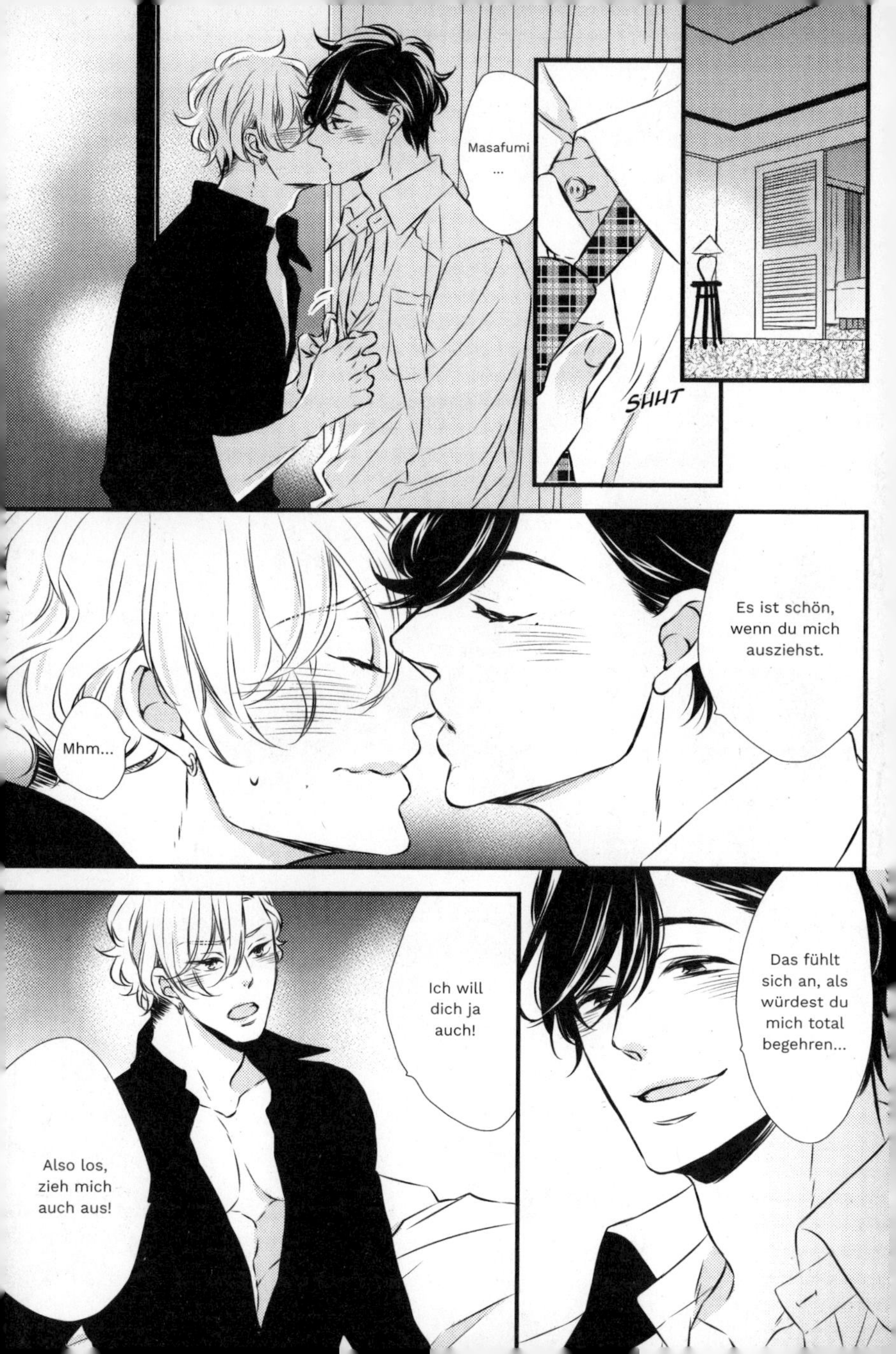
Masafumi ...
SHHT
Es ist schön, wenn du mich ausziehst.
Mhm...
Das fühlt sich an, als würdest du mich total begehren...
Ich will dich ja auch!
Also los, zieh mich auch aus!

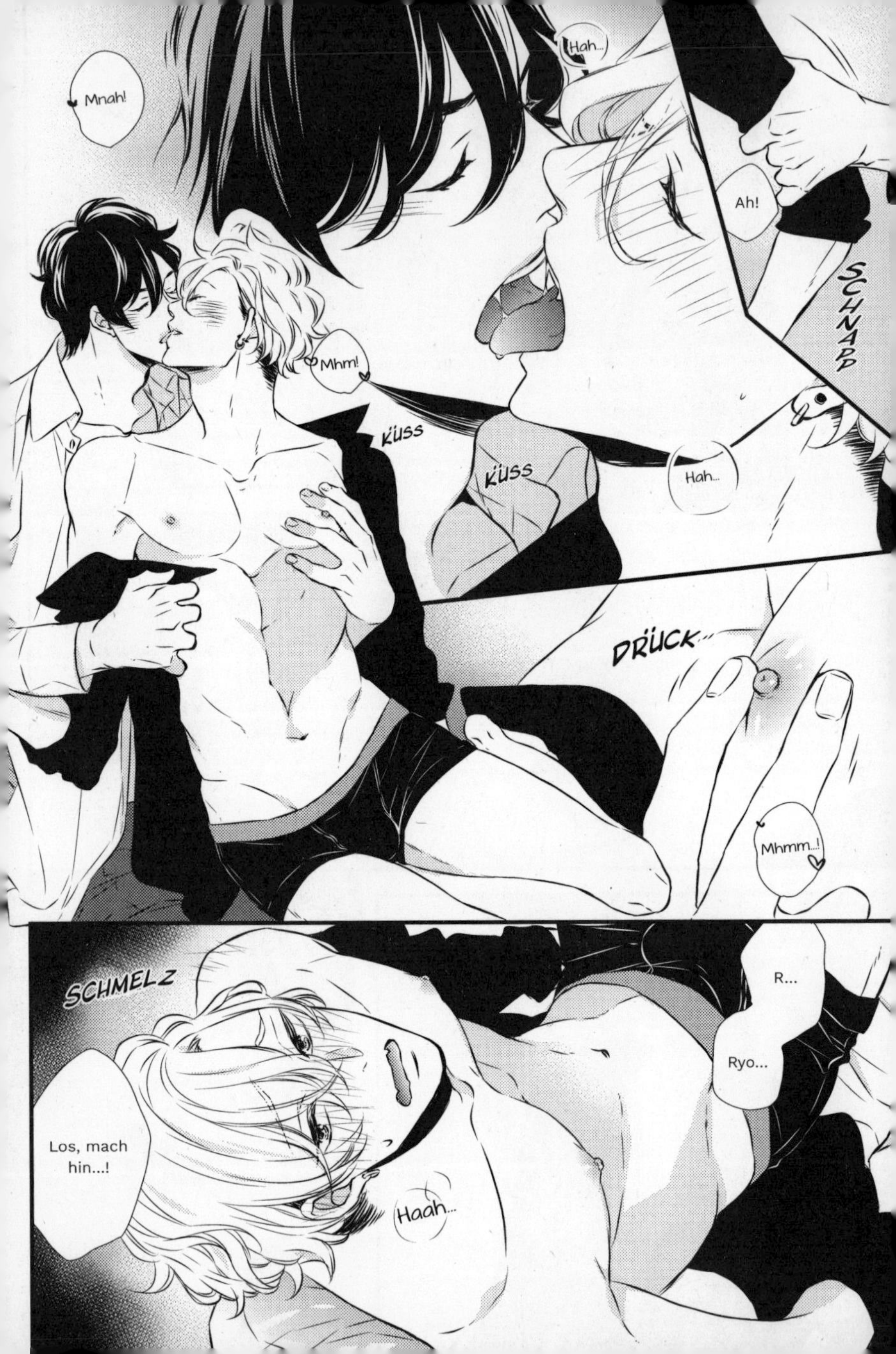
Hah...
Ah!
SCHNAPP
Hah...
KÜSS
KÜSS
Mhm!
Mnah!
DRÜCK...
Mhmm...!
R...
Ryo...
SCHMELZ
Haah...
Los, mach hin...!

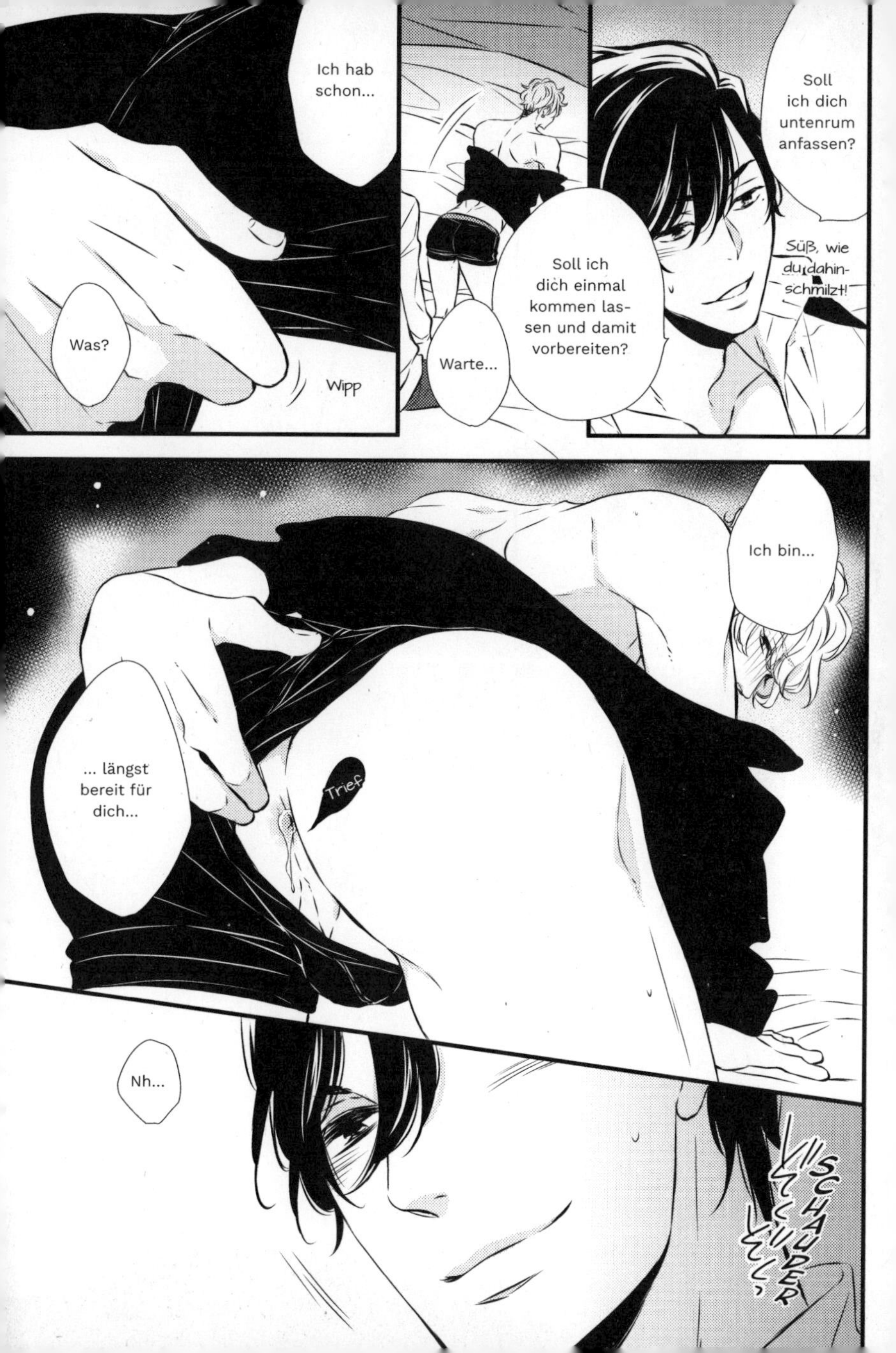

Soll ich dich untenrum anfassen?
Süß, wie du dahinschmilzt!
Soll ich dich einmal kommen lassen und damit vorbereiten?
Warte...
Ich hab schon...
Was?
Wipp
Ich bin...
... längst bereit für dich...
Trief
Nh...
SCHAUDER

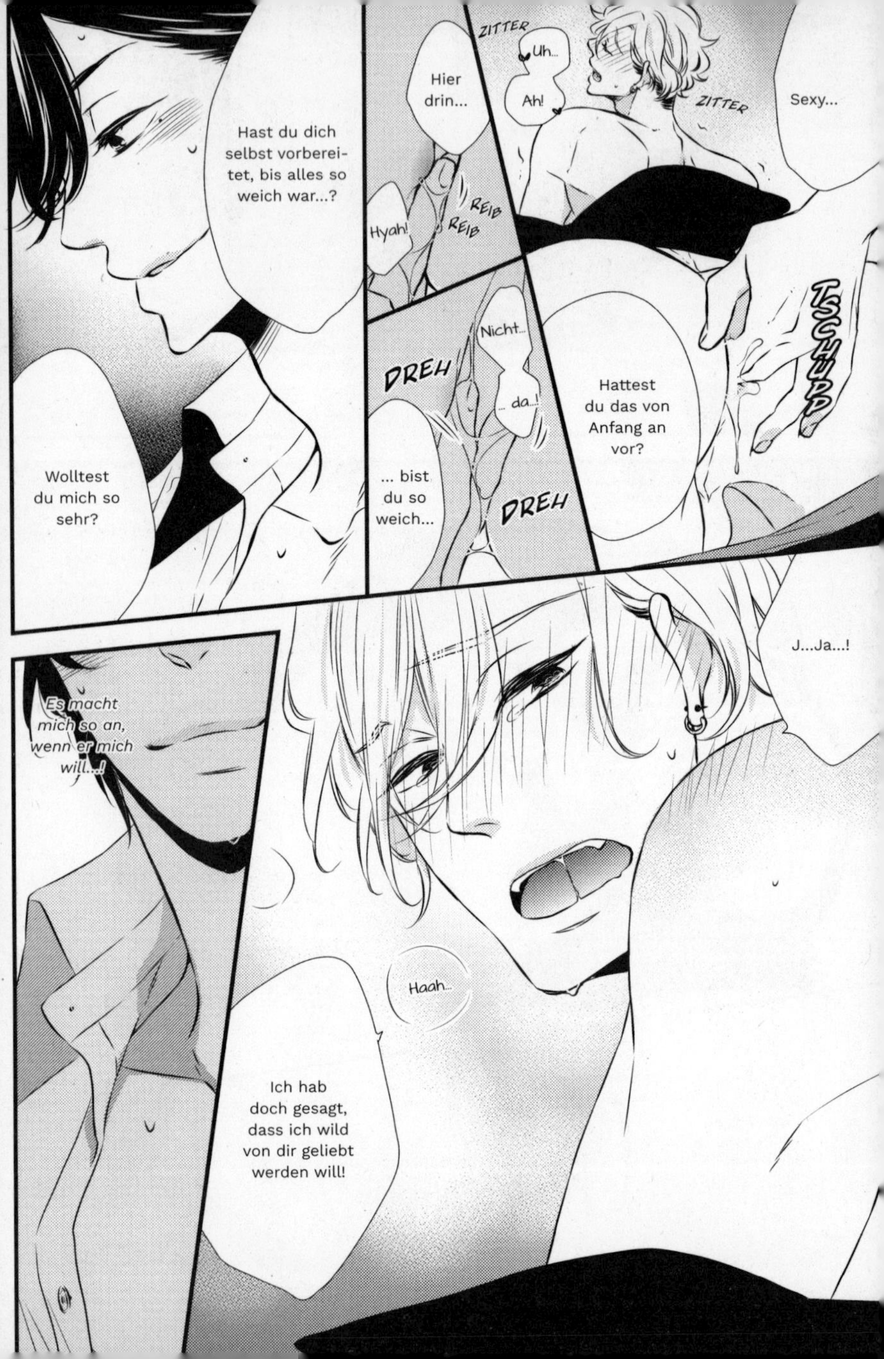
Sexy...
ZITTER
Uh...
Ah!
ZITTER
TSCHUPP
Hattest du das von Anfang an vor?
Hier drin...
REIB REIB
Hyah!
Nicht...
... da...!
DREH
DREH
... bist du so weich...
Hast du dich selbst vorberei-tet, bis alles so weich war...?
Wolltest du mich so sehr?
J...Ja...!
Haah...
Ich hab doch gesagt, dass ich wild von dir geliebt werden will!
Es macht mich so an, wenn er mich will...!

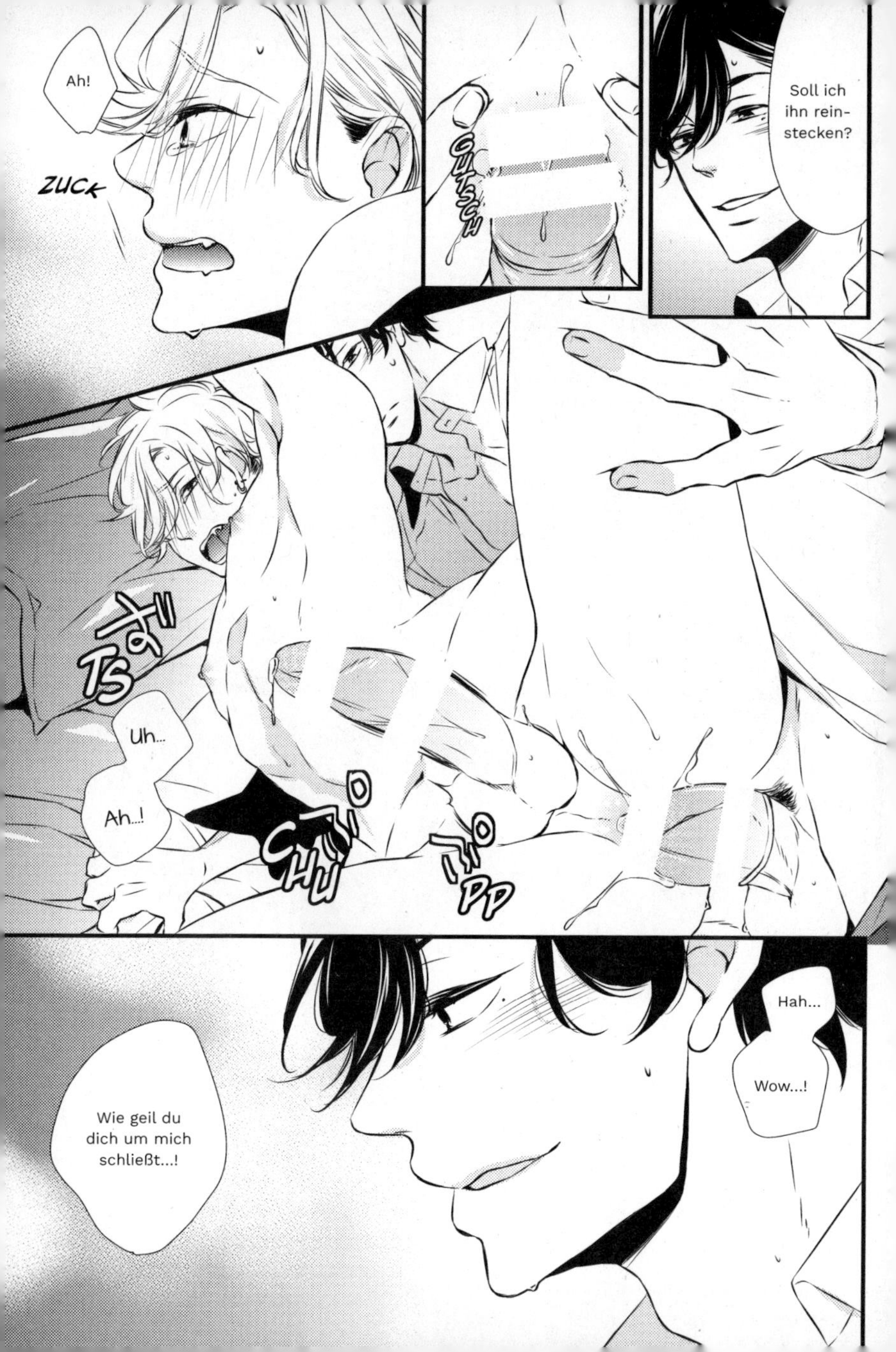
Soll ich ihn reinstecken?
GUTSCH
Ah!
ZUCK
TS
Uh...
Ah...!
PP
CHU
Hah...
Wow...!
Wie geil du dich um mich schließt...!

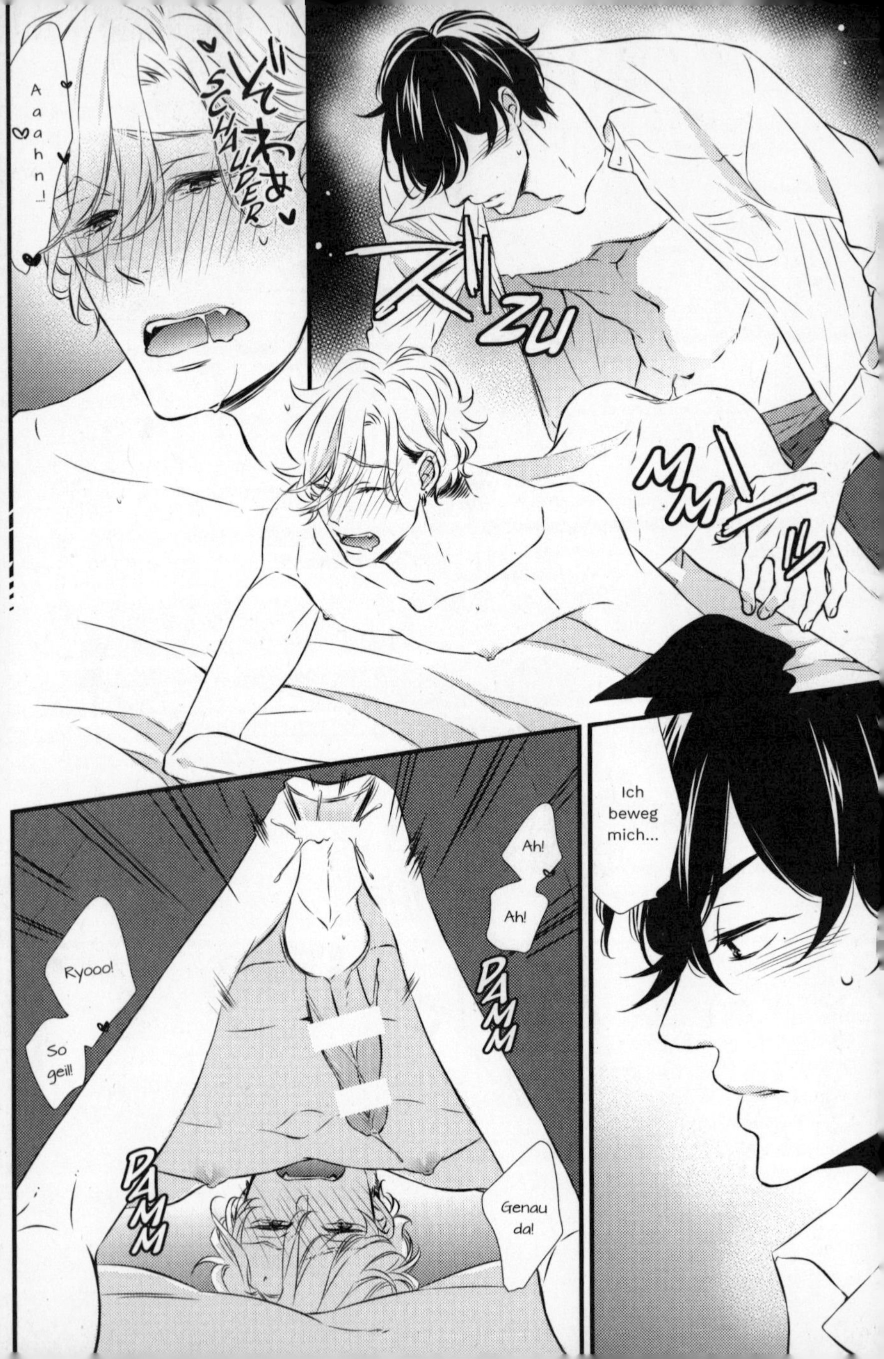

ZU
MMM
SCHAUDER
Aaahn!
Ich beweg mich...
Ah!
Ah!
DAMM
Ryooo!
So geil!
DAMM
Genau da!

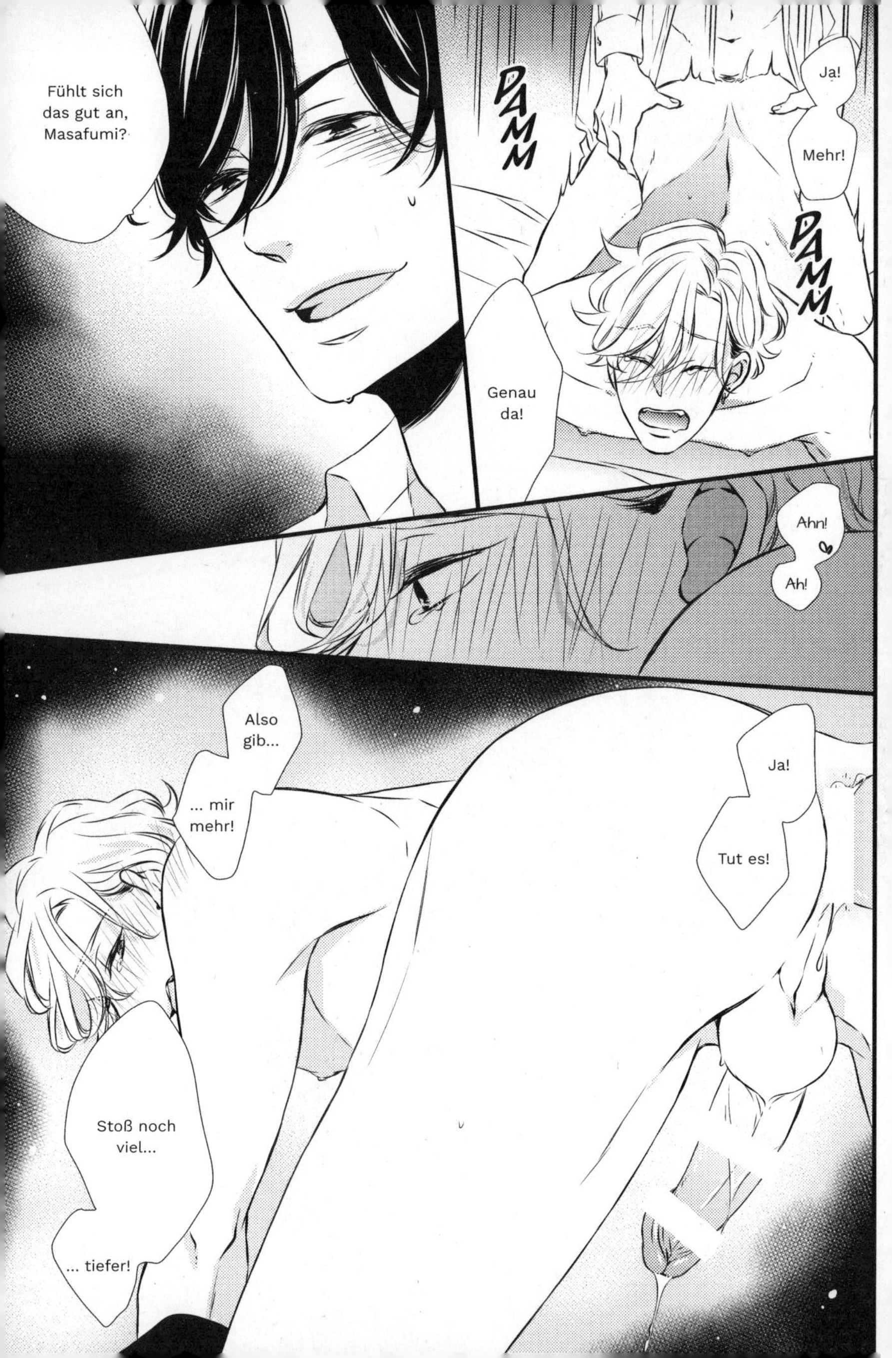
Ja!
Mehr!
DAMM
DAMM
Genau da!
Fühlt sich das gut an, Masafumi?
Ahn!
Ah!
Ja!
Tut es!
Also gib...
... mir mehr!
Stoß noch viel...
... tiefer!

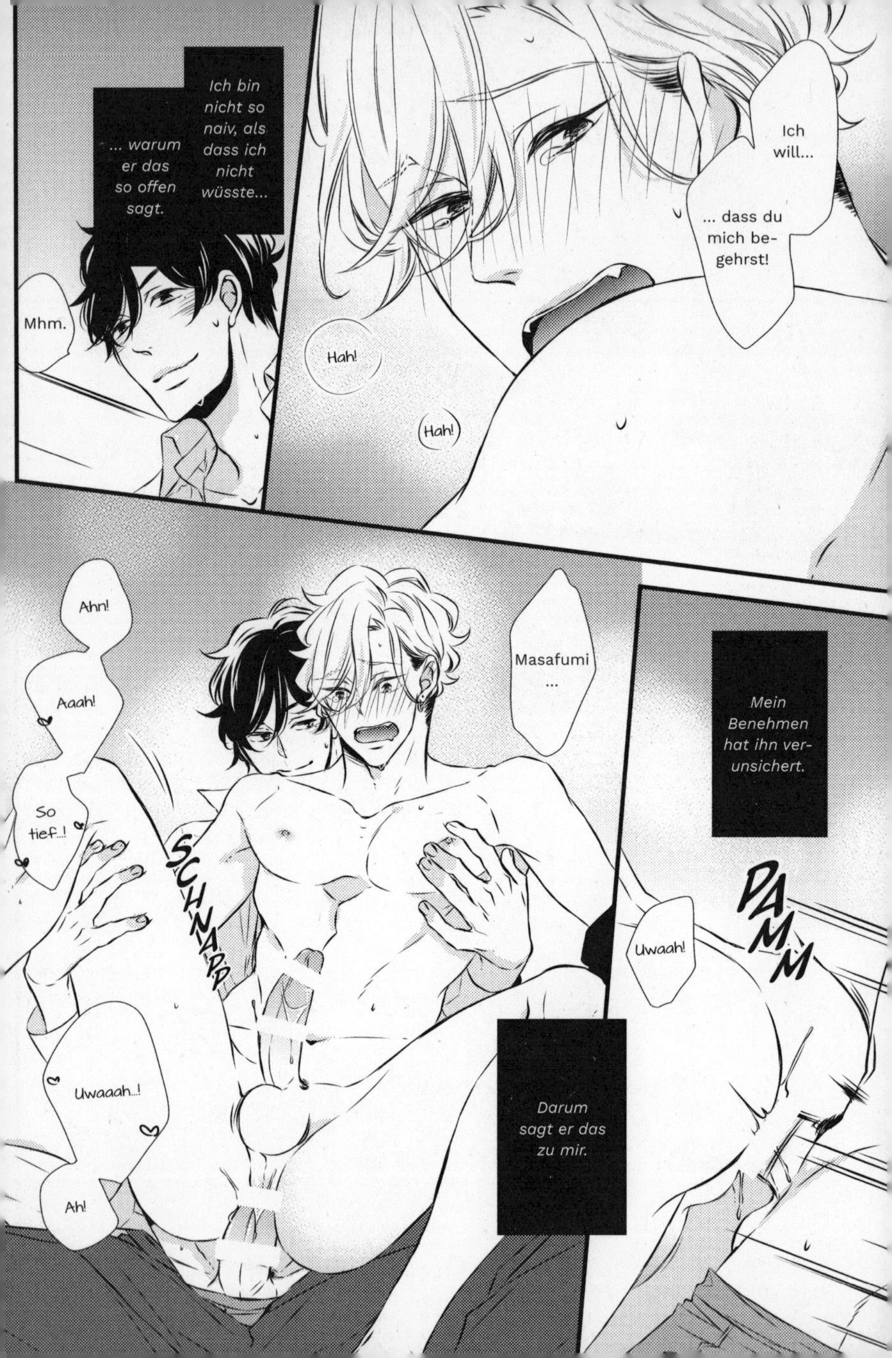
Ich will...
... dass du mich be-gehrst!
Hah!
Hah!
Ich bin nicht so naiv, als dass ich nicht wüsste...
... warum er das so offen sagt.
Mhm.
Mein Benehmen hat ihn ver-unsichert.
DAMM
Uwaah!
Darum sagt er das zu mir.
Masafumi ...
Ahn!
Aaah!
So tief...!
SCHNAPP
Uwaaah...!
Ah!

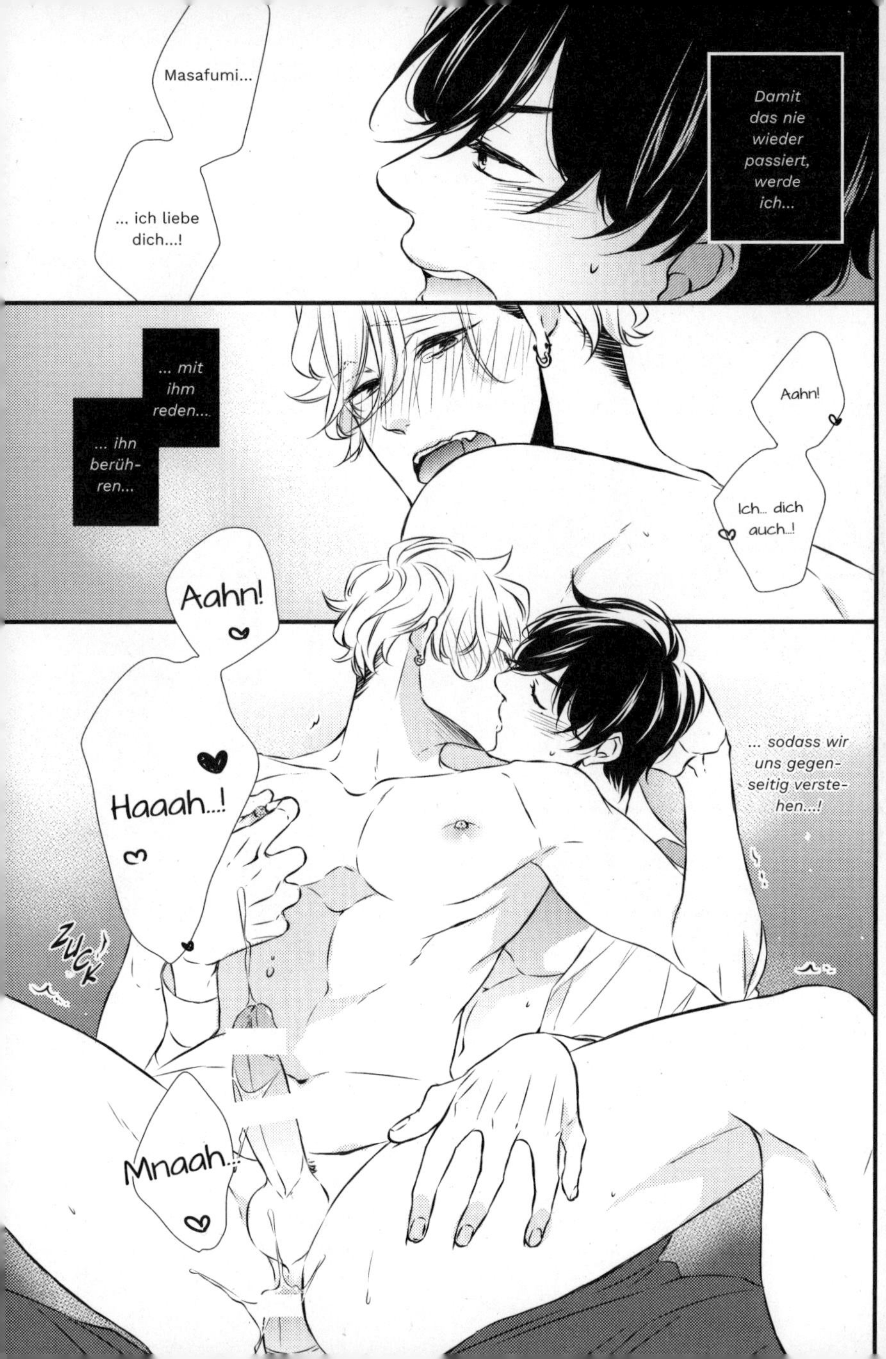
Damit das nie wieder passiert, werde ich...
Masafumi...
... ich liebe dich...!
Aahn!
Ich... dich auch...!
... mit ihm reden...
... ihn berüh-ren...
... sodass wir uns gegen-seitig verste-hen...!
Aahn!
Haaah...!
ZUCK
Mnaah...

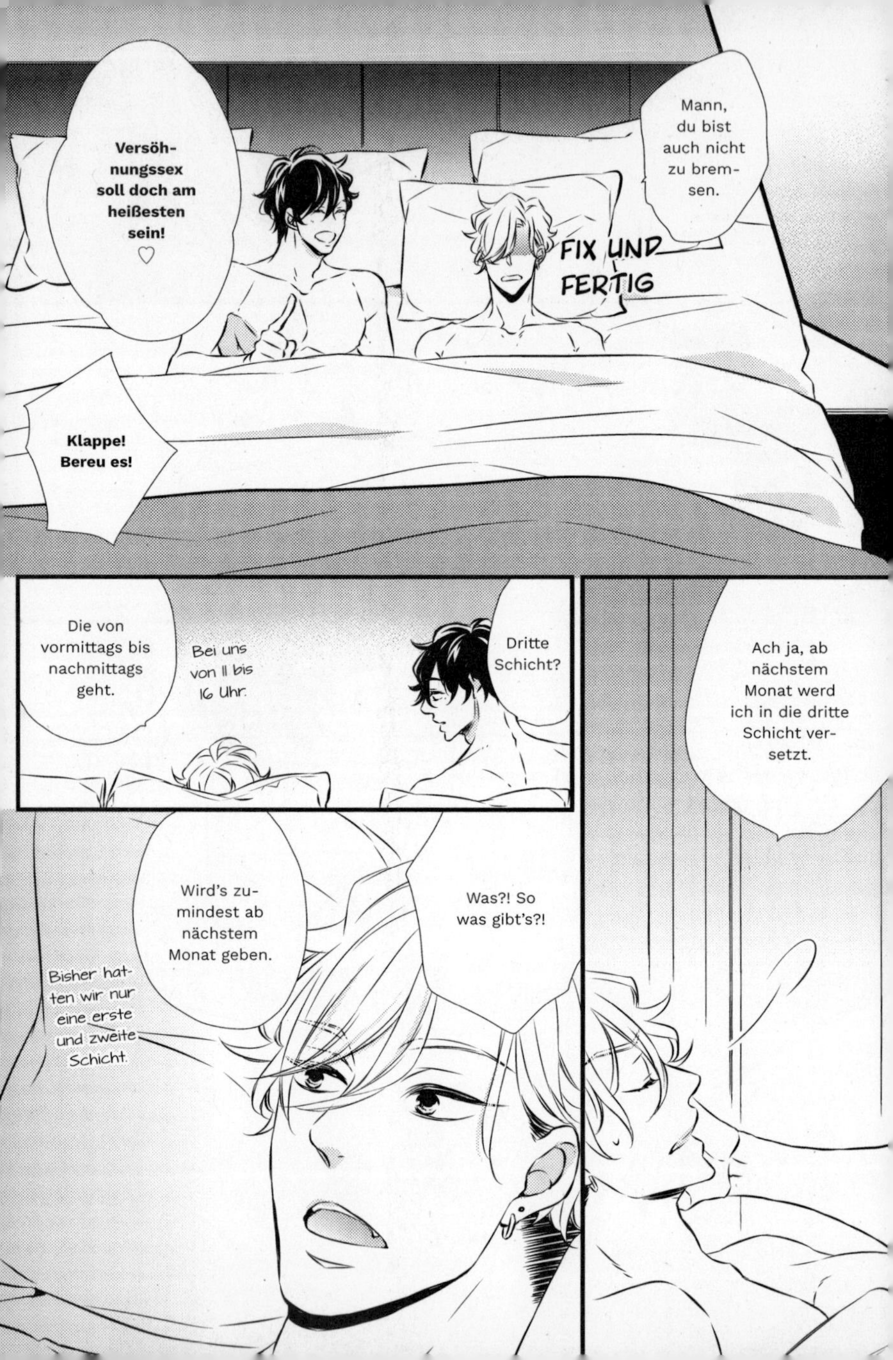
Mann, du bist auch nicht zu bremsen.
FIX UND FERTIG
Versöhnungssex soll doch am heißesten sein! ♡
Klappe! Bereu es!
Ach ja, ab nächstem Monat werd ich in die dritte Schicht versetzt.
Dritte Schicht?
Die von vormittags bis nachmittags geht.
Bei uns von 11 bis 16 Uhr.
Was?! So was gibt's?!
Wird's zumindest ab nächstem Monat geben.
Bisher hatten wir nur eine erste und zweite Schicht.

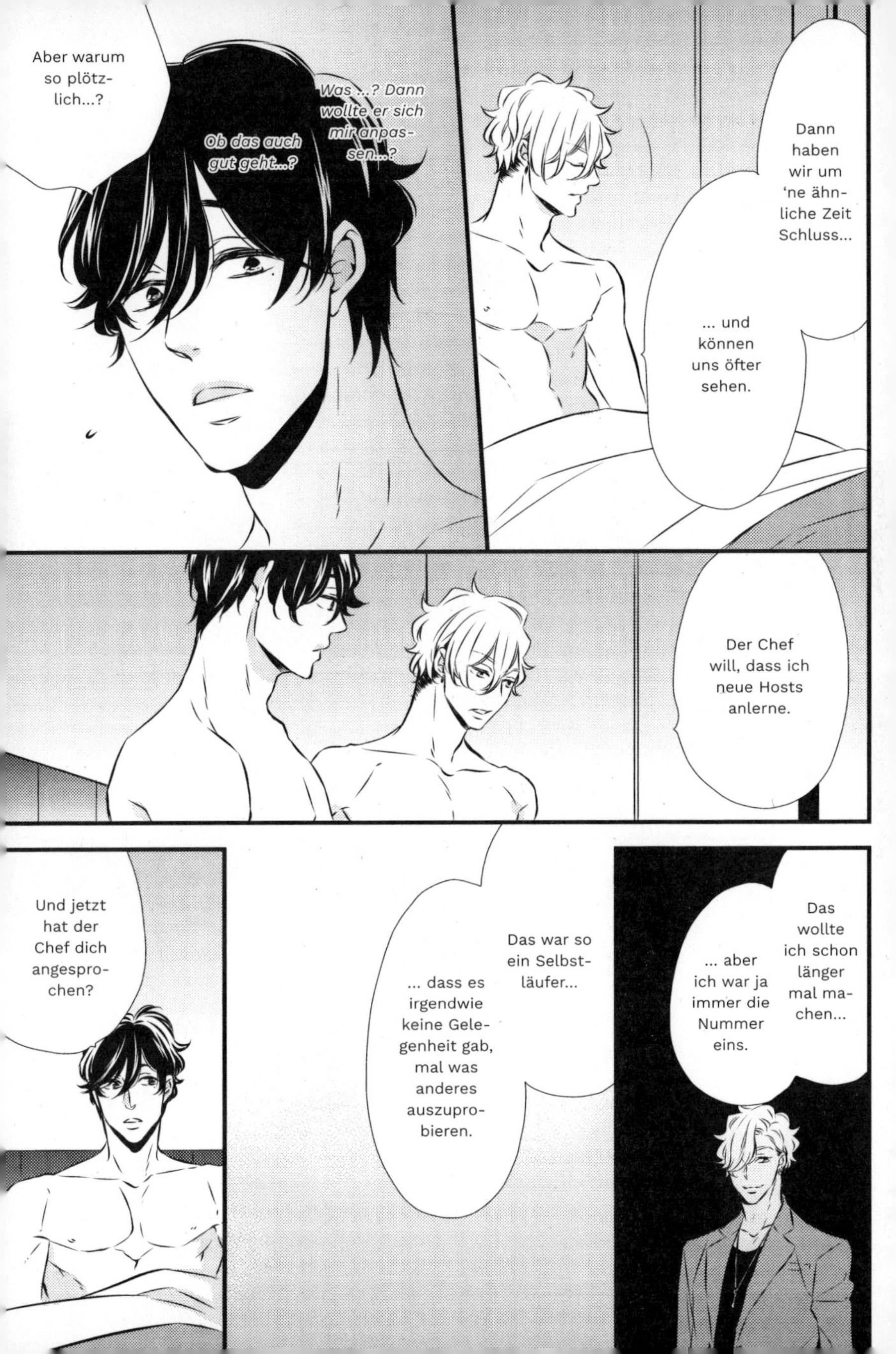
Dann haben wir um 'ne ähnliche Zeit Schluss...
... und können uns öfter sehen.
Was ...? Dann wollte er sich mir anpassen...?
Ob das auch gut geht...?
Aber warum so plötzlich...?
Der Chef will, dass ich neue Hosts anlerne.
Das wollte ich schon länger mal machen...
... aber ich war ja immer die Nummer eins.
Das war so ein Selbstläufer...
... dass es irgendwie keine Gelegenheit gab, mal was anderes auszuprobieren.
Und jetzt hat der Chef dich angesprochen?

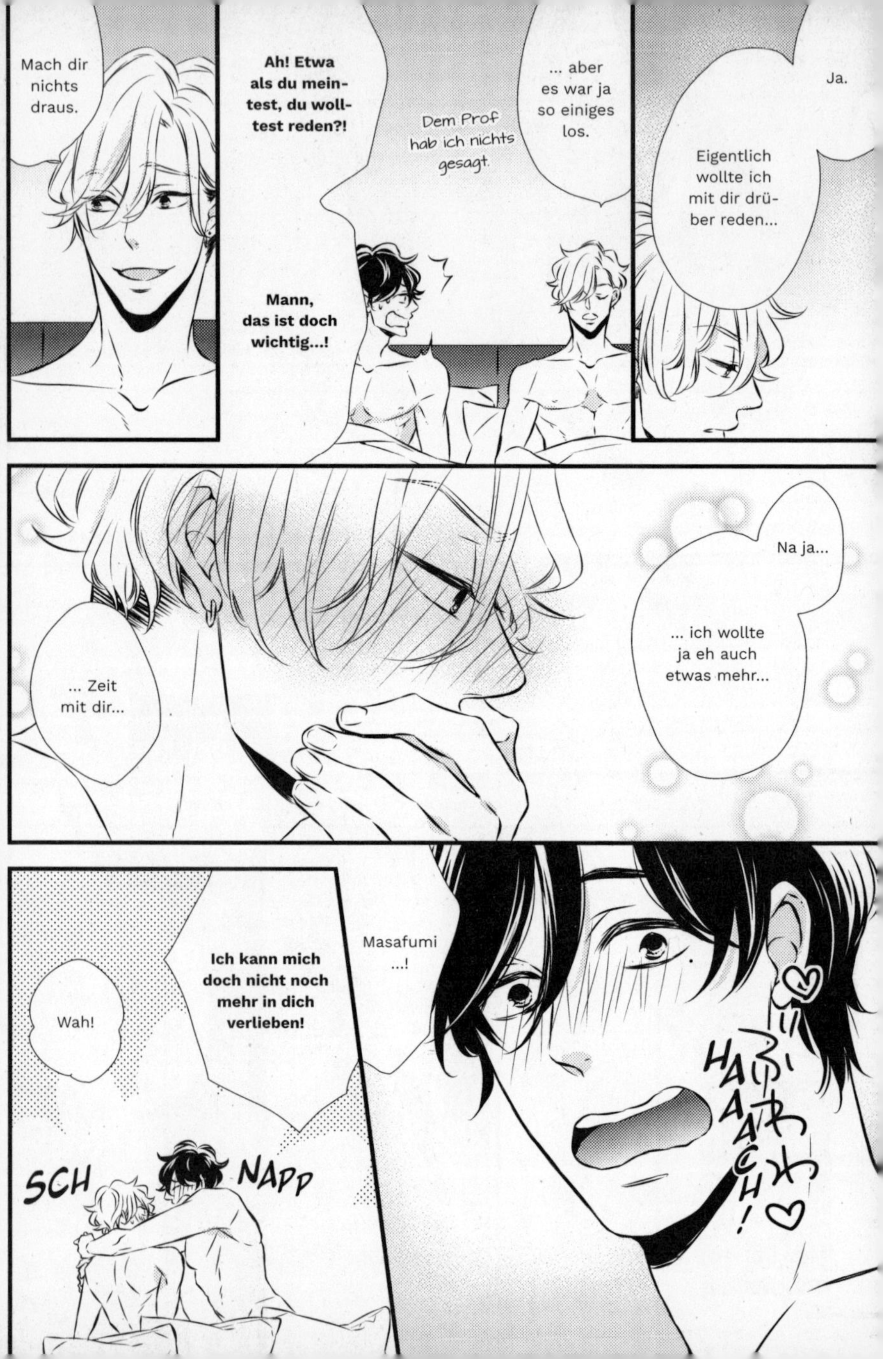
Ja.
Eigentlich wollte ich mit dir drüber reden...
... aber es war ja so einiges los.
Dem Prof hab ich nichts gesagt.
Ah! Etwa als du meintest, du wolltest reden?!
Mann, das ist doch wichtig...!
Mach dir nichts draus.
Na ja...
... ich wollte ja eh auch etwas mehr...
... Zeit mit dir...
Masafumi ...!
HAAAACH!
Ich kann mich doch nicht noch mehr in dich verlieben!
Wah!
SCHNAPP

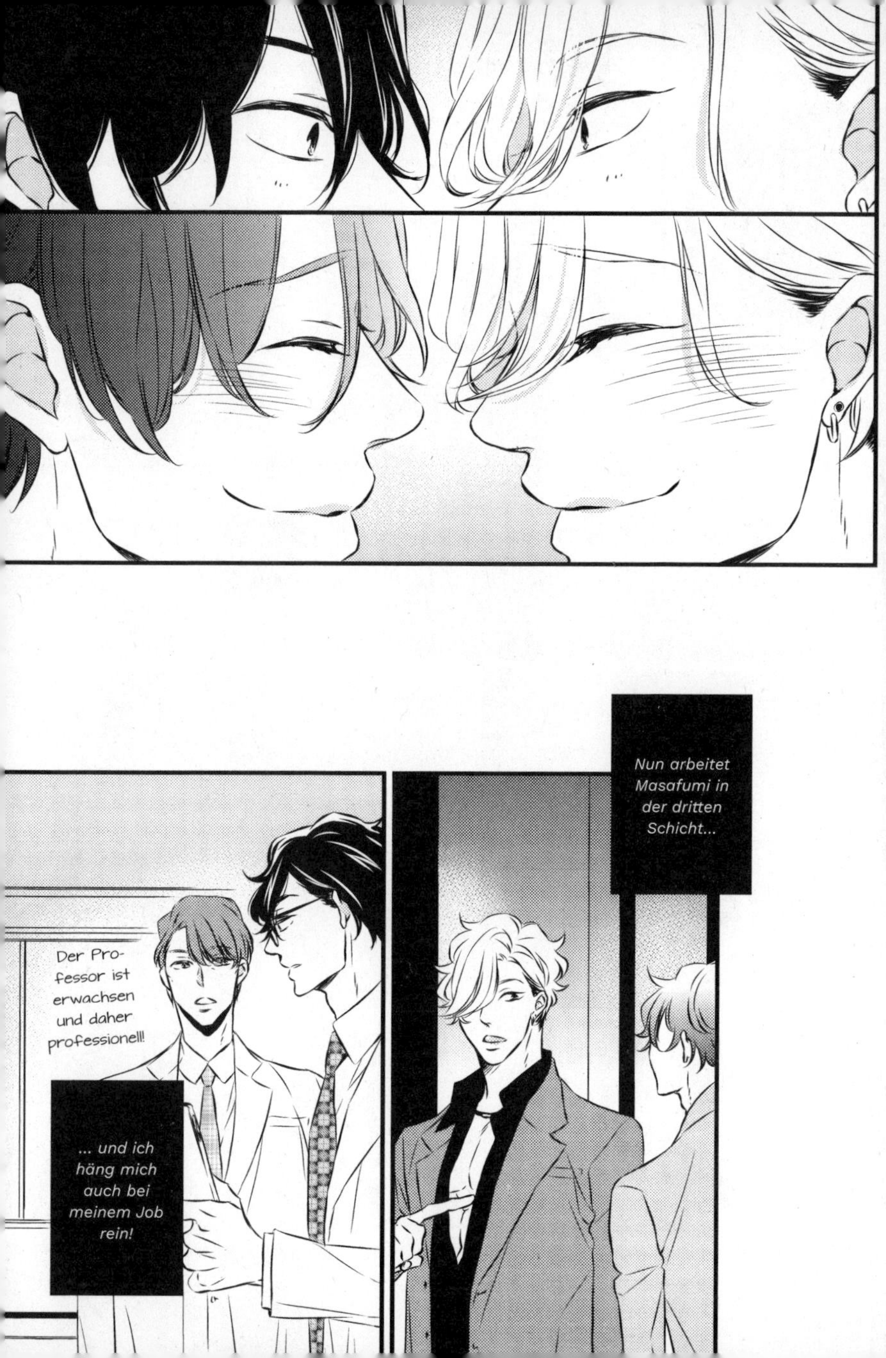
Nun arbeitet Masafumi in der dritten Schicht...
Der Pro-fessor ist erwachsen und daher professionell!
... und ich häng mich auch bei meinem Job rein!

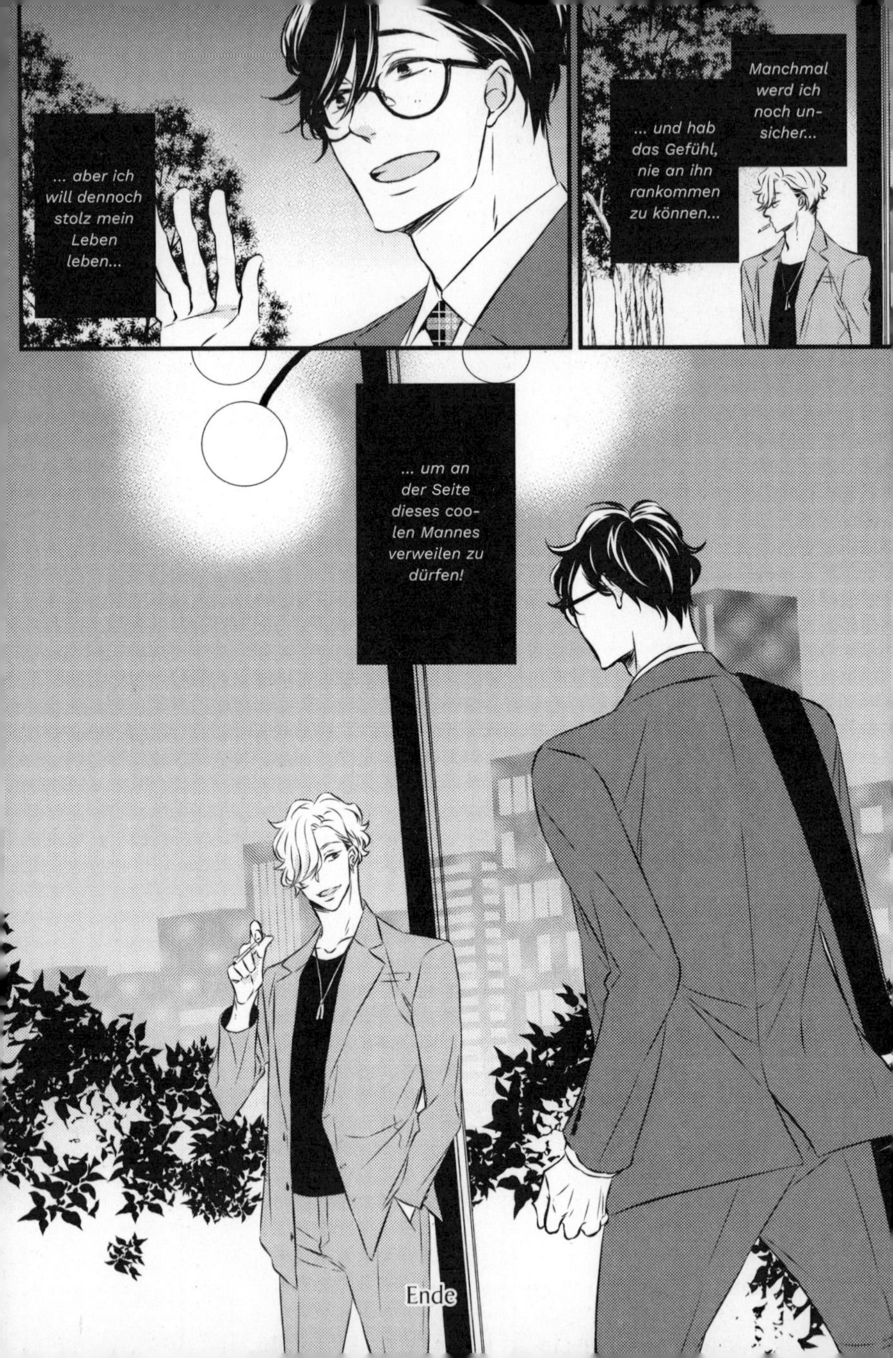
Manchmal werd ich noch unsicher...
... und hab das Gefühl, nie an ihn rankommen zu können...
... aber ich will dennoch stolz mein Leben leben...
... um an der Seite dieses coolen Mannes verweilen zu dürfen!
Ende

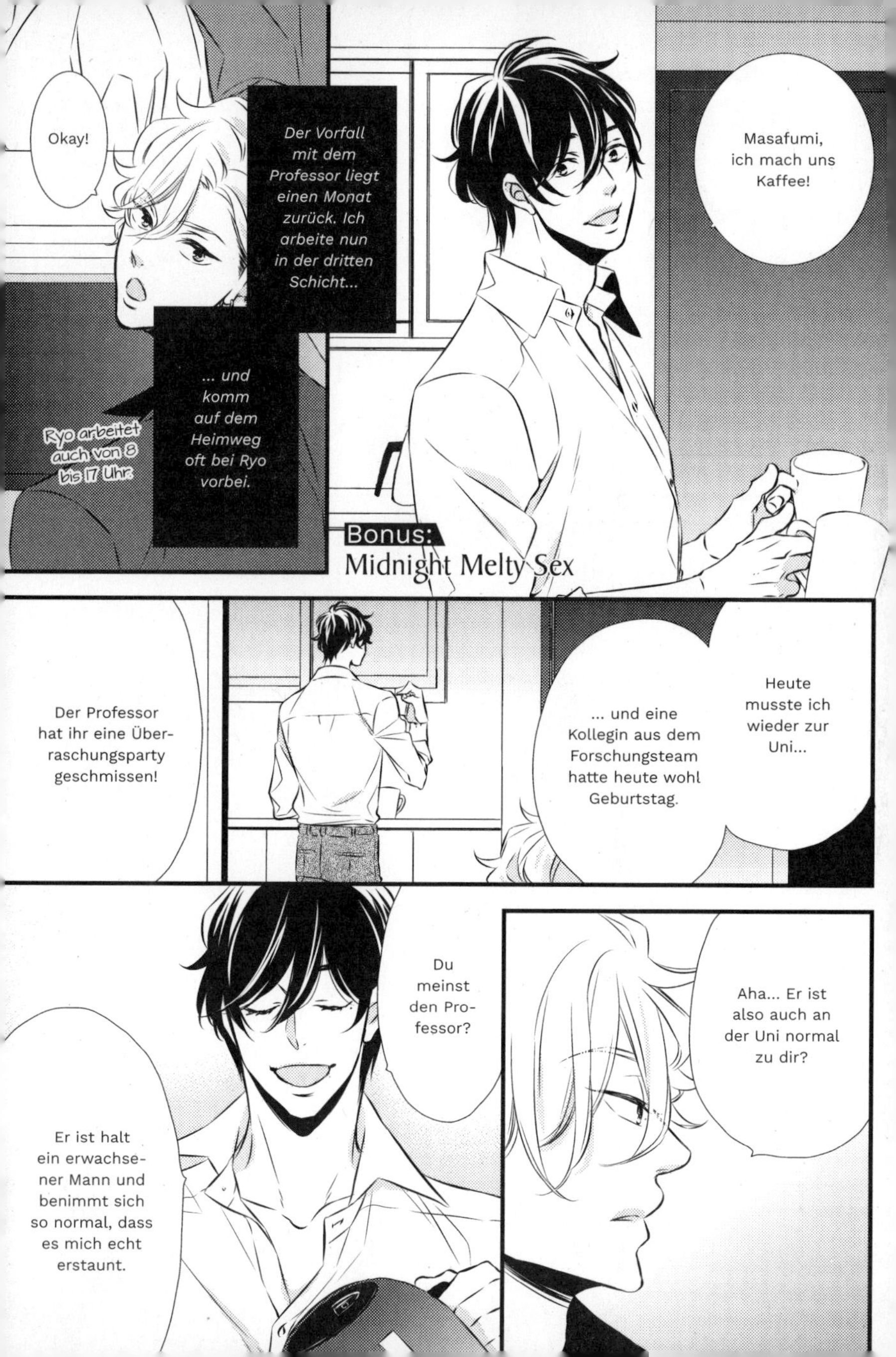
Masafumi, ich mach uns Kaffee!
Der Vorfall mit dem Professor liegt einen Monat zurück. Ich arbeite nun in der dritten Schicht...
Okay!
... und komm auf dem Heimweg oft bei Ryo vorbei.
Ryo arbeitet auch von 8 bis 17 Uhr.
Bonus:
Midnight Melty Sex
Heute musste ich wieder zur Uni...
... und eine Kollegin aus dem Forschungsteam hatte heute wohl Geburtstag.
Der Professor hat ihr eine Überraschungsparty geschmissen!
Aha... Er ist also auch an der Uni normal zu dir?
Du meinst den Professor?
Er ist halt ein erwachsener Mann und benimmt sich so normal, dass es mich echt erstaunt.

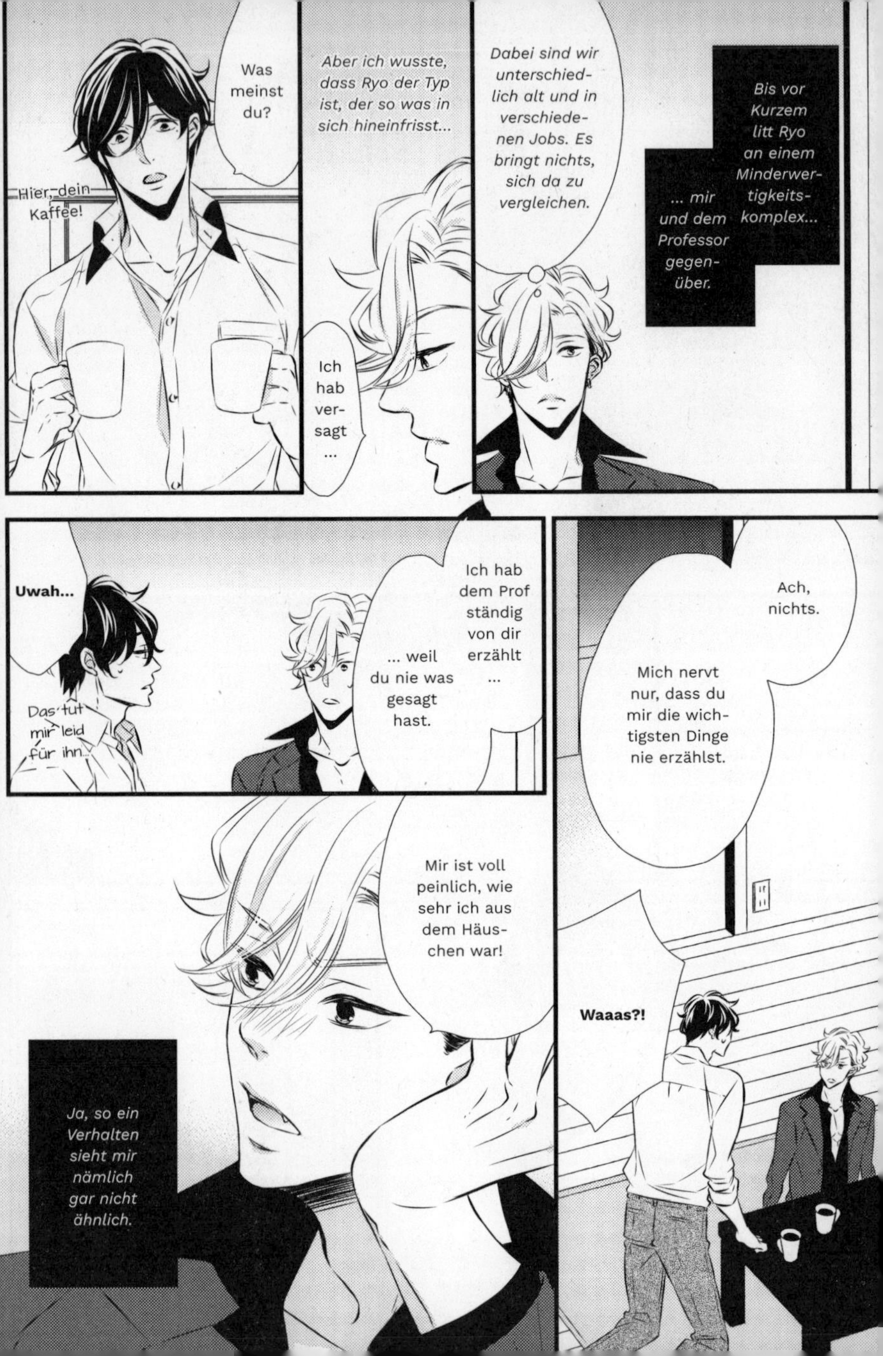

Bis vor Kurzem litt Ryo an einem Minderwertigkeitskomplex...
... mir und dem Professor gegenüber.
Dabei sind wir unterschiedlich alt und in verschiedenen Jobs. Es bringt nichts, sich da zu vergleichen.
Aber ich wusste, dass Ryo der Typ ist, der so was in sich hineinfrisst...
Ich hab versagt ...
Was meinst du?
Hier, dein Kaffee!
Ach, nichts.
Mich nervt nur, dass du mir die wichtigsten Dinge nie erzählst.
Ich hab dem Prof ständig von dir erzählt ...
... weil du nie was gesagt hast.
Uwah...
Das tut mir leid für ihn...
Waaas?!
Mir ist voll peinlich, wie sehr ich aus dem Häuschen war!
Ja, so ein Verhalten sieht mir nämlich gar nicht ähnlich.

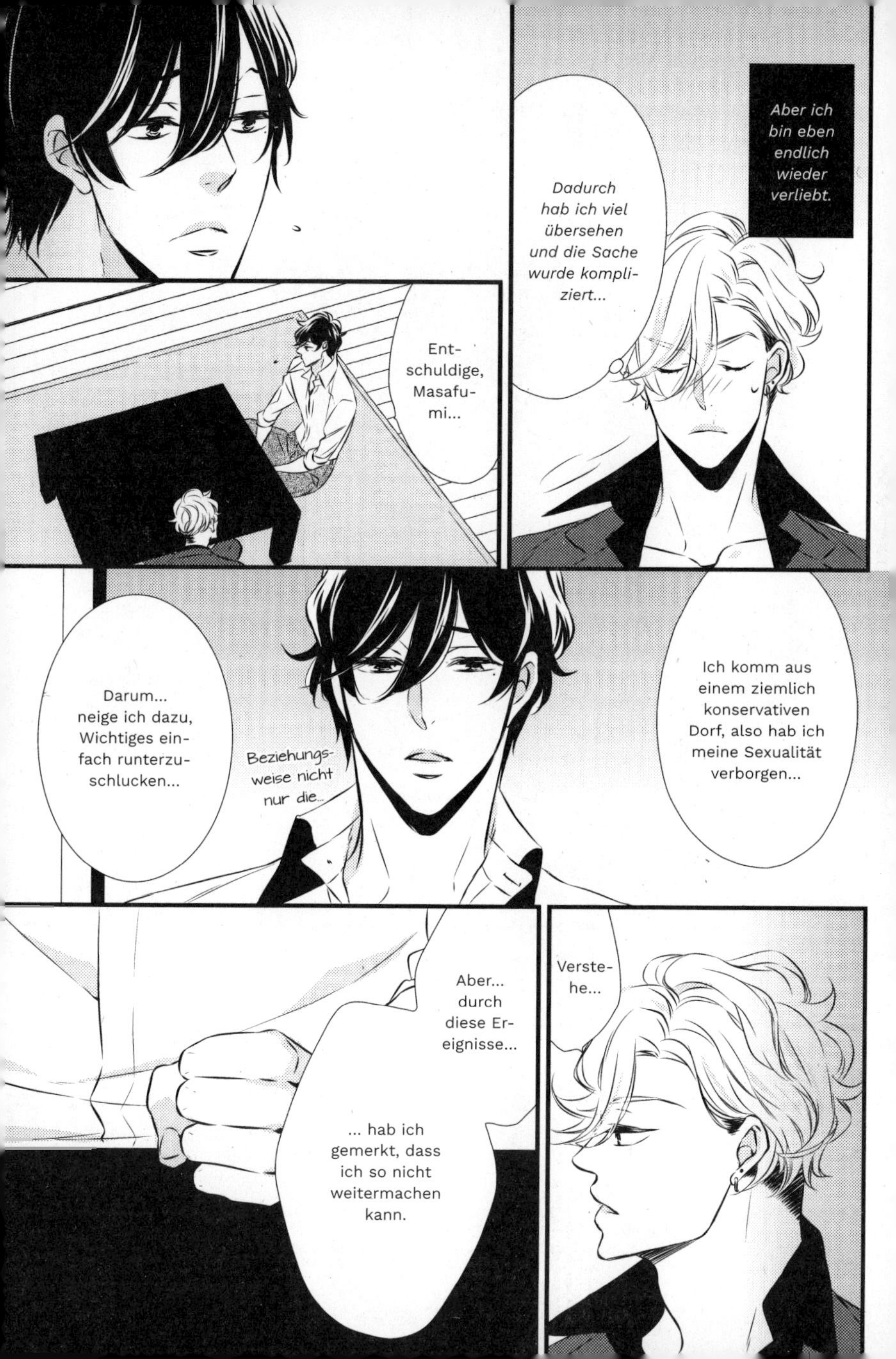

Aber ich bin eben endlich wieder verliebt.
Dadurch hab ich viel übersehen und die Sache wurde kompliziert...
Entschuldige, Masafumi...
Ich komm aus einem ziemlich konservativen Dorf, also hab ich meine Sexualität verborgen...
Beziehungsweise nicht nur die...
Darum... neige ich dazu, Wichtiges einfach runterzuschlucken...
Verstehe...
Aber... durch diese Ereignisse...
... hab ich gemerkt, dass ich so nicht weitermachen kann.

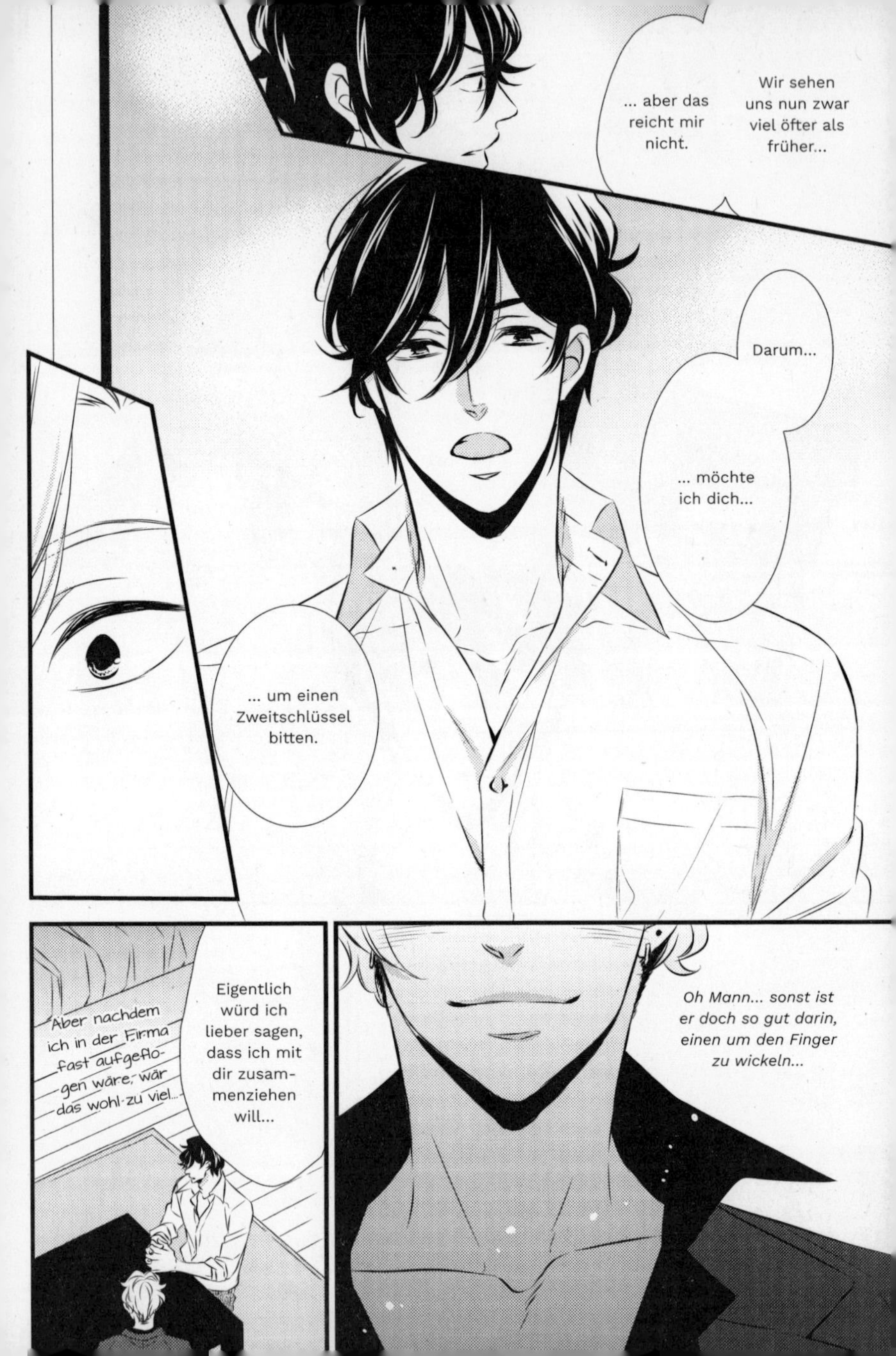
Wir sehen uns nun zwar viel öfter als früher...
... aber das reicht mir nicht.
Darum...
... möchte ich dich...
... um einen Zweitschlüssel bitten.
Oh Mann... sonst ist er doch so gut darin, einen um den Finger zu wickeln...
Eigentlich würd ich lieber sagen, dass ich mit dir zusammenziehen will...
Aber nachdem ich in der Firma fast aufgeflogen wäre, wär das wohl zu viel...

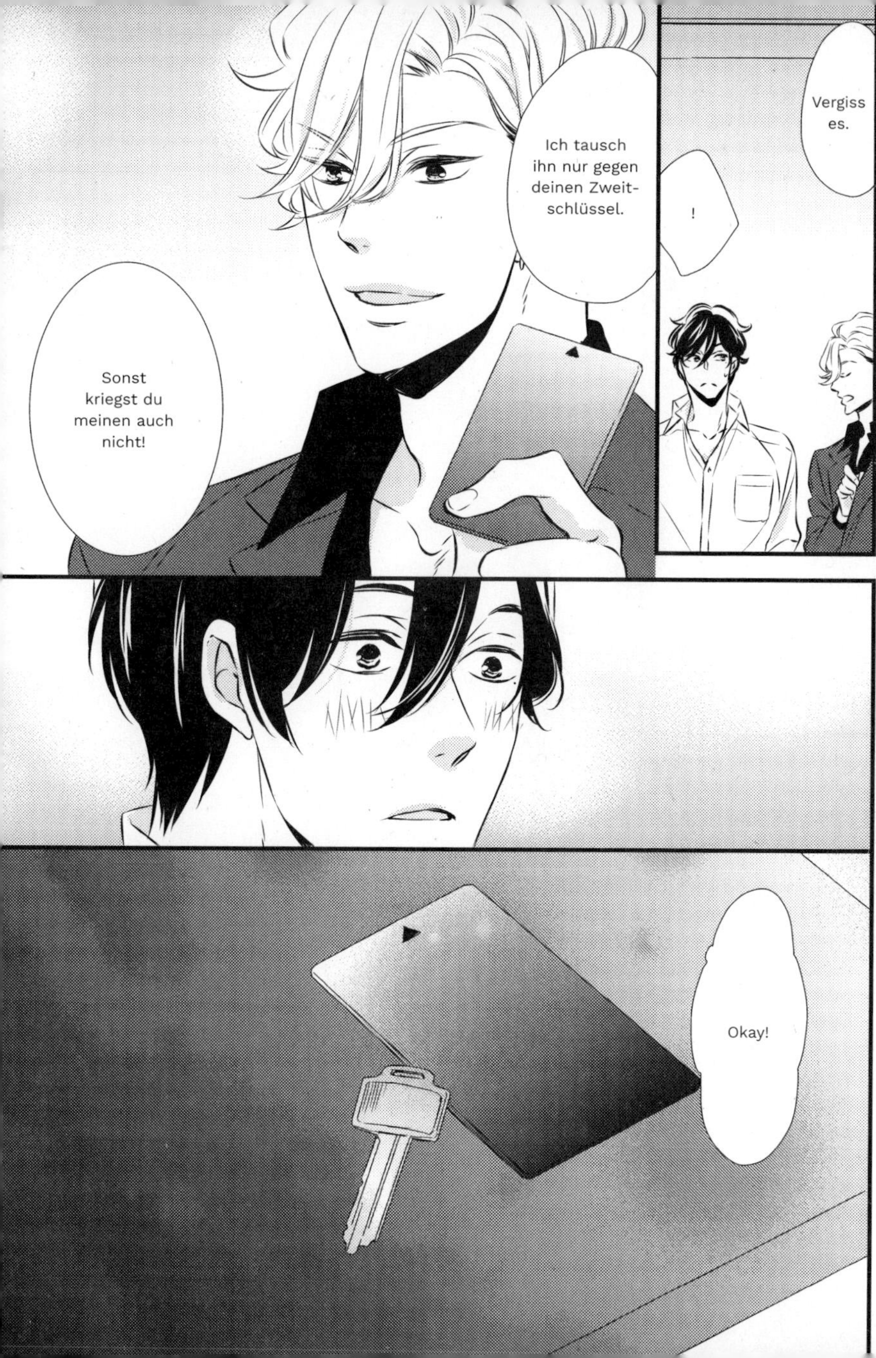

Vergiss es.
!
Ich tausch ihn nur gegen deinen Zweit-schlüssel.
Sonst kriegst du meinen auch nicht!
Okay!

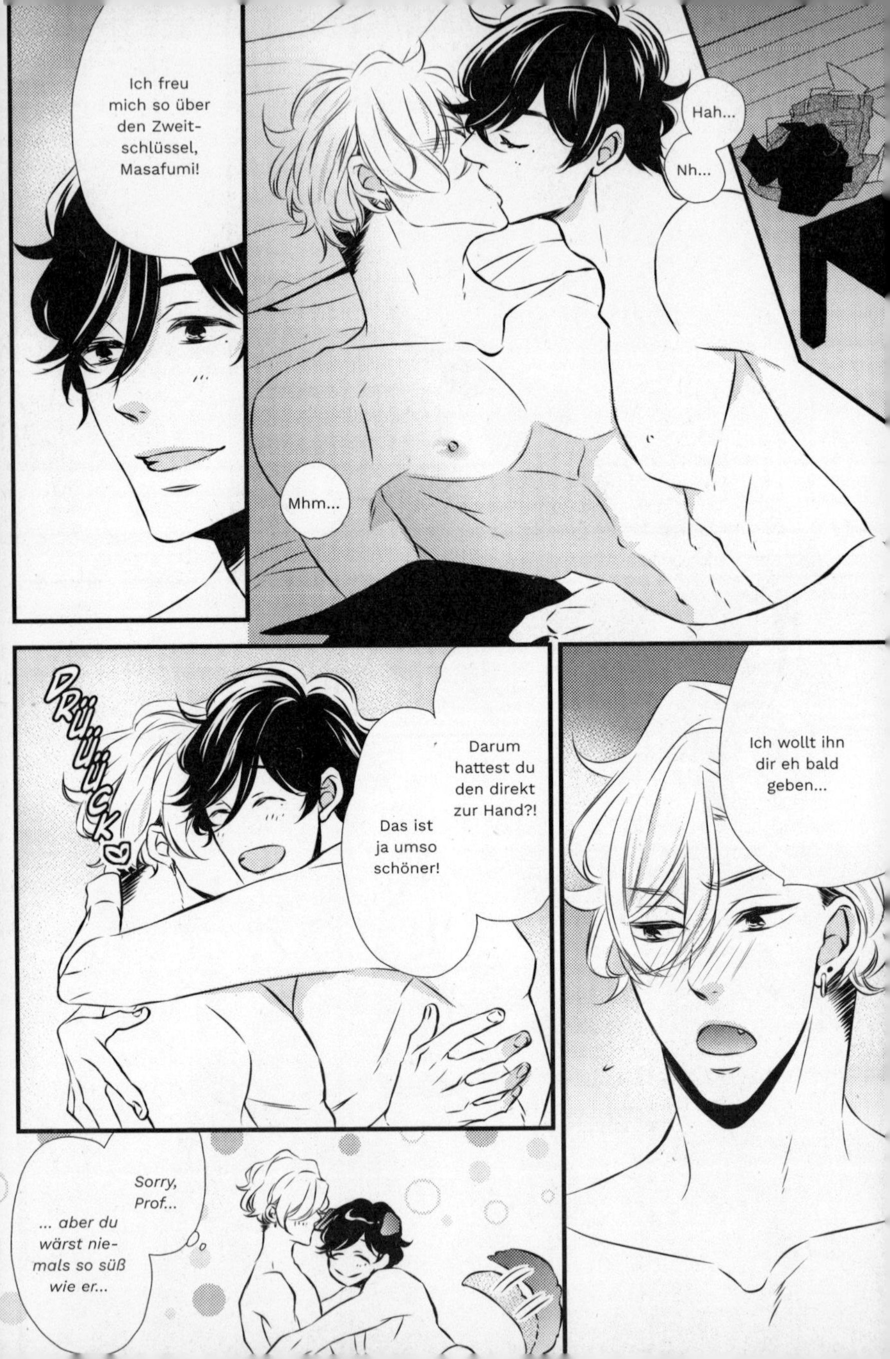
Hah...
Nh...
Mhm...
Ich freu mich so über den Zweit-schlüssel, Masafumi!
Ich wollt ihn dir eh bald geben...
Darum hattest du den direkt zur Hand?!
Das ist ja umso schöner!
DRÜÜÜCK
Sorry, Prof...
... aber du wärst nie-mals so süß wie er...

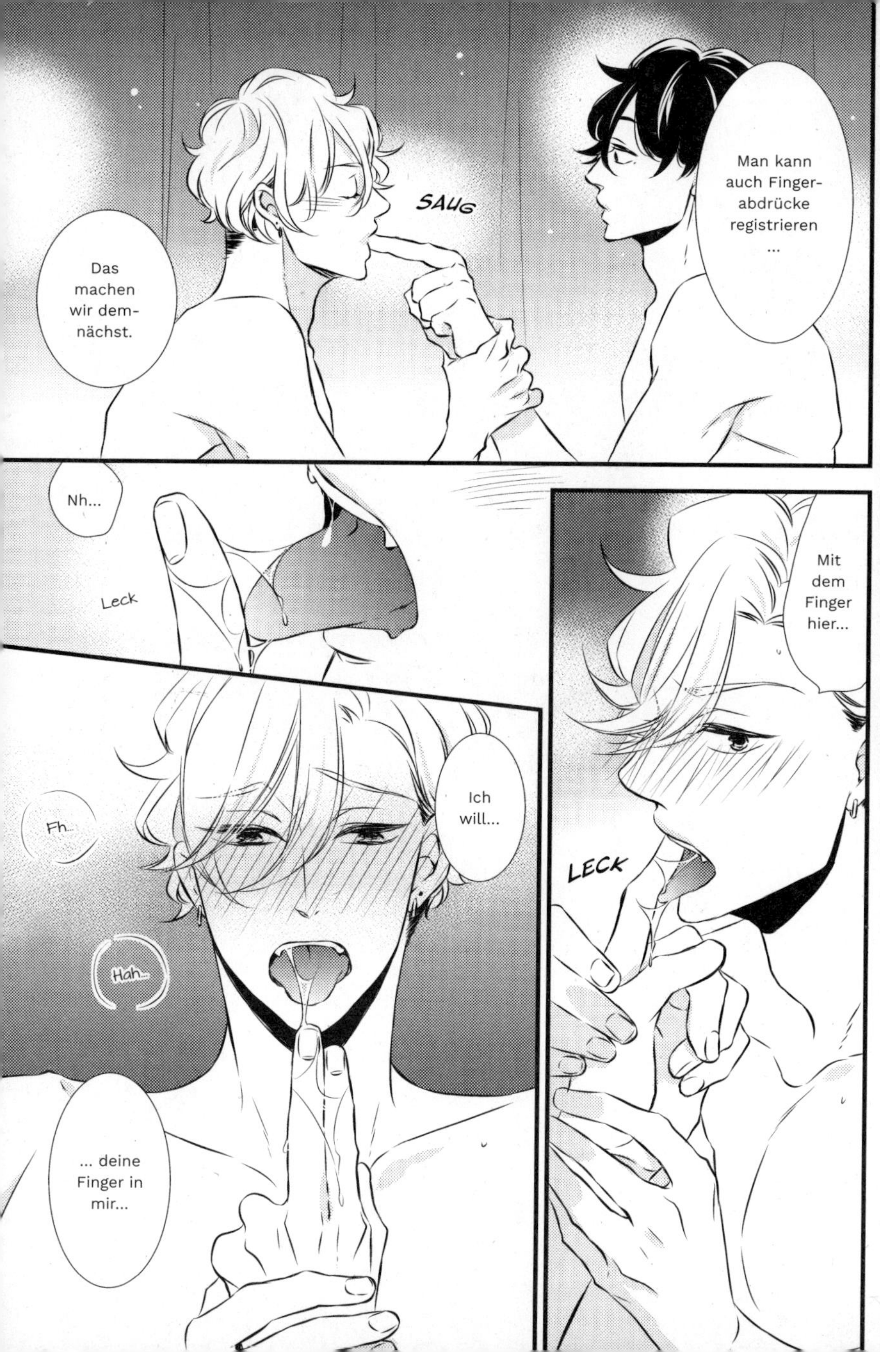
Man kann auch Fingerabdrücke registrieren ...
SAUG
Das machen wir demnächst.
Mit dem Finger hier...
LECK
Nh...
Leck
Ich will...
Fh...
Hah...
... deine Finger in mir...

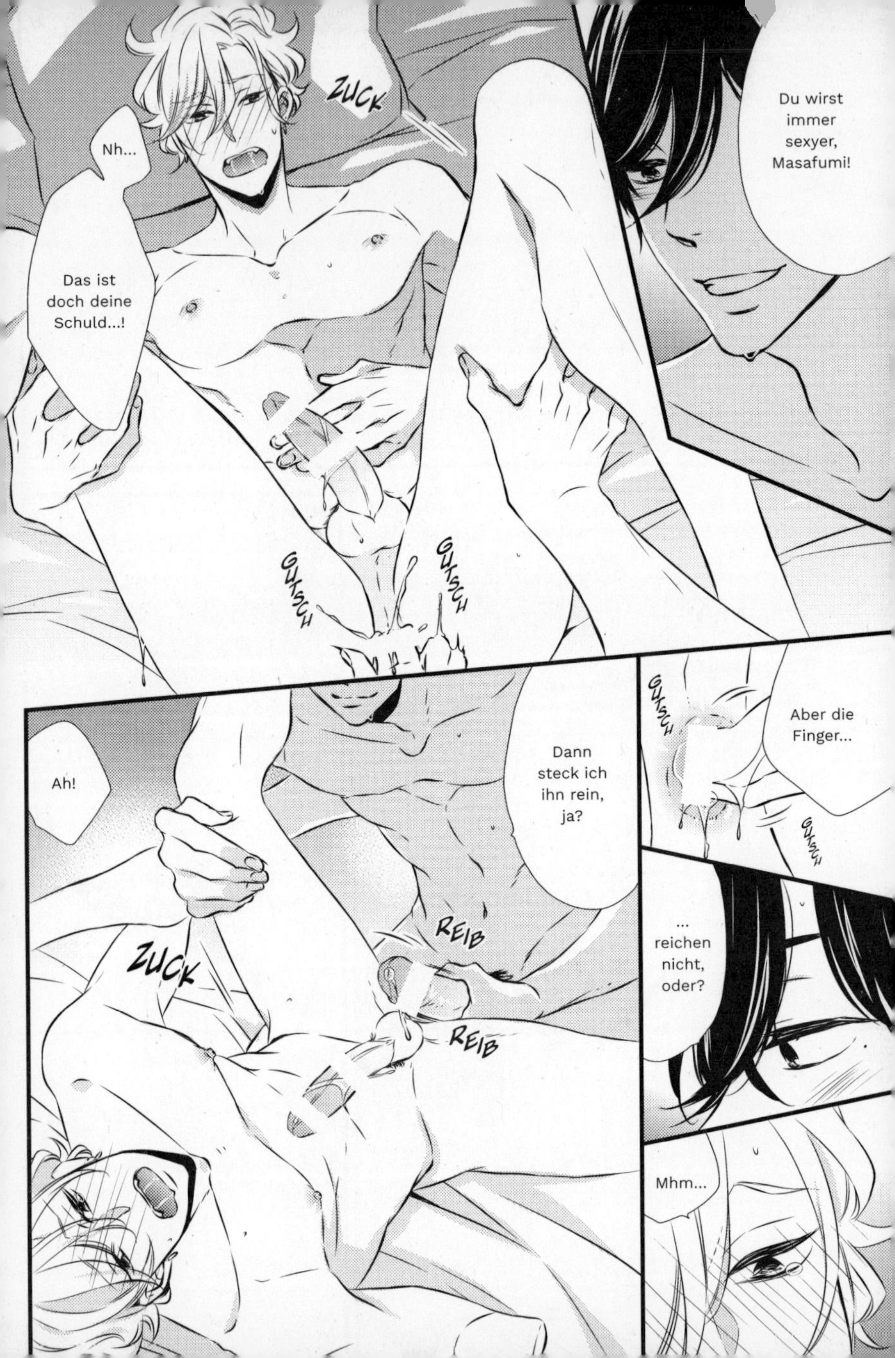
Du wirst immer sexyer, Masafumi!
ZUCK
Nh...
Das ist doch deine Schuld...!
GUTSCH
GUTSCH
GUTSCH
Aber die Finger...
GUTSCH
... reichen nicht, oder?
Mhm...
Dann steck ich ihn rein, ja?
REIB
REIB
ZUCK
Ah!

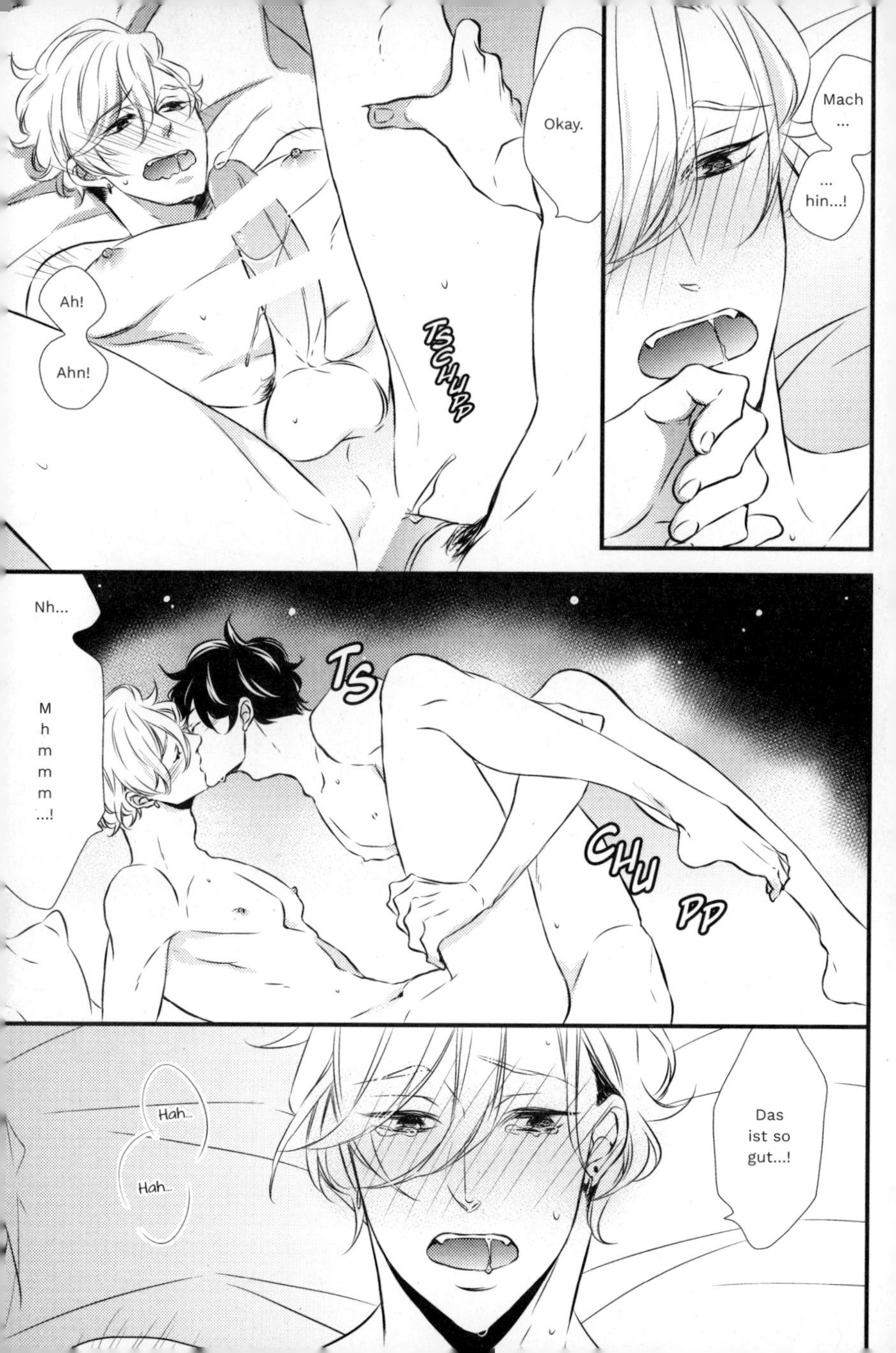
Mach ...
... hin...!
Okay.
TSCHUPP
Ah!
Ahn!
TS
CHU
PP
Nh...
Mhmmm...!
Das ist so gut...!
Hah...
Hah...

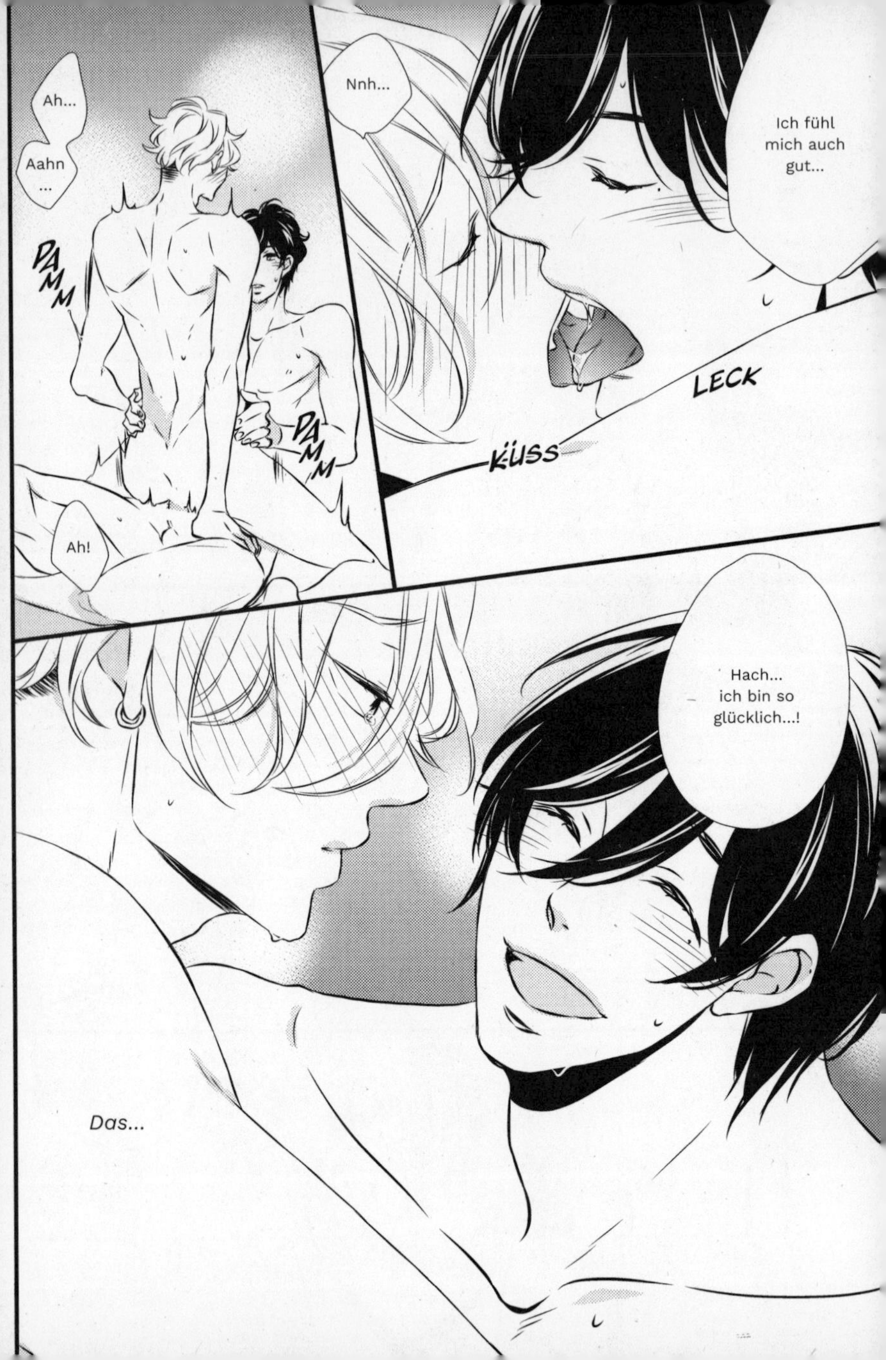
Ich fühl mich auch gut...
Nnh...
LECK
KÜSS
Ah...
Aahn ...
DAMM
DAMM
Ah!
Hach... ich bin so glücklich...!
Das...

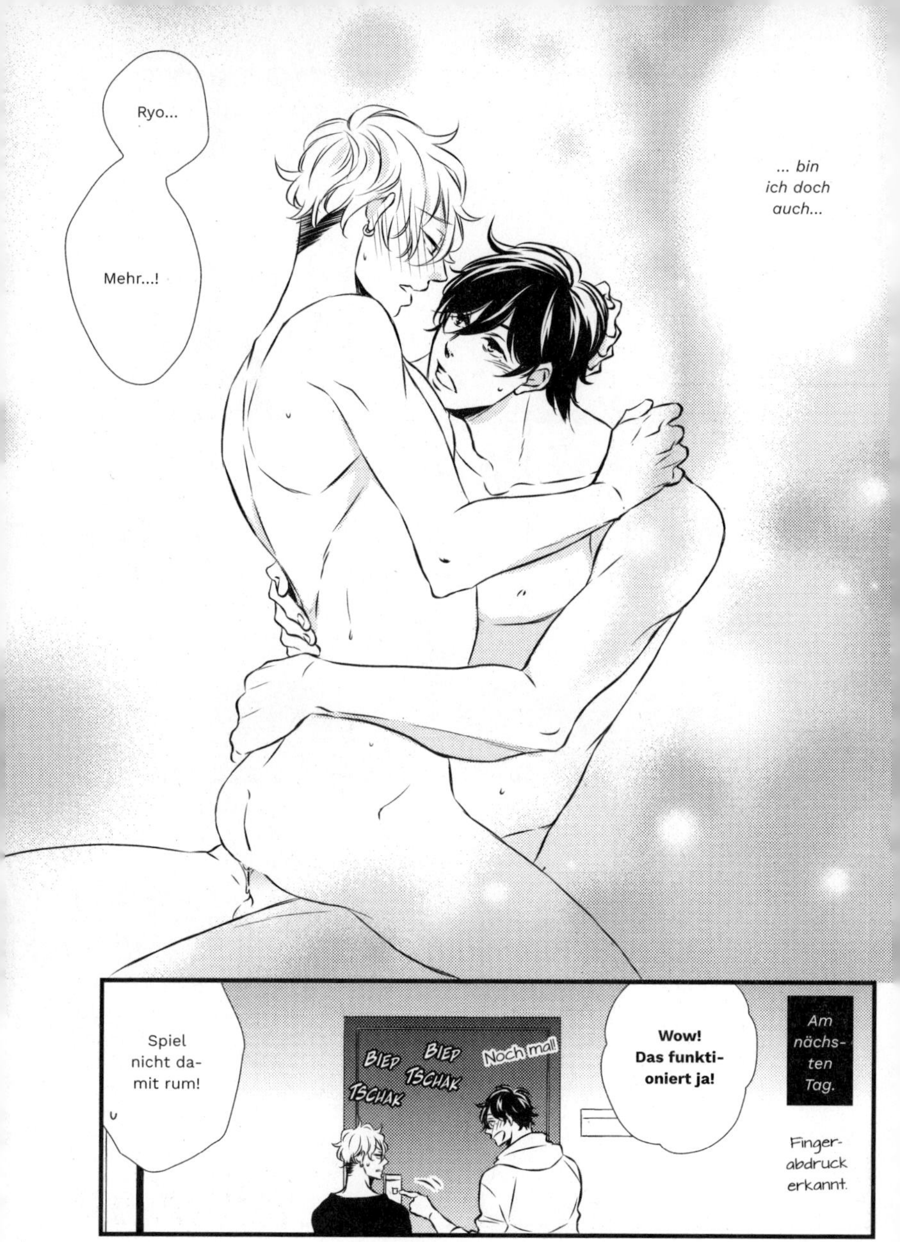
... bin ich doch auch...
Ryo...
Mehr...!
Am nächsten Tag.
Finger-abdruck erkannt.
Wow! Das funktioniert ja!
Noch mal!
BIEP TSCHAK
BIEP TSCHAK
Spiel nicht damit rum!

Ende

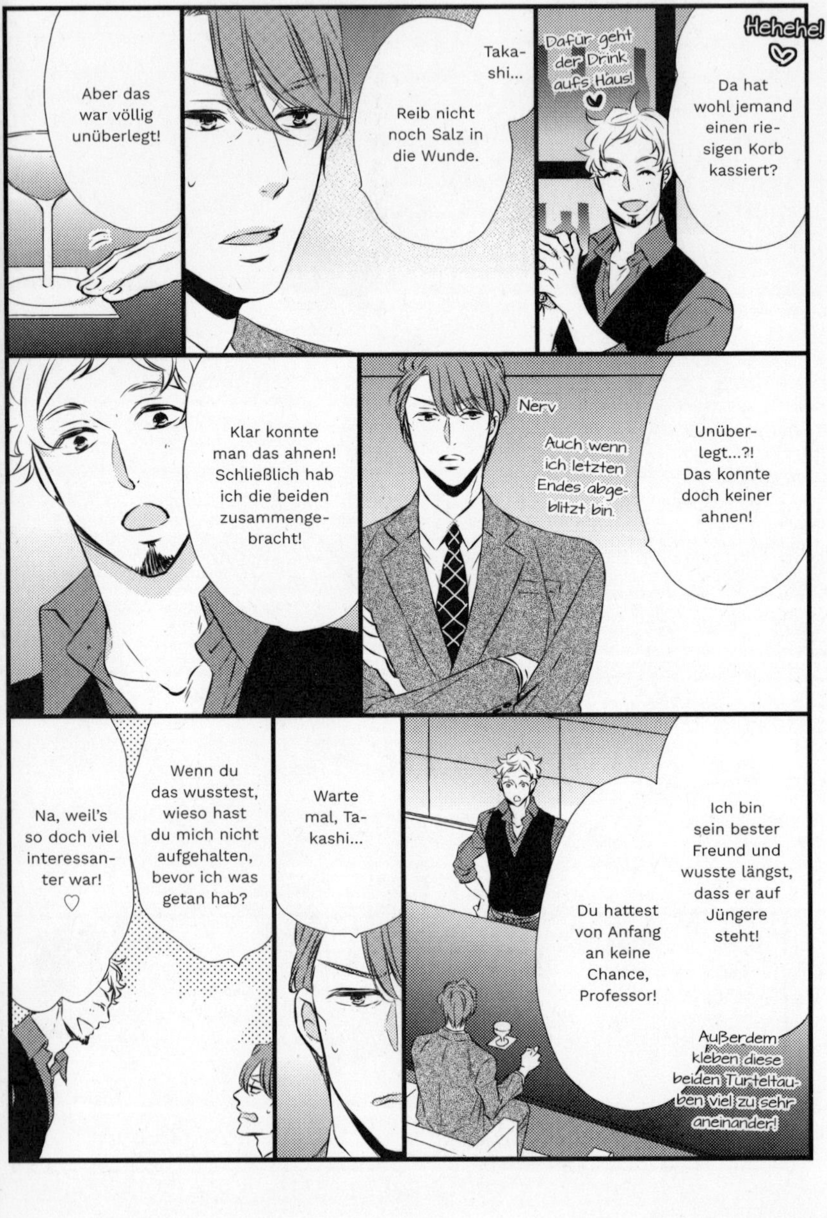
Hehehe!
Da hat wohl jemand einen riesigen Korb kassiert?
Dafür geht der Drink aufs Haus!
Takashi...
Reib nicht noch Salz in die Wunde.
Aber das war völlig unüberlegt!
Unüberlegt...?! Das konnte doch keiner ahnen!
Nerv
Auch wenn ich letzten Endes abgeblitzt bin.
Klar konnte man das ahnen! Schließlich hab ich die beiden zusammengebracht!
Ich bin sein bester Freund und wusste längst, dass er auf Jüngere steht!
Du hattest von Anfang an keine Chance, Professor!
Außerdem kleben diese beiden Turteltauben viel zu sehr aneinander!
Warte mal, Takashi...
Wenn du das wusstest, wieso hast du mich nicht aufgehalten, bevor ich was getan hab?
Na, weil's so doch viel interessanter war! ♡

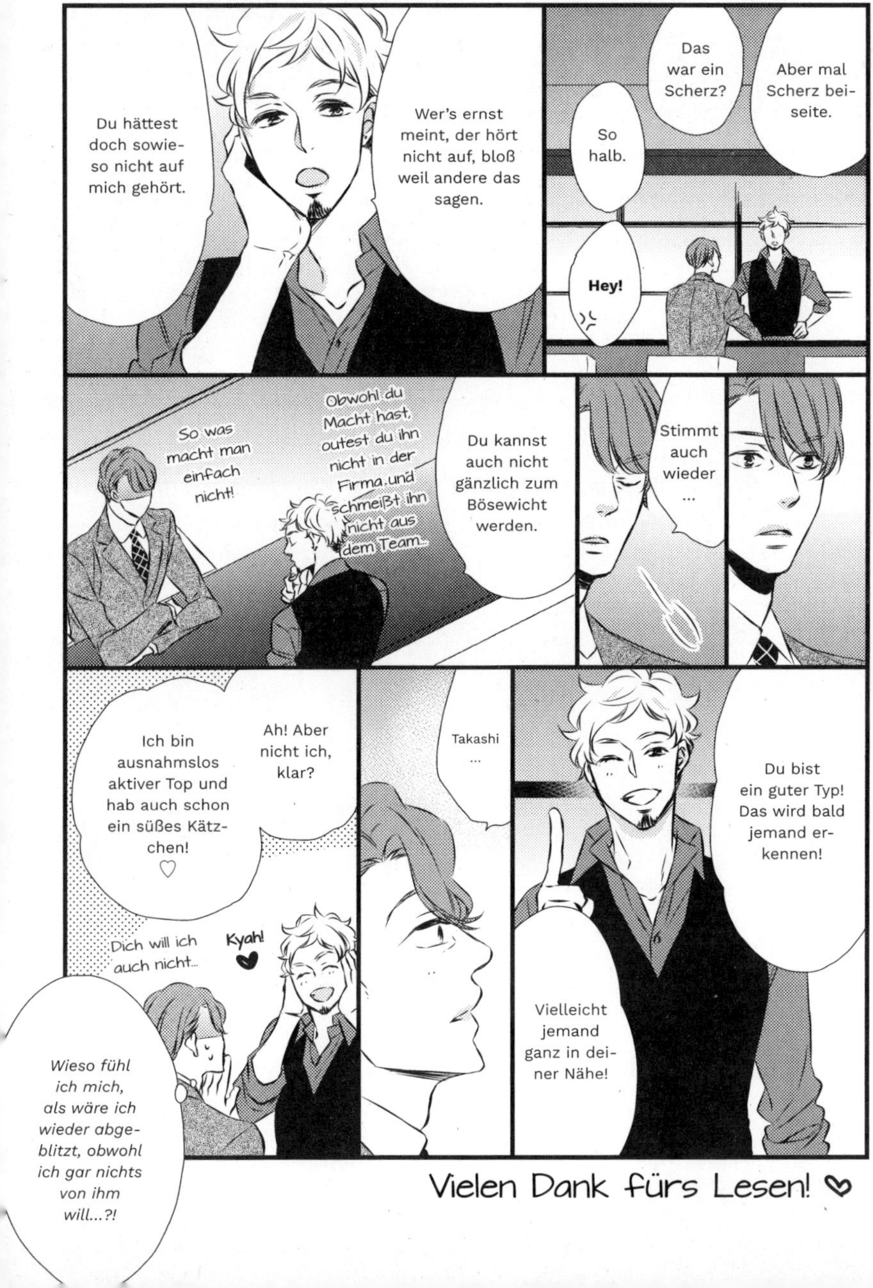

Vielen Dank fürs Lesen! ♡

Boys Love

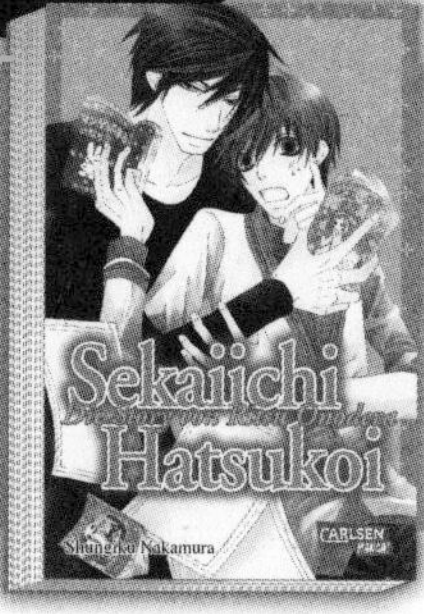

Sekaiichi Hatsukoi *von Shungiku Nakamura*

Ritsu Onodera, seines Zeichens junger und dynamischer Lektor für Belletristik, nimmt eine Stelle beim Marukawa Verlag an, bei dem auch der berühmte Autor Akihiko Usami (bekannt aus Junjo Romantica) seine Bücher veröffentlicht. Doch zu seinem Schrecken landet er nicht wie gewünscht im Belletristik-Lektorat, sondern im rein männlichen Redaktionsteam des Shojo-Mangabereichs…

Kamisama Darling *von Kyoko Aiba*

Student Aoi hat eine göttliche Begegnung, die ihm mehr als Kopfschmerzen bereiten wird. Denn in Japan gibt es an quasi jeder Ecke einen Schrein zu besuchen, auch nachts, wenn man – alleine und deprimiert – durch die Straßen läuft. Und Aoi quälen so einige Dinge im Leben: Er wünscht sich, endlich mal Mr Popular und Held jeder Party zu sein… Nur doof, dass ihm tatsächlich ein Gott zuhört und einen Handel mit ihm abschließt – Aoi wird der beliebteste Mensch auf Erden, doch muss er der lebende Ehepartner der Shinto-Gottheit werden…?!

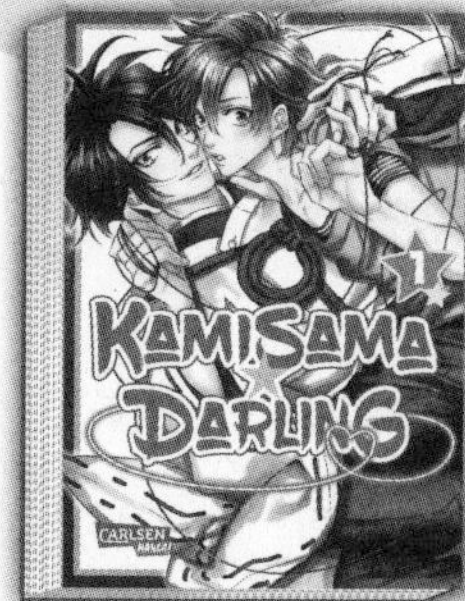

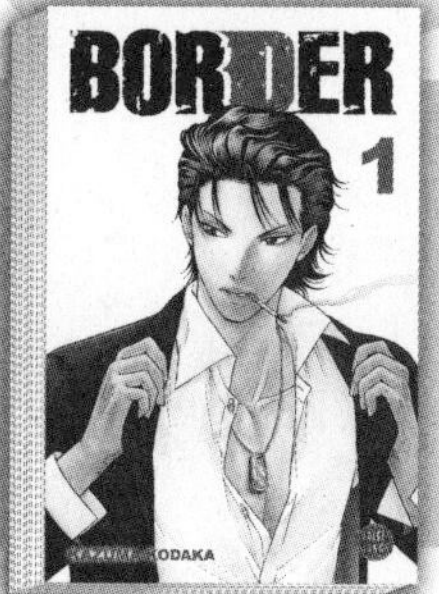

Border *von Kazuma Kodaka*

Yamato ist Privatdetektiv – der Beste, so munkelt man! Er erledigt seine Aufträge schnell, effizient und kreativ, wenn da manchmal nicht Polizeiinspektor Makita störend in seine Arbeit eingreifen würde! Immer näher kommt dieser dem gehetzten Yamato und droht dabei, seiner düsteren Vergangenheit auf die Spur zu kommen…

Lupus in Fabula *von Kamineo*

Im Zentrum der Geschichte steht der Agent J, der mit seiner Partnerin Ace die Grenzfälle des »Federal Bureau of Investigation« bearbeitet. Denn mitten unter uns leben übernatürliche Wesen, sogenannte »Metahominidae«, deren Lebensweisen manchmal im direkten Gegensatz zu denen gewöhnlicher Menschen und ihrer Gesetzgebung stehen. Zur Seite steht ihnen der geheimnisvolle Sky, der dem gut aussehenden J immer wieder Informationen zuspielt…

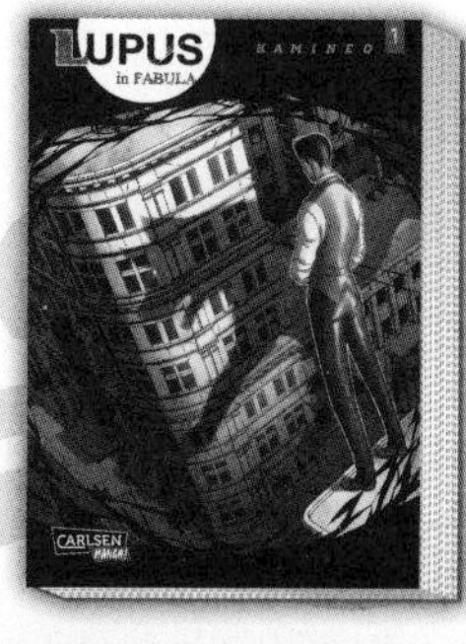

HAYABUSA
2022 Carlsen Verlag GmbH, Völckersstraße 14-20, 22765 Hamburg
Aus dem Japanischen von Kaja Chilarska
MIDNIGHT JEALOUSY SEX

First published in Japan in 2021 by KAIOHSHA PUBLISHING Co. Ltd.
German translation rights arranged with KAIOHSHA PUBLISHING Co. Ltd. through Tuttle-Mori Agency, Inc, Tokyo
Redaktion: Cordelia Suzuki, Julia Liebetraut
Herstellung: Maria Niemann, Lena Voigt

ISBN: 978-3-551-62069-9

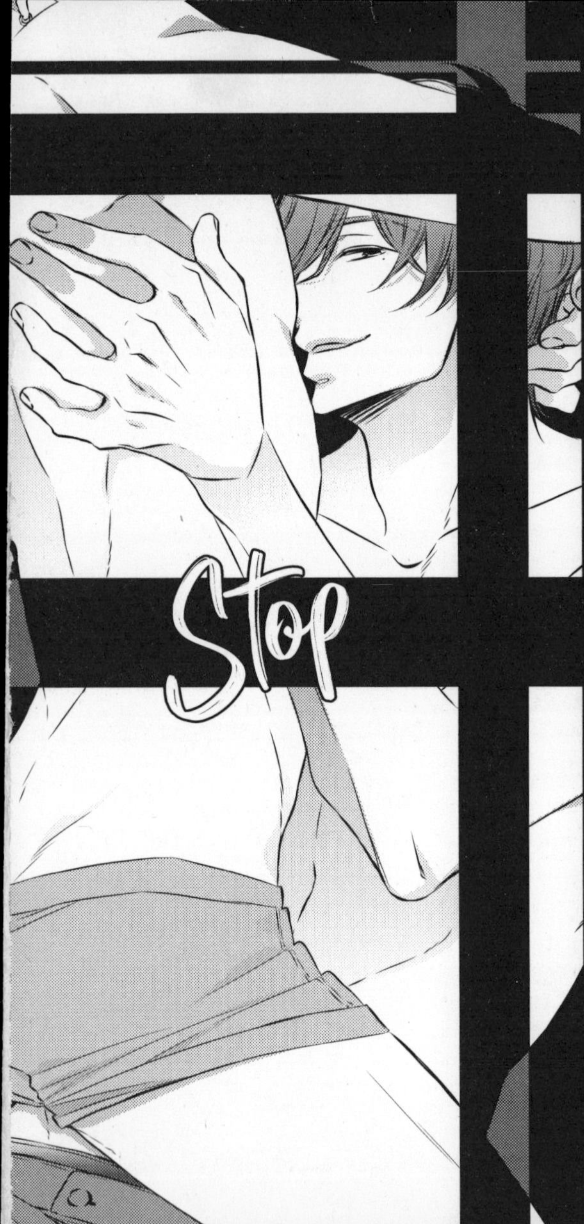

MIDNIGHT Jealousy Sex

ist ein japanischer Comic. Weil wir bei Hayabusa alles so originalgetreu wie möglich übernehmen, erscheint auch Midnight Jealousy Sex auf Deutsch in der ursprünglichen Leserichtung. Man muss diesen Comic also »hinten« aufschlagen und Seite für Seite nach »vorn« weiterblättern.
Auch die Bilder auf jeder Seite und die Sprechblasen innerhalb der Bilder werden von rechts oben nach links unten gelesen. Viel Spaß!

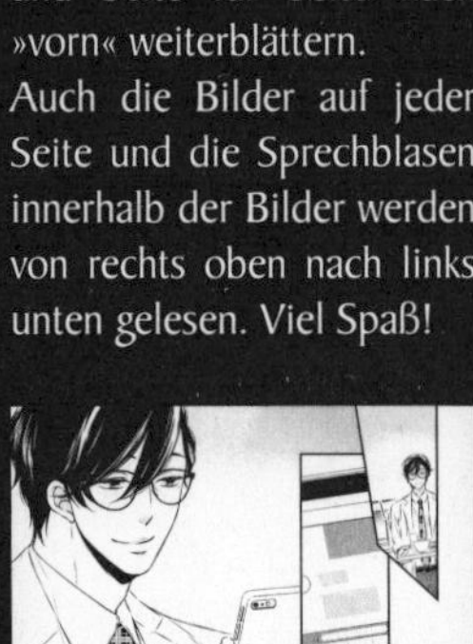